Volker Reinhardt

Francesco Guicciardini (1483 – 1540)

Die Entdeckung des Widerspruchs

Kleine politische Schriften
Herausgegeben von Alois Riklin
Band 13

Volker Reinhardt

Francesco Guicciardini (1483 – 1540)

Die Entdeckung des Widerspruchs

WALLSTEIN VERLAG GÖTTINGEN
STÄMPFLI VERLAG AG BERN

Bibliografische Information Der Deutschen Bibliothek
Die Deutsche Bibliothek verzeichnet diese Publikation in der Deutschen Nationalbibliografie; detaillierte bibliografische Daten sind im Internet über http://dnb.ddb.de abrufbar.

www.wallstein-verlag.de
Vom Verlag gesetzt aus der Adobe Garamond
Umschlag: Basta Werbeagentur, Steffi Riemann
Unter Verwendung eines Gemäldes von Cristoforo dell'Altissimo (zugeschrieben), Bildnis Francesco Guicciardinis (ca. 1538, Uffizien Florenz)
Druck: Hubert & Co, Göttingen

ISBN 3-89244-805-1 (Wallstein)
ISBN 3-7272-2708-7 (Stämpfli)

Inhalt

Zur Einführung

Dieses Buch soll die Ideen des politischen Denkers und Historikers Francesco Guicciardini aus Florenz (1483-1540) zusammenfassen, aus ihrer Zeit heraus ableiten, ausdeuten – und damit auch auf unsere Gegenwart beziehen. Das ist ein kühner Anspruch, der Widerspruch provozieren muss: Was hat ein seit einem halben Jahrtausend toter Mensch unserer Zeit, von der er nichts wissen konnte, zu sagen? Ist seine Gedankenwelt nicht, im Gegenteil, tote Materie, von den drängenden Problemen des 21. Jh. notwendigerweise um Welten getrennt?

Keine falsche Anbiederung: Natürlich ist die Lebenswelt des 16. Jh., verglichen mit unseren Erfahrungen, von immenser Andersartigkeit. Doch zugleich treten unübersehbare Ähnlichkeiten hervor: permanenter Krieg und die Frage nach dessen Legitimität; der Versuch, die Zuständigkeiten des Staates den Zeitbedürfnissen entsprechend neu zu definieren; das Verhältnis von Vernunft und religiöser Offenbarung; die Frage, ob man dem Menschen eher vertrauen oder misstrauen solle, ob man aus fehlgeleiteter Geschichte lernen kann, ja wie Geschichte eigentlich verläuft, ob sie kalkulierbar ist oder nicht. Und selbst das Problem der Medien und ihres Einsatzes gehört auf die Tagesordnung der Intellektuellen der Zeit: Wie und in welchen Fällen ist Propaganda einzusetzen – und wie verträgt sich die zielgerichtete Manipulation des Publikums mit den traditionellen ethischen Maßstäben des Guten und des Bösen? Damit ist die vielleicht wichtigste zeitübergreifende Gemeinsamkeit zwischen Guicciardini und uns angesprochen: die Frage nach dem Verhältnis von Politik und Moral, heute hitziger denn je diskutiert.

Nochmals: Diese Parallelen sollen die tiefen Unterschiede zwischen den Zeiten, ihren selbstverständlichen Vorannahmen, Tabus und Wissenshorizonten, mit einem Wort: ihren Mentalitäten nicht einebnen. Guicciardini ist nicht unser Zeitgenosse

– und scheint es mit manchen seiner Ansichten doch zu sein. Dieses Widerspiel von Nähe und Ferne auszuloten, kann Erkenntnisgewinn für die Gegenwart bedeuten. Vor allem aber – und darin liegt, wenn man so will, seine dauerhafte Aktualität – hat der Florentiner Fragen formuliert, die sich jedem denkenden Menschen immer neu stellen: nach dem Verhältnis von Vergangenheit und Gegenwart, dem Sinn und Ziel der Geschichte, nach der Integrität des politisch Handelnden, nach den Grenzen menschlicher Erkenntnis. Man muss die angebotenen Lösungen nicht akzeptieren, um die Fragestellungen, die Antworten und vor allem die diesen zugrunde liegenden Argumente faszinierend zu finden: in ihrer Eigenart, Andersartigkeit oder auch Angemessenheit für unsere Gegenwart.

Im Gegensatz zu seinem älteren Florentiner Zeitgenossen Machiavelli, über den eher zu viel als zu wenig geschrieben wurde und wird, ist Guicciardini in Italien selbst und noch mehr außerhalb der Landesgrenzen eine Semiberühmtheit – er gehört, sehr summarisch bewertet, zu den nicht gelesenen Klassikern. Das gilt auch für die wissenschaftliche Literatur. Hier stechen einige wichtige Auseinandersetzungen mit Ideenwelt und Methode hervor,[1] deren Ergebnisse einen Ausgangspunkt der Erforschung markieren, hinter den man nicht mehr zurückschreiten sollte. So gründlich gedeutet wesentliche Aspekte von Guicciardinis Werk sind – das gilt speziell für seinen Haupttext, die Storia d'Italia, wie für seine berühmte Aphorismensammlung der Ricordi –, so unübersehbar stechen Defizite der Interpretation ins Auge.

Diese sind am stärksten an der fehlenden Ganzheitlichkeit, d.h. einer Gesamtdeutung der Texte im organischen Zusammenhang ihrer Entwicklung, wie am defizitären Rückbezug auf den Zeithintergrund, d.h. auf die Ereignisse eines wahrhaft revolutionären Zeitalters, festzumachen.[2] Damit ist keine simplizistische Rückkoppelung der Ideen an das Leben, keine naive Biographiegläubigkeit nach dem Muster: fällt in die Lebenszeit, muss also Wirkungen gezeitigt haben, sondern die Freilegung eines komplexen Geflechts von Anstößen und Reflexionen beabsichtigt. Deren Ausgangsannahme – und sie sollte sich im Laufe der Erörterungen als belegbar herausstellen – ist so zu umreißen, dass der Zeitzeuge Guicciardini Umwälzungen von einer Erschütterungskraft erfährt und durchdenkt, die traditionelle Erklärungsansätze als untauglich erweisen und neue Denkhorizonte hervortreten lassen. Dieses Spannungsfeld von Zeitgeschichte und deren intellektueller Ausbeutung, von Herausforderung durch die nackten Fakten der Historie und deren Bewältigung in Ideen soll hier vorrangig nachgezeichnet werden. Über die enge Verzahnung sämtlicher Texte und deren Rückbezug auf die Erfahrungen als Zeitzeuge und politischer Akteur hinaus seien weitere methodische Leitmotive der hier vorgelegten Deutung hervorgehoben: So gilt es zu zeigen, wie unmittelbar sich die im Werk gestellten Fragen bzw. die darauf gefundenen Antworten aus dem florentinischen, italienischen wie europäischen Zeitklima ableiten und wie aktuell, auf die Zeitbedürfnisse bezogen, die offerierten Lösungen, z.B. die gedankliche Ausarbeitung eines stärkeren Staates, daher ausfallen.[3]

Und zugleich ist deutlich zu machen, wie kontrastreich – den drängenden Zeitproblemen entsprechend – diese Rezepte beschaffen sind. Durch die kritische Hinterfragung der Tradition ergeben sich unüberwindliche Gegensätze zu den überlieferten Gewissheiten der Moral und der Politiklehre; die Folge sind tiefe Ambivalenzen der Bewertung und ein Denken in Widersprüchen. Daraus resultiert eine spezifische Methode der Argumentation, welche die Antagonismen nicht ausblendet oder gar durch Beschönigungen auflöst und dennoch nach praktikablen Lösungen sucht. Solche Brüche spiegeln sich – auch das ein zu wenig berücksichtigter Gesichtspunkt – nicht zuletzt in der Gestalt der Texte.[4] Ihr Stellenwert für die Interpretation der darin niedergelegten Ideen ist deshalb so hoch, weil der Autor mit literarischen Formen experimentiert und die dadurch gebotenen Differenzierungschancen dazu nutzt, Verfremdungseffekte zu erzielen. So lassen sich z.B. durch die Aufspaltung von politischen Diskursen in Dialoge Brechungen und Distanzierungen herbeiführen. Politische Standpunkte werden auf diese Weise relativiert, die ihnen zugrunde liegenden Interessen aufgezeigt.

Daraus folgt, dass die hier vorgenommene Nachzeichnung von Ideen in ihrer Entwicklung stark mit dem Gestaltungsmittel der Motiverweiterung arbeitet. Bestimmte Grundformen der Argumentation und so gewonnene Basisüberzeugungen – die ursächliche Verknüpfung von Gut und Böse, die Notwendigkeit der verfugten Verfassung, die Neigung des Menschen zum Guten bei gleichzeitiger unbegrenzter Verführbarkeit zum Bösen, die Notwendigkeit der Eingrenzungen und Gegengewichte – werden auf diese Weise in den verschiedenen Kapiteln wieder aufgenommen und auf ihre Konsequenzen für neue Themenbereiche befragt. Diese Verfahrensweise der Interpretation rechtfertigt sich aus Guicciardinis Vorgehen selbst: von einmal gewonnenen Ausgangspunkten aus stetig voranschreitende, immer umfassendere Ausleuchtungen der menschlichen Existenzbedingungen in Gesellschaft und Staat vorzunehmen. Um diese Ausmessung von Ideenstandorten fortzuführen, soll schließlich seine Vorstellungswelt zu den konkurrierenden Parametern von Zeitgenossen, sei es von Niccolò Machiavelli,[5] sei es von Francesco Vettori[6] oder anderen politischen Denkern bzw. Historiker in Beziehung gestellt und auf diese Weise im europäischen Zusammenhang näher bestimmt werden. Nicht zuletzt hat sich der Hintergrund von Guicciardinis Ideen und Vita, d.h. das Bild der Renaissance in Italien, im letzten Vierteljahrhundert der Forschung fundamental verschoben.[7] Es ist – um Koordinaten zu zeichnen – gekennzeichnet von konservativen Grundhaltungen, von ökonomischer und demographischer Stagnation oder gar phasenweiser Schrumpfung, von einer rudimentären, nicht nur nicht dynamischen, sondern teilweise bewusst dezentralisierenden Staatlichkeit, von sozialer Beharrung und Verhärtung. Auf der anderen, der innovativen Seite sticht hingegen die intensive Entfaltung von Medien,

Propaganda und Hof hervor: Kontraste, die in Guicciardinis Ideen ebenso vielfältige wie komplexe Widerspiegelungen erfahren.

Der knapp umrissenen Methode und den leitenden Erkenntniszielen entsprechend gilt es zunächst, seine Biographie in die Zeitverhältnisse einzufügen und so die Grundlage dafür zu schaffen, seine Ideen aus der Erfahrung von Geschichte abzuleiten. Die sich dabei in den frühen Texten abzeichnenden Bruchlinien stehen im Mittelpunkt des zweiten Kapitels, das wie der erste Abschnitt des nachfolgenden Hauptteils zugleich summarisch aufzeigt, welche Entwicklungen von diesen Erschütterungen ihren Ausgang nehmen. In diesem dritten Kapitel steht thematisch im Mittelpunkt der Entwurf einer dem Ideal zumindest angenäherten und dennoch lebensfähigen Republik sowie die dazu notwendige neue Kompetenz des Staates. Da der Autor Subjekt und Objekt, d.h. Akteur und Analytiker von Staat und Geschichte, zugleich ist, bezeichnen seine historischen und politischen Überlegungen immer auch eine Standortbestimmung in eigener Sache. Die Frage: wo stehe denn ich, und wie stehe ich da, integer oder unter moralischem Verdacht, wenn nicht sogar Verdikt? – findet auf diese Weise in die entsprechenden Erörterungen Eingang und wird daher in die verschiedenen Themenkreise aufgenommen. Von diesen rücken im vierten Kapitel Argumentationsmethode, Beweisführung und Denkform ins Zentrum, gefolgt von den wichtigsten Ergebnissen dieser erfahrungsgestützten Menschenkunde: Zweifel an allen Regeln und absoluten Wahrheiten, z.B. an den Doktrinen der Religion. So wie Guicciardinis Leben in die Abfassung der monumentalen Storia d'Italia mündet, so behandelt das fünfte Kapitel seine Konzeption einer anderen Geschichte, die hoch entwickelte Technik der historischen Untersuchung und das Ringen um die Erfassung des Wandels. Den Abschluss bildet sechstens der – notwendigerweise provisorische – Versuch einer Verortung: Wo steht der Florentiner in seiner eigenen Zeit, wie steht er zu uns?

Vorläufig ist diese Kontextbestimmung nicht zuletzt dadurch, dass der Leser Guicciardinis Vorstellungswelt durch die Augen eines Historikers des 21. Jh. sehen wird; deshalb ist der Text mit ausführlichen Quellenbelegen versehen, die zur eigenen Lektüre anregen sollen. So wie Guicciardini entdeckt, dass es neben der eigenen Wahrheit die Wahrheit der anderen gibt, dass Wahrheit also an Perspektiven gebunden ist, möge der Leser sich sein eigenes Bild von den Ideen des Mannes machen, der wie kein anderer in seiner Zeit die Widersprüchlichkeit der Welt und des Menschen wahrnimmt.

1. Umrisse einer vernetzten Biographie

Biotop Florenz

Francesco Guicciardini wird in Florenz am 6. März 1483 als dritter von vier Söhnen des Piero Guicciardini und der Simona Gianfigliazzi geboren.[8] Ort, Zeit und Herkunft sind lebensbestimmende Faktoren; das betrifft wie immer und überall in der Neuzeit zuerst die Familie. Sie zählt zum engsten Kreis der führenden Geschlechter von Florenz. Ja sie kann für deren Aufstieg sogar als Modell gelten. So gehörten die Guicciardini[9] nicht zur aristokratischen Führungsschicht der Kommune, sondern waren erst im 12. Jh. in die Stadt eingewandert, dort durch Textilproduktion und -handel reich geworden, um sich schließlich, nach schweren Kämpfen zwischen der alten Elite und den neuen finanzstarken Sippen, im innersten Zirkel der ab etwa 1300 dominierenden Oligarchie zu behaupten.[10] Deren Habitus, d.h. Sozialverhalten, Werte und Lebensstil, verkörpert die Familie auch in der Folgezeit; ihr Ruhmestitel besteht aus einer langen Liste führender Amtsträger in jeder Generation, die zugleich Patriotismus und Regierungsfähigkeit unter Beweis stellen soll, ihr Status innerhalb der Oberschicht ist durch ein dicht gewobenes Netzwerk klientelärer, d.h. auf Leistung und Gegenleistung beruhender Beziehungen abgesichert. Dieses bindet einen ansehnlichen Ausschnitt des handwerklichen Mittelstandes in Form von Patronage – d.h. Aufträgen, Bestellungen, Krediten, gegebenenfalls auch Schutz vor übermäßiger Besteuerung, Strafverfolgung etc. – an das einflussreiche Patriziergeschlecht, so wie es dieses in Form mehr oder weniger horizontaler Verknüpfungen mit annähernd gleich starken Sippen und deren Gefolgschaft solide im Zentrum der Macht befestigt und ihm dadurch in der Metropole Florenz wie deren toskanischem Untertanengebiet (contado) eine dominierende Stellung garantiert.

Dieser patrizischen Elite, die sich wie alle Führungsschichten des frühneuzeitlichen Europa die Eignung zur Politik, d.h. intellektuelle und moralische Herrschaftsqualitäten, exklusiv zuschreibt und damit ein Monopol auf die ausschlaggebenden Ämter begründet, wird sich Guicciardini lebenslang zugehörig fühlen – allerdings nicht ohne diesen geschichtlich gewachsenen Anspruch und die darin beschlossenen Gefahren des Machtmissbrauchs kritisch zu hinterfragen.

Auch die Machteroberung der Medici im Jahre 1434 nebst der nachfolgenden grundlegenden Umgestaltung der politischen Verhältnisse vermag diese Stellung der Guicciardini nicht zu erschüttern, im Gegenteil. Im vorausgehenden Kampf zwischen den rivalisierenden Interessengruppen taktieren die führenden Familienmitglieder geschickt; sie verteilen ihre Protagonisten auf die beiden Parteien und gehören so auf jeden Fall auch zu den Siegern. In der Folgezeit stellen die Guicciardini mit Piero (1370-1441) und Jacopo (1421-1490), Francescos Großvater, sogar zwei der engsten Vertrauten Cosimos, Pieros und Lorenzos de' Medici und agieren damit im innersten Kreis eines politischen Systems, das weder jetzt noch später seinesgleichen haben sollte: Kunstvoll kaschiert, durch komplexe Propaganda bewusst verunklärt, wird dieses vielfältig gebrochene Widerspiel von Schein und Sein, von offizieller und tatsächlich ausgeübter Macht, von freiem und gelenktem Spiel der Kräfte die wachesten Geister der Zeit zur Demaskierung anreizen.[11] Speziell Francesco als Insider der Macht wird sich dieser Herausforderung zur kritischen Analyse stets aufs Neue stellen.

Formell seit der Ausbildung der Kommune im 12. Jh. Freistaat, ist Florenz im Jahr 1483 doch nicht mehr Republik im zeitüblichen Wortsinn; seit 1434 nämlich sind, nicht ohne – teilweise vehemente – Gegenreaktionen, innere Umgestaltungen vonstatten gegangen, die in ihrer Summe einer Systemumbildung, ja einer schleichenden Revolution gleichkommen. Ihr Resultat lässt sich auf den Nenner bringen, dass nicht mehr das Corpus der ca. 300 nominell regierungsfähigen Familien als Gruppe über Rang und Einfluss entscheidet, sondern vielfältige Vorsortierungen offizieller wie indirekter Art eine entschiedene

Verengung des politischen Lebens herbeigeführt haben. Durch diverse, meist bewusst unauffällig vorgenommene Eingriffe in die umständlichen, aus Wahl- und Losvorgängen kombinierten Rekrutierungsprozesse für Führungsämter dominiert de facto das selbst kaum weniger komplexe Gefüge der Mediciklientel. Mit der von Guicciardini bevorzugten Deutlichkeit ausgedrückt: Wer den Häuptern des Hauses Medici, Cosimo bis 1464, Piero bis 1469 und vor allem Lorenzo bis 1492, nicht genehm war, hatte keinerlei Chance auf Teilhabe an den zentralen Funktionen des Staates. Der Zirkel, in dem die Fäden der Macht gezogen wurden, aber gestaltet sich – nachdem zwischen 1478 und 1482 die schweren Krisen der Pazzi-Verschwörung und des nachfolgenden Krieges gegen Rom und Neapel glücklich überstanden sind – immer exklusiver, immer höfischer, und das heißt: immer abhängiger um den Patron der Patrone, den Paten von Florenz, Lorenzo de' Medici.[12] Offiziell nur »erster Mann der Republik«, ist er zusammen mit dem Mittelpunkt seiner Gefolgschaft, d.h. unter Beiziehung auch der Guicciardini, de facto deren eigentliches Entscheidungszentrum, ja deren Konkurrenz.

Das gilt speziell für die äußere Politik, sprich. die inneritalienische Diplomatie. Hier verfügt Lorenzo – neben den offiziellen Organen der Republik – über ein dicht geknüpftes Netz eigener Repräsentanten und Informanten, die es ihm erlauben, in den ab Mitte der 1470er Jahre immer konfliktträchtigeren Auseinandersetzungen auf der Halbinsel eine nach außen wie innen vielfältig ausbaufähige Rolle zu spielen: die des nützlichen Beziehungsmaklers auf oberster Machtebene, des Friedensstifters und Versöhners widerstreitender Interessen. Für die Mächtigen Italiens in Signorien, d.h. Einzelherrschaften, wie Republiken ist Lorenzo, was er zu Hause keineswegs unbestritten ist: Herr von Florenz. Denn die Machtausübung im Inneren gestaltet sich – mit stetiger Rücksichtnahme auf die Institutionen der Republik und vor allem die Mentalitäten der Oberschicht, die ihr weiterhin verbunden bleiben – weitaus schwieriger. Auf eine knappe Formel gebracht besteht sie wie gehabt und zugleich, angesichts der voranschreitenden Konzentration von Prestige und Einfluss, mehr denn je darin, vertrauenswürdige Klienten in die ausschlaggebenden Ämter von Florenz und des contado zu platzieren, eine angesichts der intensiven Rivalität zahlreicher Kandidaten und der dadurch unvermeidlichen Frustrationen heikle, risikoträchtige Aufgabe. Obwohl – oder vielleicht gerade weil – Lorenzo sie wie kein anderer in seiner Zeit meistert, ist das politische System von Florenz immer tiefer von Spannungen, ja Bruchlinien durchzogen. Alle diese Verwerfungen nehmen von der fundamentalen Unvereinbarkeit einer in die Republik eingefügten Quasi-Signorie ihren Ausgang – mit allen Abstoßungserscheinungen, welche eine solche Implantation notwendigerweise hervorrufen musste. Zu dieser untergründigen Widerständigkeit, die sich durch die gesamte Zeit der Medici-Vorherrschaft von 1434 bis 1494 hindurchzieht, trägt entscheidend bei, dass Machtnähe und Machtferne nicht rein politisch bleiben, sondern gleichermaßen Auswirkungen auf nur scheinbar private Bereiche zeitigen. Guicciardini wird gerade diesen Aspekt mit unbarmherziger Konsequenz ausleuchten, nicht mit dem Groll der Verlierer, sondern mit dem Herrschaftswissen der Profiteure; denn natürlich stehen die Guicciardini weiterhin auf der sonnigen Seite der Macht.

Überdeckt wird dieser tiefe innere Widerspruch durch die immense soziopolitische Kompetenz Lorenzos, der immer größere Ausschnitte des Patriziats an sein Haus zu binden versteht und ein tiefes Gespür für aufkeimende Ressentiments und die nötigen Ausgleichsmechanismen besitzt. Und nicht zuletzt tut hier eine einzigartige Propagandamaschinerie ihre Wirkung, die seit den Zeiten Cosimos mit unerhört konzentriertem Einsatz von Medien – Architektur, Statuen, Fresken, Prozessionen, aber auch Lieder, Traktate, Geschichtswerke – und entsprechender Patronage von Künstlern und Gelehrten eine völlig neue, mit der republikanischen Basisverfassung und Tradition nicht nur konkurrierende, sondern völlig unvereinbare Vorstellungswelt entwirft: das zur fürstlichen Herrschaft seit Anbeginn der Zeiten durch göttliche Vorsehung vorherbestimmte Retter-Geschlecht der Medici.[13] Diese virtuelle Ebene mit der sperrigen Realität in eins fließen zu lassen, ist – für die Eingeweihten unübersehbar – das leitende Ziel der mediceischen Politik.

Zu diesem Zweck setzt Lorenzo auf außerflorentinische Machtabsicherungsstrategien. In zwei Generationen verschwägern sich die Medici mit dem römischen Baronalgeschlecht der Orsini, das unter formeller päpstlicher Oberherrschaft im Gebiet der Kirche wie auch im Königreich Neapel de facto quasi autonome Lehensstaaten regiert.[14] Und er etabliert seine Familie noch sehr viel unmittelbarer in der Ewigen Stadt. Durch ein zeittypisches Heiratsbündnis mit den Nepoten des von 1484 bis 1492 regierenden Papstes Innozenz VIII. verschafft er seinem zweitgeborenen Sohn Giovanni de' Medici ein Kardinalat, die damals nur etwa zwei Dutzend Mal vergebene und entsprechend prestigeträchtige Würde eines Fürsten der Kirche.[15] Der in der Folgezeit stetig ausgebaute römische Machtstützpunkt wird die politische Vita des florentinischen Patriziers entscheidend prägen.

Zumindest indirekt gilt das auch für das Florenz Lorenzos, das er nicht als selbständiger Beobachter oder gar Zeitzeuge erlebt, das ihm aber durch die Familientradition gewissermaßen als politisches und vor allem moralisches Problem, als Denkaufgabe übertragen wird: Darf man als Republikaner einem Mächtigen dienen, der die Umformung des Freistaats in eine Einzelherrschaft anstrebt? Ist es patriotischer und moralisch besser sich zu verweigern – oder daran mitzuarbeiten, dass die Folgen der mehr oder weniger verhüllten Tyrannis erträglicher ausfallen? Derartige die Texte Guicciardinis leitmotivisch durchziehende Fragen wie einige der als Antwort formulierten Gedanken sind ein Erbteil des Vaters. Nach Ausweis aller Zeugnisse – gerade auch der außerfamiliären und daher der beschönigenden Einfärbung unverdächtigen Dokumente – gehört Piero Guicciardini (1454-1513) zu einem nirgendwo amtlich notierten und dennoch strikt definierten Kreis, dem engsten überhaupt: zu den aufgrund ihrer Redlichkeit und Zuverlässigkeit unabhängig von Amt und unmittelbarem Einfluss als integer, ja als moralische Instanz respektierten Persönlichkeiten mit entsprechend hohem sozialen Kapital auf allen Seiten. Angesichts der ungemein starken Sozialkontrolle in einer mit etwa 40 000 Einwohnern kleinen und zudem extrem agonalen, auf Wettbewerb und Konkurrenz in jeder Hinsicht ausgerichteten Stadt war dieser Ruf nicht nur schwer erworben, sondern zugleich ein wichtiger Vertrauenskredit für die Söhne; sie werden ihn alle auf ihre Weise nützen, d.h. im politischen Leben von Florenz eine wichtige Rolle spielen, unter allerdings dramatisch wechselnden Rahmenbedingungen.

Pieros Reputation der Überparteilichkeit wird in höchstem Maße wirksam, als Florenz zwei Jahre nach Lorenzos Tod in die erste seiner sich jetzt über vier Jahrzehnte hinziehenden inneren Turbulenzen eintritt.[16] Lorenzos Nachfolger als Haupt der Partei und mächtigster Mann der Republik, Piero de' Medici, erweist sich nämlich für diese schwierigste aller Positionen im Italien der Zeit als desaströse Fehlbesetzung, vielleicht auch als Opfer der eigenen Propaganda. Er übt seinen Einfluss ohne Rücksicht auf den Zusammenhalt der eigenen Gefolgschaft wie die Loyalität des Patriziats insgesamt aus, begünstigt einseitig seinen engsten Freundeskreis und stößt andere Protagonisten des öffentlichen Lebens vor den Kopf, mit anderen Worten: Er möchte weitgehend fürstlich regieren, ihm gebricht es an der aus dem Wissen von der Zerbrechlichkeit der Familienmacht und der Stärke der Widerstände genährten Vorsicht und Zurückhaltung des Vaters. Zum Verhängnis wird ihm wie dem innersten Familienkreis der Medici insgesamt seine äußerst unkluge Diplomatie während des Italienzugs Karls VIII. von Frankreich im Jahre 1494,[17] mit dem Guicciardini wie die meisten Historiker seiner Generation eine fatale Wende der Geschichte Italiens eintreten sieht.

Seiner führenden Familie ledig, vom Einmarsch eines potentiell feindlichen Heeres bedroht, muss Florenz in der Stunde der

Bedrängnis nach neuen politischen Orientierungen suchen. In einer solchen Krise liegt der Rückgriff auf die inzwischen sechs Jahrzehnte zurückliegende Tradition der sich selbst regulierenden Oligarchie nahe, und tatsächlich neigen sich die Waagschalen zuerst in diese Richtung. Dass die Entwicklung dann einen anderen Verlauf nimmt und sich mit dem so genannten governo largo ein neues, Handwerker und Patriziat formell gleichberechtigt nebeneinander stellendes System herausbildet, hat vorrangig damit zu tun, dass die Mittelschicht von Florenz, unter den Medici mit einem bescheidenen Quantum der Ämter abgefunden, jetzt weiter reichende Forderungen anmeldet. Dass sie diese Ansprüche überhaupt erhebt und dann sogar durchsetzt, hat mit den wortgewaltigen Kanzelverkündigungen des Buß- und Endzeitpredigers Girolamo Savonarola,[18] seines Zeichens Prior des Dominikanerkonvents von San Marco, zu tun – auch er, obwohl nur in geringem Maße eigenständig erlebt, eine der Prägefiguren im Denken Guicciardinis.

Und nicht nur für ihn. Für alle denkenden Florentiner hieß es: entweder – oder. Savonarolas Selbsteinschätzung und seine Botschaft ließen keine andere Wahl. Als unmittelbares Sprachrohr Gottes, ja als dessen Prophet – so sein Anspruch – richtete er Mahnungen und Weissagungen an die Florentiner, die diesen eine ebenso dramatische wie erhabene Zukunft im Zeichen des herannahenden Millenniums, der letzten seligen tausend Jahre Christi mit seinen Getreuen auf Erden, verkündeten. Vorauszugehen habe eine ganzheitliche Reform, eine umfassende moralische wie politische Reinigung und Neubesinnung im Zeichen der Versöhnung; danach werde Florenz als erwählte Stadt die Einigung des Weltkreises im wahren Glauben herbeiführen, als neues Rom und Jerusalem zugleich vor allen anderen Städten der Welt gepriesen und ausgezeichnet. So wenig plausibel, gemessen an den politischen und militärischen Realitäten, die Erfüllung einer so ungeheuren Mission durch eine Republik erschien, die trotz verzweifelter Anstrengungen nicht in der Lage war, die abgefallene Untertanenstadt Pisa zurückzuerobern – ein ausschlaggebender Ausschnitt des Patriziats und die überwältigende Mehrheit der Mittelschichten folgten dennoch dem Wort des Propheten. Die Treue der Handwerker und Ladenbesitzer zu ihm war umso rückhaltloser, als Savonarola in ihnen das moralisch intakte Rückgrat des neuen Staates verortete.

Auch Piero Guicciardini gehörte zu den Anhängern des Frate, allerdings nicht zu den fanatischen, sondern zu den moderaten. Hochgebildet, Schüler Marsilio Ficinos, des Hauptes des locker zusammengefügten neoplatonischen Kreises[19] von Florenz, in den antiken Autoren und ihren philosophischen Lehren bewandert, überzeugt ihn wie andere Patrizier, aber auch schöpferische Geister wie den enthusiastischen jungen Philosophen Giovanni Pico della Mirandola vor allem zweierlei: der Aufruf zur inneren Befriedung und die Einheit von Lehre und Leben, von mystischer Versenkung und praktischer Nächstenliebe. Der junge Patrizier wächst somit in einem Klima des Respekts für den Prior von San Marco auf. Als dieser – durch die Autorität seines Prophetenworts nicht nur moralischer Rückhalt der neuen Republik, sondern zugleich in gefährlicher Weise das Orakel von deren Zukunft – sich nach dem Winter der Wende 1494/95 dann unvermeidlicherweise rasch und tief in den komplexen Allianzen und Frontbildungen der einflussreichen Netzwerke verstrickt, ist ein tiefer Sturz absehbar. Die Weissagungen des Propheten geraten in unaufhebbaren Widerspruch zu einer grauen politischen Realität; am Ende, nach der Verurteilung durch den Papst sowie den grotesken Verwicklungen einer nicht zustande gekommenen Feuerprobe, steht schließlich die Hinrichtung und Verbrennung des gescheiterten Propheten. Damit müssen alle nachdenklichen Geister eine intellektuelle Nagelprobe bestehen: War Savonarola nun ein verkannter Wahrheitszeuge oder ein Scharlatan? Auch Guicciardini hat sich dieser unbequemen (Selbst-)Prüfung zu stellen.

Schwierige, ja peinvolle Gedankenarbeit erzwang auch das politische Leben der Arnostadt, wie es sich nach 1494 entwickelt hatte. Denn Florenz agiert – um es etwas beschönigt auszudrücken – nicht eben energisch und noch weniger erfolgreich auf einer diplomatisch-militärischen Bühne, die durch den Zug Karls VIII. erstmals aus ihrer vermeintlich gesicherten Abschottung und Sicherheit herausgerissen worden war. Auch wenn diese erste Invasion eines französischen Heeres nach kurzem Triumph sang- und klanglos, d.h. außer in Florenz ohne allzu tiefe Erschütterungen der italienischen Staatenlandschaft, wieder zu Ende ging, so sollte sich doch bald herausstellen, dass das alles nur ein Präludium, fast schon ein Satyrspiel vor dem jetzt anhebenden, nicht enden wollenden Drama Italiens gewesen war. Denn nach Frankreich tritt das durch Ferdinand von Aragon und Isabella von Kastilien vereinte Spanien sowie in Gestalt Kaiser Maximilians bald darauf auch das Reich bzw. das Haus Habsburg mit eigenen Ansprüchen, italienische Herrschaften zu besetzen, auf den Plan. In diesen schweren Kämpfen[20] aber ist die Republik Florenz, im internationalen Vergleich alles andere als eine Großmacht, ständig auf der Seite der Getriebenen.

Wie sein älterer, in dieser Republik als Sekretär der für Außenpolitik zuständigen Behörde aktiver Zeitgenosse Machiavelli führt Guicciardini diese eklatante Schwäche auf die konstitutionellen Mängel und das hinter diesen stehende Misstrauen zwischen Mittelstand und Patriziat zurück. Um so intensiver denkt er in seinen ersten historisch-politischen Texten darüber nach, wie sich diese Unausgewogenheit der Aufgabenverteilung und der Zuständigkeiten, welche die Hauptschwäche des governo largo ausmacht, durch pragmatische, d.h. im mentalen Klima der Zeit durchsetzbare Reformen beheben lässt.

Diese kritische Bestandsaufnahme einer durch Argwohn und Verdacht gespaltenen, ja zeitweise geradezu gelähmten Republik bildet einen weiteren Ausgangspunkt seines intellektuellen Parcours, seiner Ideen zum Menschen allgemein, zur Religion und zum Verlauf der Geschichte, und zwar in stetem Rückbezug zur vorangehenden Zeit der Medici-Herrschaft, als Florenz florierte, aber unfrei war.

Eine gründliche Ausbildung in den studia humanitatis – den humanistischen Betätigungsfeldern der lateinischen Grammatik, der Rhetorik, der Moralphilosophie, Poesie und Historiographie – vermittelt Guicciardini sehr gute Lateinkenntnisse, eine enge Vertrautheit mit den römischen Historikern sowie etwas Griechisch. Nach Studium der Jurisprudenz in Florenz, Ferrara und Padua in seiner Heimatstadt als erfolgreicher Advokat tätig, strebt er – wie er in späteren knappen Hinweisen zum eigenen Leben notiert[21] – von brennendem Ehrgeiz erfüllt die einzige Tätigkeit an, die einem Patrizier der Arnostadt Lebenssinn und Identität vermitteln konnte: den cursus honorum der politischen Ämter. An dieser selbstverständlichen Ausrichtung des Patriziats auf die Politik hat auch die Beschäftigung mit neoplatonischer Philosophie, welche die Selbstvervollkommnung abseits des Weltgetriebes als höchsten Lebenszweck lehrt, nicht das Geringste geändert.

In der politischen Arena stehen den vornehmen Familien, trotz aller Konkurrenz zur Mittelschicht, viele Bahnen offen. Wie Guicciardini später selbst scharfsichtig (und wie so oft Forschungen des 20. Jh. vorwegnehmend) notiert,[22] pendelt sich in diesem weiterhin spannungsreichen Verhältnis doch ein gewisser Modus vivendi ein: dass nämlich die Abkömmlinge der großen Geschlechter die mit höfischem Auftreten und Prestige nach außen verknüpften diplomatischen Aufgaben quasi als Monopol übertragen bekommen. Einer entsprechenden Laufbahn steht also nichts im Wege, umso weniger, als sein Vater auch unter den neuen Verhältnissen wie schon zuvor Integrität und Gewissen durch Distanzierung zu den Exzessen des Regimes wahrt und wohl gerade dadurch als eine von dessen Zierden gilt.

Noch nach dem Ende aller Illusionen, durch Krankheit geschwächt und um die Vollendung seines monumentalen Geschichtswerks der Storia d'Italia ringend, notiert der Historiker[23] mit ungebrochenem Stolz, dass er jung, früher, als es die Gesetze der Republik eigentlich erlauben, als deren Botschafter zu König Ferdinand von Aragon entsandt wird. Schon vier Jahre zuvor hatte er die Niederschrift der Storie fiorentine, einer Geschichte von Florenz,[24] in Angriff genommen, welche das Schwergewicht auf die bislang von keinem anderen Historiker behandelte Zeitgeschichte nach dem Tode Lorenzos legte und bis 1509 reicht. In engem thematischen Anschluss daran verfasste er während seiner Spanienmission 1512 eine politische Denkschrift, die nach dem Ort ihrer Entstehung Discorso di Logrogno genannt wird.[25]

Politisch ist der Botschafter erfolglos – der spanische Monarch lässt sich nicht davon abbringen, im Bündnis mit Papst Julius II. dem governo largo von Florenz ein Ende zu bereiten. Es fällt ziemlich ruhmlos aus. Die von Machiavelli in enger Anlehnung an das altrömische Vorbild organisierte Miliz aus Bauernsöhnen des florentinischen Untertanengebiets kapituliert kampflos vor den gefürchteten spanischen Söldnern. Als Guicciardini 1514 wieder in seine Heimatstadt zurückkehrt, ist sein Vater bereits verstorben. Nicht zuletzt durch die fortlebende Erinnerung an dessen Meriten, doch zunehmend auch aus eigenem Ansehen heraus bewältigt er den Übergang in die neuen politischen Verhältnisse hervorragend. Wiederum hatte die von Piero exemplarisch vorgelebte und an seine Söhne weitervermittelte Haltung Früchte getragen, vorrangig der Stadt und deren Belangen und weniger den persönlichen Interessen der Machthaber zu dienen – eine Position, die Guicciardini lebenslang auch als die seine ausgeben, in späteren, verwickelteren Verhältnissen jedoch zu problematisieren nicht umhinkommen wird.

Die von den spanischen Truppen zurückgeführten Medici schrauben die politischen Verhältnisse binnen weniger Wochen auf den labilen Ausgangszustand vor dem Herbst 1494 zurück, doch wie alle Wiederherstellungsversuche bewirkt auch diese Restauration keine Wiederbelebung einer – zumindest partiell – glanzvollen Vergangenheit, sondern etwas de facto Neues; der Historiker wird daraus seine Lehren ziehen. Formell bleibt Florenz weiterhin Republik, doch die tatsächlichen Machtverhältnisse sind stärker als unter Lorenzo durch eine kaum verhüllte autoritäre Regierung mittels der unmittelbaren Medici-Gefolgschaft unter deren Führer, Kardinal Giovanni, gekennzeichnet.

Im Dienst der Päpste

Des Kardinals weitere Geschicke werden für Guicciardini wie für Florenz insgesamt bestimmend. Denn Giovannis sprichwörtlich gewordenes Glück trägt ihn am 11. März 1513 auf den Stuhl Petri empor. Die Erwartungen der Florentiner, die ihre Stadt seit Jahrhunderten als das wahre, bessere Rom ansehen, von dieser Herrschaft eines der Ihren am Tiber kräftig zu profitieren, sind immens – umso mehr, als Giovanni während seines Kardinalats sehr geschickt eine umfassende Patronage seiner Landsleute an der Kurie betrieben hatte, keineswegs nur für Klienten im eigentlichen Sinne. Doch sollte sich bald zeigen, dass von jetzt an tatsächlich nur noch die bewährten Anhänger seines Hauses mit prestigeträchtigen Ehrentiteln und lukrativen Pfründen zu rechnen hatten. Und Guicciardini zählt zu ihnen, obwohl er eine solche Zugehörigkeit zu den engsten Zirkeln der Macht, die sich um den Papst und dessen Angehörige ausspannen, bestreitet; allenfalls Protektion durch Alfonsina Orsini, die Gemahlin von Leos älterem Bruder Piero, gesteht er ein.[26]

Wie dem auch sei: Guicciardini entstammt dem kleinen Kreis der primi, seine Familie ist durch gute und zugleich ehrenhafte Dienste für die Medici ausgewiesen: Und er selbst gilt aufgrund persönlicher Qualitäten als für eine politische Tätigkeit von höchster Verantwortung hervorragend geeignet. Und so erhält er 1516, im Alter von dreiunddreißig Jahren, das governo di Modena und damit die Regierungsverantwortung über diese zwischen dem Papst, dem Kaiser bzw. der Familie Este umstrittene Stadt, und zwar, wie er später stolz festhalten wird, uneingeschränkt, ohne die Pflicht zur detaillierten Rechenschaftsablegung.[27] Als Folge seiner tatkräftigen Regierung werden ihm bald darauf auch noch die Städte Parma und Reggio (für deren staatliche Zugehörigkeit mehr oder weniger dasselbe wie für Modena gilt) übertragen. In einer mehr als zehn Jahre später entstandenen Rechenschaftsschrift führt Guicciardini zum Beweis der Uneigennützigkeit und Überparteilichkeit, mit welcher er dieses schwierige Amt wahrgenommen habe, Schreiben der Einwohner der von ihm administrierten Städte an.[28] Deren Tenor ist eindeutig: Sie bitten um Verlängerung seines Mandats, weil seine zugleich energische und humane Verwaltung die inneren Verhältnisse wie nie zuvor zu befrieden vermöge.

Solche Eingaben sind natürlich quellenkritisch zu gewichten. Sie stammen in der Regel aus der Feder von Angehörigen derjenigen Eliten, welche durch den jeweiligen Amtsträger vor Ort vorrangig begünstigt werden. Das alles ist auch hier in Rechnung zu stellen, doch spiegeln sie zugleich mehr. Zum einen bestätigt die Amtskorrespondenz[29] eine kraftvolle und zugleich um Ausgleich bemühte Tätigkeit, welche die Ehre des Oberherrn und zugleich den eigenen Namen, die eigene Ehre – beide Guicciardini zeit seines Lebens teuer – zu wahren und zu mehren versucht. Und so werden diese Schreiben offenbar auch in Rom bewertet. Dort nämlich verlängert der Anfang 1522 gewählte niederländische Papst Hadrian VI. Guicciardinis governi – und das, obwohl dieser (wie der so Bestätigte stolz vermerkt)[30] keinerlei Anlass hat, ihn als Kreatur der Medici zu begünstigen. Schließlich hat sich Hadrian überraschend gegen den aussichtsreichsten Bewerber, Kardinal Giulio de' Medici, Leos Vetter, durchgesetzt.

Als dieser dann doch im nächsten Konklave des Jahres 1523 das Rennen macht, ist Guicciardini bereits ein profilierter Verwalter und Ratgeber, mit einem Wort: ein herausragender ministro des Papsttums, der zwar aufgrund seiner Heirat nicht Kardinal werden kann, doch Posten von annähernd vergleichbarer Bedeutung zu bekleiden prädestiniert ist. So gewinnt er in den knapp zwei Jahrzehnten eigener politischer Tätigkeit – in führender Position und zugleich um Armeslänge von den eigentlichen Schalthebeln der Macht entfernt – tiefe Einblicke in Entscheidungen von welthistorischer Tragweite, in das Räderwerk der Politik und in das Labyrinth der sich vielfältig überkreuzenden Machtinteressen. Nach der Wahl Giulios, der den Papstnamen Clemens VII. trägt, in die nächste Umgebung des neuen Pontifex maximus berufen, amtiert er als dessen Sekretär und damit als eine der ausschlaggebenden Persönlichkeiten der Kurie. Als einer, der Einfluss auf die Beschlüsse des ewig schwankenden Papstes zu nehmen versteht, wird er, wie er selbst schreibt,[31] von den Ministern europäischer Monarchen, ja von diesen selbst umworben und mit Versprechungen verlockt. Dauerhafter als der daraus resultierende Stolz – der sich, als alles verloren ist, nostalgisch in den in eigener Sache verfassten Trost-, Anklage- und Verteidigungsschriften des Jahres 1527 niederschlägt – ist der Erkenntnisgewinn, den Beruf des Historikers betreffend: dass man selbst als praktischer Politiker gewirkt haben muss, um Geschichte schreiben zu können.[32] Die reine Theorie – und dazu werden bewusst auch die studia humanitatis mit ihrer einseitigen Bevorzugung der antiken Historiker gezählt[33] – befähigt dazu mitnichten. Zum einen nämlich gestaltet sich die Praxis der Staatsgeschäfte so ganz anders – und das heißt: mühsamer, verwickelter, langsamer –, als es die reine Betrachtung der Idealzustände wahrhaben will. Und zum anderen – diese Erkenntnis setzt sich je länger, desto beherrschender durch – sind Antike und Gegenwart unüberbrückbar voneinander getrennt.[34]

Guicciardini hingegen weiß sich den Anforderungen der Politik wie der Geschichtsschreibung gleichermaßen gewachsen. Wie viele – so hält er in seinen ab 1512 niedergeschriebenen Ricordi, knappen, sentenzenartig zugespitzten, aphoristisch ausgefeilten Beobachtungen und Schlussfolgerungen, fest – glänzen als Theoretiker und versagen kläglich im rauhen Geschäft der praktischen Politik, wo Willenskraft, Durchsetzungsvermögen und auch nach traditionellen Maßstäben anfechtbare, ja anrüchige Eigenschaften verlangt werden. Über die unterschiedliche Attraktivität von Politik und Geschichtsschreibung, von negotium und otium, aber, so der Autor hellsichtig in eigener Sache, haben gerade die antiken Autoren nichts als Beschönigungen bzw. Selbstbetrug geschrieben: Freiwillig gibt niemand die Staatsgeschäfte zugunsten der stillen Betrachtung in der Studierstube auf,[35] Letztere ist so gut wie immer das erzwungene Exil gestürzter Politiker. Ganz am Ende seines Lebens aber bestätigt er selbst als Ausnahme die Regel. Als ihm der 1534 gewählte Papst Paul III. Farnese nochmals hohe Ämter anträgt, schlägt er diese aus – zugunsten der Geschichtsschreibung.

Doch macht schon die eigene praktische Tätigkeit solche kritischen Betrachtungen über Politik und Moral zunehmend erforderlich; zu diesem Zweck entsteht ab 1521[36] der Dialogo del reggimento di Firenze, welcher die im Jugendwerk der Storie fiorentine angeschnittenen Fragen und Problemstellungen jetzt mit größerer Erfahrung, esperienza, d.h. Einsicht in das Labyrinth der Politik und ihre Eigengesetzlichkeiten, wiederaufnimmt.

Den Wendepunkt von Vita und Werk aber bilden die Jahre 1526 und 1527. Guicciardini selbst hat die jetzt einsetzenden und erst im Sommer 1530 zu einem gewissen Abschluss gelangenden dramatischen Ereignisse in autobiographischer Hinsicht auf den ersten Blick konventionell ausgewertet: Das Rad des blinden Glücks dreht sich nach oben und unten, hebt den Menschen hervor und stürzt ihn in Abgründe.[37] Aber auch diesem Gemeinplatz folgt die Analyse auf dem Fuß. Diese Unbeständigkeit gilt in höchstem Maße für ein so instabiles, doppelbödiges Ambiente wie den päpstlichen Hof, wo nicht nur die Gunst des geistlichen Fürsten plötzliche Erhöhungen bzw. ihr Entzug jähen Fall bewirkt, sondern darüber hinaus mit jedem Pontifikatswechsel neue Männer ans Ruder gelangen. Und deshalb – so versucht sich der Autor in seiner Trostschrift an die eigene Adresse über den vergangenen Zustand des Glücks im Rückblick zu vergewissern – war dieser hohe Rang an der Seite des zweiten Medici-Papstes immer unsicher, immer auf Widerruf gewährt.[38]

Und doch ist die Art und Weise, wie das alles verloren geht, zutiefst erschütternd. Als einer der wichtigsten Berater nämlich ist Guicciardini Teil des Geschehens, das sich so ganz anders als vorhergesehen entwickelt – und am Ende mit katastrophalen Folgen regelrecht ausufert, ja alle Dämme der Zivilisiertheit und Humanität einreißt. Am Ende seines Lebens – das dichte Netz der Kausalitäten mit minutiöser Genauigkeit nachzeichnend – scheint ihm das erste Stück des Unheilsfadens schon im Jahre 1521 gesponnen.[39] In diesem Jahr nämlich begnügt sich der erste Medici-Papst Leo X. nicht, wie es dem Staatsmann gebührt, mit einem relativ erträglichen Zustand der Machtverteilung in Italien, sondern versucht im Vollgefühl der Unantastbarkeit seines Amtes ein Optimum herbeizuführen, das die Geschichte doch kaum je bereithält, und wenn doch, dann um den Preis gravierender Risiken. Leo nämlich wirbt eigene Schweizer Truppen an und verbündet sich mit dem Kaiser, um die seit 1515 bestehende französische Herrschaft in Mailand zu stürzen. Und das, obwohl dadurch eine Situation des Gleichgewichts, ein Sich-gegenseitig-in-Schach-Halten der Großmächte in Italien und somit eine von Guicciardini leitmotivisch als wünschenswert betrachtete Lage gegeben war. Spanien im Süden, Frankreich im Norden: Diese Konkurrenzsituation bot den wenigen verbliebenen italienischen Mächten von Bedeutung gute Chancen, beide Seiten gegeneinander auszuspielen. Leo aber möchte in Mailand den schattenhaften Sforza-Herzog wiedereinsetzen, der sich, so seine Kalkulation, als gefügiges Werkzeug weiter reichender Pläne benutzen lassen wird.

Und unwahrscheinlicherweise gelingt dem von der launischen Fortuna verwöhnten Pontifex maximus auch das. Guicciardini ist an der Vertreibung der Franzosen als Statthalter des päpstlichen Heeres unmittelbar beteiligt. Er behält – so zumindest seine Version der Ereignisse[40] – im Gegensatz zu den militärischen Kommandeuren in kritischer Lage die Nerven und gewinnt abgrundtiefe Einblicke in das Wesen der Generäle und des Krieges im Allgemeinen. Nach der sang- und klanglosen Vertreibung des französischen Heeres aus der lombardischen Metropole zieht dort in der Tat Massimiliano Sforza wieder ein, allerdings als Herzog von kaiserlichen Gnaden. Und vor allem sinnt der französische König Franz I. auf Revanche; er hatte im September 1515 mit dem Sieg von Marignano über die Eidgenossen seinen triumphalen Einstand als Monarch gegeben und wird daher den Verlust der Lombardei nie verschmerzen.

Dieses verstockte, ja manische Beharren auf der Rückgewinnung Mailands, das schon Ludwig XII. zum Nachteil gereichte, stürzt seinen Nachfolger in die Katastrophe. Denn der König betreibt den Feldzug von 1524/25 wie ein heißblütiger Ritter und nicht, wie es seines Amtes gewesen wäre, als kühler Stratege. Aussprüche wie »Mailand oder der Tod« und ähnliche törichte Tiraden zeigen an, wie fatal auch dieser Mächtige seine Aufgaben verkennt und verfehlt.[41] Diese Inkompetenz bleibt nicht ungestraft. Das seiner Überlegenheit sichere und entsprechend sorglose französische Heer wird am 24. Februar 1525 völlig unerwartet von den kaiserlichen Landsknechten im Park des Schlosses Mirabello von Pavia angegriffen und in einem blutigen Gemetzel aufgerieben. Während die Crème des französischen Adels fällt, gerät der König nur in die Gefangenschaft seines lebenslangen Gegners und Konkurrenten Karl V. Dessen jetzt grenzenlos scheinende Macht, speziell in Italien, wird für Rom zum Alptraum und zur Herausforderung.

Das Trauma von 1527 und die Folgen[42]

In dieser Situation ist Guicciardini als enger Berater des Papstes gefordert: Wie kann sich das Papsttum aus der habsburgisch-spanischen Umklammerung befreien? Zuerst einmal heißt es, sich mit dem Sieger gut zu stellen. Dies ist umso dringender erforderlich, als Clemens VII. kurz vor der Schlacht ein Bündnis mit Franz schloss und dadurch seine dem Kaiser als Kardinal erwiesene Loyalität aufkündigte. Diese Kehrtwendung und ähnliche diplomatische Volten rechtfertigte das Papsttum seit langem mit seiner Stellung als »gemeinsamer Vater« über den Parteien, uneigennützig um Frieden und Ausgleichsstiftung bemüht, was in diesem Falle bedeutete, nicht einen Fürsten der Christenheit allein zu mächtig werden zu lassen. An derlei Manöver und Finten als Usancen der Staatsräson gewöhnt, gewährt Karl V. bereitwillig Pardon. Durch diesen Übertritt auf die Seite des Triumphators ist die unmittelbare Bedrohung erst einmal abgewendet und man kann an der Kurie darangehen, weiter reichende Strategien der Gegenwehr zu entwerfen. Viele Alternativen gibt es nicht. In Italien steht allein die Republik Venedig auf derselben Seite. Sie teilt den Standpunkt, dass Hegemonien tunlichst verhindert werden sollten; allerdings ist an der Lagune die Erinnerung an das Desaster von 1509 noch sehr frisch, hat die Serenissima doch erst 1517 die Reconquista ihrer Festlandbesitzungen abschließen können, nicht ohne einige schmerzhafte Zugeständnisse an die Lehenshoheit des Reichs, z.B. im Friaul.[43]

Ohne Frankreich aber kann es keine antikaiserliche Allianz geben; und hier gilt es für den Papst abzuwarten bzw. indirekt nachzuhelfen. Karl kann seinen königlichen Gefangenen nach den moralischen Maßstäben der Zeit nicht ewig im spanischen Schloss-Arrest halten. So aber spitzt sich alles auf die Frage zu, ob der nach etwa einem Jahr wieder in die Freiheit entlassene Monarch die ihm abgepressten Versprechungen einzuhalten habe oder nicht. Der Papst, oberste Autorität in Gewissensfragen, sagt nein. Damit bestätigt er die ohnehin bestehende Absicht des entlassenen Häftlings, den es mehr denn je danach drängt, die Schmach wieder wettzumachen. Damit läuft alles auf den Abschluss eines Bündnisses hinaus, das im Mai 1526 unter dem Namen der Liga von Cognac geschlossen wird. Guicciardini wird im Rückblick aus der kurzen Distanz des Spätjahres 1527[44] diese Allianz – zu der er im Übrigen selber, auch (denk)schriftlich,[45] rät – verteidigen: als einzig mögliches Bollwerk gegen die kaiserliche Allmacht in Italien. Mit wachsender Entfernung von den Ereignissen aber weitet sich der Blick auf die darin von vornherein beschlossenen Gefahren.

Zum einen ist der nochmalige Seitenwechsel des Papstes innerhalb so kurzer Frist selbst in einem an pragmatischen Verrat gewöhnten Zeitalter heikel. Die Irritationen vermehren sich weiter dadurch, dass Rom in den nächsten Wochen und Monaten diverse undurchsichtige Manöver nachfolgen lässt: Bündnisangebote an Karl V., die trotz umgehender Annullierung Frankreich und Venedig nicht verborgen bleiben und als das gewertet werden, was sie sind, nämlich Zeichen der Unzuverlässigkeit und der Illoyalität. Hinzu kommen Unzulänglichkeiten im diplomatischen Verkehr: Geheime Briefe des Papstes werden abgefangen und bestätigen seine Doppelzüngigkeit, feierlich besiegelte Botschaften werden, kaum ist der Kurier auf den Weg gebracht, per Extrapost wieder rückgängig gemacht – und was der seltsam anmutenden Vorkommnisse noch mehr sind. Das alles zusammen genommen zerstört das letzte Vertrauenspotential und erweckt bei allen Beteiligten, Verbündeten wie Feinden, den Eindruck, es mit einer unberechenbaren Macht, einem Störfaktor der europäischen Politik zu tun zu haben. Für dessen Wohlergehen oder – wie bald dramatischer zu formulieren sein wird – Rettung rührt sich folgerichtig dann kein Finger, nicht von den nominellen Verbündeten, geschweige denn vom immer stärker erzürnten Kaiser. Dieser zahlt es im Übrigen dem Papst, was Täuschungsmanöver angeht, gründlich heim, mit dem signifikanten Unterschied, dass Clemens VII. an gute Worte glaubt – selbst dann noch, als es bereits zu spät ist.

An diesem Chaos trägt Guicciardini keine Verantwortung. Er ist jetzt, als die Ereignisse eskalieren, nicht mehr in Rom, sondern an vorderster Front in der Romagna sowie danach in der Toskana tätig, und zwar als Generalstatthalter des Kirchenstaates und des päpstlichen Heeres. Trotz dieser wohlklingenden Titel aber fehlt ihm die entscheidende Einflussnahme auf den Verlauf der militärischen Operationen, die jetzt einsetzen. Inzwischen nämlich haben beide Seiten Armeen aufgestellt.

Dabei wird das kaiserliche Aufgebot von zwei ungewöhnlichen Gestalten dominiert: zum einen vom Connétable de Bourbon, einem französischen Hochadligen, der die Seiten gewechselt, d.h. Verrat an seinem König begangen und dementsprechend nichts mehr zu verlieren hat: eine gefährliche Konstellation. Der Zweite im Bunde, der deutsche Söldnerführer Georg von Frundsberg, ist kaum weniger unheimlich. Er hat deutsche Landsknechte in großer Zahl angeworben, teilweise auf eigene Kosten. Er hat mit Italien und den Italienern einige Rechnungen offen – so wie die vielen lutherisch gesinnten Söldner mit dem Papst. In hunderttausendfach aufgelegten Holzschnitten[46] wurde ihnen in Bild und Text vorgeführt, wie man mit dem Papst, der Inkarnation des Antichristen, und seinem höllischen Hof der Kardinäle zu verfahren habe: Tötet sie, rottet sie mit Stumpf und Stiel aus, lautete die Devise der reformatorischen Propaganda. Sie stehen bereit, diese Aufforderungen in die Tat umzusetzen.

Die Entschlossenheit dieser Truppe kontrastiert mit der Einstellung ihrer Gegner. Hier liegen die Fehlkalkulationen der päpstlichen Seite offen zu Tage. Franz I. nämlich hat im Kampf gegen seinen habsburgischen Erzrivalen ein entscheidendes Handicap: Seine Söhne sind als Geiseln in dessen Hand. Das aber bedeutet: Kampf allenfalls auf Sparflamme, um die königlichen Prinzen nicht zu gefährden. Und Venedig befleißigt sich seines alten Grundsatzes, die Kämpfe vom eigenen Staatsgebiet möglichst weit entfernt zu halten und es sich mit dem mächtigen Reichsoberhaupt keineswegs irreparabel zu verderben. Alle Seiten unterhalten daher doppelte diplomatische Beziehungen: zu den Verbündeten, aber auch zu den Feinden. Unter diesen widrigen Umständen agiert Guicciardini, glaubt man seinen Selbstzeugnissen,[47] mit der gewohnten Energie für die Sache des Papstes und verzweifelt zugleich an dieser.

Vor allem drängt er auf energischere militärische Aktionen – und stößt damit ins Leere. Wiederum klärt der Rückblick auf, warum. Ein schlimmer Verdacht nämlich erhärtet sich. Der venezianische Oberbefehlshaber und damit die höchste Autorität im Heer der Liga ist Francesco Maria della Rovere, seines Zeichens Herzog von Urbino. Als solcher war er 1516 von Leo X. mit Waffengewalt aus seinem Kleinstaat vertrieben worden, und zwar zugunsten der Medici-Nepoten, also Mitgliedern der Familie, die sich jetzt zusammen mit ihrem Papst in höchster Not befindet, in Florenz wie in Rom. Della Rovere hatte zwar nach dem Tode Leos sein Herzogtum zurückerhalten, doch um einige Gebiete vermindert, die an Florenz fielen. Das musste die Revanchegelüste weiter anfachen und dazu führen, dass der Herzog seine militärischen Operationen zugunsten des päpstlichen Verbündeten nicht eben mit Hochdruck betrieb. Im Gegenteil: Einen Kommandanten wie diesen hatte man selbst in Italien, wo im 15. Jh. Kriegführung überwiegend (Hinhalte-)-Taktik war, noch nicht erlebt. Zuerst bläst er die aussichtsreiche Belagerung von Mailand, wo die geschrumpfte spanische Garnison mit dem Schlimmsten rechnet, ab; und dann lässt er sich krankschreiben, so lange, dass es selbst der Republik Venedig, seiner alles andere als kampfeslüsternen Auftraggeberin, peinlich wird und sie ihn zu nachdrücklicheren Aktionen aufruft.

Ganz im Gegensatz dazu ist das kaiserliche Heer inzwischen über die Alpen marschiert und hat sich – zur Verblüffung seiner beiden Feldherren Bourbon und Frundsberg vom Gegner kaum behelligt – mit den lombardischen Truppen vereinigt, dabei vom Heer der Liga aus sicherer Entfernung beobachtet. Aber auch diese durch Zusammenschluss vergrößerte und durch stetigen Zuzug erweiterte Armee fällt weiterhin aus dem Rahmen des Zeitüblichen – wobei diese »Normalität«, so Guicciardini aus eigener Erfahrung, bereits durch mannigfaltige Verwilderung geprägt ist, welche durch die Steigerung des militärischen Gewaltpotentials nach 1494 eingerissen sei.[48] Diese von Norden herannahende Truppe des Jahres 1527 aber spricht allen Regeln von Disziplin und Gehorsam Hohn. Sie erhält seit längerem fast keinen Sold mehr, wird dementsprechend nur noch durch den Hass gegen Italien und vor allem gegen den Papst zusammengehalten und, Summe des Ganzen, durch die Hoffnung auf Plünderung und reiche Beute motiviert. Statt energische Gegenmaßnahmen zu ergreifen, wiegt sich Clemens VII., wie gewohnt an allen diplomatischen Fronten unablässig tätig, in trügerischer Sicherheit, selbst dann noch, als die kaiserliche Armee nach Bologna und dann Richtung Florenz marschiert; durch einen Schlaganfall Frundsbergs eines ihrer Führer beraubt, ist sie weniger lenkbar denn je.

Florenz aber hat auf eine solche Gelegenheit nur gewartet. Hier nämlich ist die Medici-Herrschaft hinter immer hinfälligerer republikanischer Fassade zutiefst verhasst. Zum einen wird die stolze Stadt am Arno seit anderthalb Jahrzehnten im Wesentlichen von Rom aus regiert, was von breiten Kreisen als eine unerträgliche Herabwürdigung empfunden wird. Zum anderen agieren als Transmissionsriemen des päpstlichen Willens Emporkömmlinge, Kreaturen des Medici-Klientelismus: für das stolze Patriziat eine schwere Demütigung. Und drittens wird die ebenso wirre wie teure Politik Clemens' VII. zum großen Teil mit florentinischem Geld finanziert; diese Summen belaufen sich laut Guicciardini auf mehr als eine Million Dukaten.[49] Jetzt, Ende April 1527, aber ist das Maß voll; im Angesicht dieses furchtbaren Heeres, das durch die Schuld des Medici-Papstes heranzieht, kommt es zu einem ersten Coup gegen die herrschende Familie. Er gelingt – bis Guicciardini eingreift. Sein entschlossenes Handeln als päpstlicher Kriegskommissar macht den schon fast gelungenen Staatsstreich rückgängig. Dabei handelt er nicht aus Liebe zu den Medici, wie er von jetzt an immer wieder versichern wird, sondern weil er von inneren Umstürzen das Schlimmste erwartet. Durch seine Tatkraft und im Zusammenspiel mit anderen führenden Patriziern wie Francesco Vettori gelingt es tatsächlich, die feindliche Armee durch Geldzahlungen an Florenz vorbeizulenken. Zudem lockt ein noch weitaus lohnenderes Ziel: Rom, die Goldene Stadt der unermesslich reichen Kirchenfürsten und des Papstes, das neue Babylon, wie die lutherischen Landsknechte erkannt zu haben glauben.

Das Schicksal der Ewigen Stadt ist damit besiegelt. Dort hatte Clemens VII. im Glauben, nach Abschluss eines Bündnisses mit dem kaiserlichen Vizekönig endgültig in Sicherheit zu sein, kurz zuvor seine Truppen entlassen. So steht die ausgehungerte und zerlumpte Söldnerarmee am 5. Mai 1527 vor den nördlichen Stadtmauern. In den frühen Morgenstunden des nächsten Tages beginnt der Sturmangriff; einem der ersten Schusswechsel fällt der letzte verbliebene Kommandant, Bourbon, zum Opfer. Umso erbitterter greifen die deutschen und spanischen Söldner an; sie haben angesichts der ungenügenden Verteidigungsanstrengungen leichtes Spiel. Nicht einmal die Tiberbrücken sind zerstört, so dass die marodierende Soldateska von Trastevere leicht die übrigen Stadtteile zu überfluten vermag. An die viertausend Menschen verlieren im Kampf und während der jetzt anhebenden monatelangen Terrorherrschaft des Sacco di Roma ihr Leben. Der Papst hat sich in letzter Minute in die uneinnehmbare Engelsburg am Tiber geflüchtet; er ist, wie Franz I. zwei Jahre zuvor, Gefangener und Faustpfand des Kaisers.

Guicciardini hingegen ist in Florenz geblieben und erlebt dort einen Umsturz eigener Art. Nach dem Sacco di Roma ist der erneute Sturz der Medici nur noch eine Frage von Tagen; am 16. Mai ist es mit ihrer Macht vorbei. Damit gerät der florentinische Patrizier und Papst-Minister in eine zunehmend unhaltbare Lage. Denn die neue Republik ähnelt immer weniger dem insgesamt moderaten governo largo von 1494 bis 1512. Können zu Anfang noch besonnene Patrizier wie Niccolò Capponi eine gewisse Mäßigung garantieren, so steigert sich das neue Regime danach in immer ausgeprägteren endzeitlichen Fanatismus hinein; der Geist des Propheten Savonarola scheint wiederauferstanden.[50] Nachdem sich Clemens VII. und Karl V. anlässlich der Kaiserkrönung in Bologna Anfang 1530 auf ein gemeinsames Vorgehen gegen Florenz verständigt haben, ist vollends kein Halten mehr. Jetzt überantwortet sich die radikale Mittelstandsrepublik Florenz ganz und gar dem vermeintlichen Willen ihres offiziellen Staatsoberhaupts Jesus Christus und schreitet bei der Bekämpfung der Gottlosen, welche dem Anbruch der seligen tausend Jahre entgegenstehen, zur Tat.[51]

Von Sondersteuern bedrängt, gerät Guicciardini, der nur durch minutiöse Rechnungsablegung vor der Anklage der Unterschlagung verschont bleibt, schließlich wie so viele Patrizier in akute Lebensgefahr und muss nach Rom fliehen; sein Besitz in Florenz wird beschlagnahmt, im Namen der Republik. Schon Ende 1527, in einer Atmosphäre des Verdachts und der zirkulierenden Anschuldigungen, hatte er die erwähnten drei Schriften in eigener Sache verfasst: die Trost-, die Anklage- und die Verteidigungsrede. In Rom folgen 1530 die Considerazioni über die Discorsi Machiavellis,[52] die dort drei Jahre nach dem Tod des Autors zum Druck vorbereitet werden. Wie nicht anders zu erwarten, steht Guicciardini bei der Niederschrift dieses kritischen Kommentars ganz unter dem Eindruck des entfesselten popularen Regimes am Arno. Diese Erfahrung schlägt sich auch in der umfangreichsten, 221 Aphorismen umfassenden Sammlung der Ricordi[53] nieder, die er jetzt zusammenstellt. Und die erzwungene Muße führt ihn erneut zu geschichtlichen Studien im engeren Sinne. Die zuerst in Angriff genommene Geschichte von Florenz vom Jahr 1375 an[54] bleibt Stückwerk und erlaubt gerade durch ihren fragmentarischen Charakter tiefe Einblicke in seine sich voll ausbildende Methode und seine Auffassung vom Metier des Historikers, dem er sich bald ganz zuwenden wird.

Zuvor allerdings wird ein Mann wie er noch gebraucht. An vorderster Stelle an der Abwicklung der letzten Republik und der Bestrafung der Verantwortlichen beteiligt, erlebt er unmittelbar danach die alternative Form der Tyrannis: die Herrschaft des unberechenbaren ersten Herzogs von Florenz, Alessandro de' Medici, dessen Willkür und Grausamkeiten er so weit wie möglich einzuschränken versucht und den er sogar vor Karl V. in Neapel rechtfertigen muss. 1534 stirbt sein Patron Clemens VII., Alessandro wird Anfang 1537 ermordet. Letzten Hoffnungen, unter dem neuen Herzog Cosimo aus der jüngeren Medici-Linie doch noch ein moderates Klugheitsregime mit starkem patrizischen Einfluss zu errichten, stehen die überlegenen Machtmittel und Strategien Cosimos entgegen. Dieser nämlich baut zielstrebig eine starke fürstliche Regierung aus. Dabei besetzen die großen Familien, nicht zuletzt die Guicciardini, zwar die Schlüsselstellen von Verwaltung und Rechtsprechung, bleiben also Funktionselite, müssen dafür aber die oberste Macht nach innen und außen, d.h. die Kontrolle über die Rekrutierung der Führungspositionen sowie die Entscheidungsfindung in Diplomatie und Krieg, an den Herrscher abtreten.[55]

Spätestens seit der Mitte der 1530er Jahre aber haben sich Guicciardinis Interessen definitiv verlagert, von der praktischen Politik auf die rückblickende Deutung vergangener Politik, auf die Geschichte als nobelsten Gegenstand des menschlichen Geistes, genauer: auf die Geschichte Italiens zwischen 1490 und der eigenen Gegenwart. Hoch geehrt und doch de facto weitgehend einflusslos, schreibt der Historiker, dessen Gesundheitszustand sich verschlechtert und der im Juli 1539 einen Schlaganfall erleidet, sein monumentales Werk im Wettlauf mit dem Tod. Und er siegt, allerdings um Haaresbreite. Seine Geschichte erreicht, wohl den ursprünglichen Planungen entsprechend, das Jahr 1534 mit der Wahl des neuen Papstes aus dem Haus Farnese; allerdings werden die Ereignisse nach 1530 im Verhältnis zur Ausführlichkeit der vorangehenden Darstellung nur noch relativ knapp skizziert. Das lässt sich politisch rechtfertigen. Die Würfel sind gefallen: Karl V. ist Herr Italiens, indirekt auch von Florenz.

Am 22. Mai 1540 stirbt Guicciardini in Arcetri. Die Storia d'Italia überlebt ihn, ja macht ihn in Europa unsterblich, allerdings mit einem beträchtlichen zeitlichen Abstand. Sein Neffe Angelo, im diplomatischen Dienst der Medici erfolgreich, gibt ab 1561 das Manuskript erstmals gedruckt heraus, natürlich um die vielen anstößigen, d.h. papst-, kirchen- und religionskritischen Stellen bereinigt. Ansonsten kennt Europa einige kleinere Texte, Teile der Ricordi und Denkschriften. Die ab 1857 einsetzende Edition der übrigen Schriften ist ein Ereignis der italienischen Literatur- und der europäischen Kulturgeschichte.[56]

Die Guicciardini gehören bis heute zur Elite Italiens. Zu Beginn des 20. Jh. ist einer von ihnen italienischer Außenminister, ein weiteres Familienmitglied heiratet die Schwester Papst Pius' XII. Bestimmte Konstellationen scheinen für diese Familie Ewigkeitscharakter zu besitzen.

2. Brüche und Aufbrüche

Der beste der Tyrannen

Im Alter von fünfundzwanzig Jahren, bei der Niederschrift seiner Storie fiorentine,[57] erfährt Guicciardini die Untauglichkeit der überlieferten Terminologie zur Erfassung der politischen Wirklichkeit sowie die Unangemessenheit der sie stützenden moralischen Grundbegriffe, und zwar ohne sich der Tragweite dieser Entdeckung bereits vollständig bewusst zu werden. Stattdessen präsentiert er dem Leser ein argumentatives Trümmerfeld. Die traditionellen Unterscheidungen zwischen Gut und Böse nämlich sichern keine Orientierung auf dem Parcours der Normen und Werte mehr – im Gegenteil, sie bewirken Verwirrung. Mehr noch: Die alten Wegmarken von richtiger und falscher, guter und böser Politik sind so unentwirrbar ineinander verschränkt, dass man sie für seitenvertauscht halten könnte. Der innere Kompass tanzt; eine Ausrichtung an einem neuen, unverrückbaren Pol zeichnet sich erst ansatzweise ab. Ganz überwiegend aber bleiben die Widersprüche bestehen, ja sie türmen sich zu einem Diskurs der Gegensätze, der Dichotomien auf.

Ausgelöst werden diese Turbulenzen vom Nachruf auf einen Mann, dessen politische Tätigkeit der junge Historiker im Abstand von sechzehn Jahren zu erfassen versucht: Lorenzo de' Medici, mit dessen Tod im April 1492 das Drama Italiens, von der Unvernunft der Mächtigen ausgelöst, seinen Anfang nimmt. In das hier gefällte, in vieler Hinsicht offene, ja abgründig klaffende Urteil über den längst verstorbenen Mächtigen gehen notwendigerweise Fremdüberlieferungen verschiedenster Provenienz ein: florentinische Dokumente offizieller Art, aber fraglos auch schriftliche wie mündliche Zeugnisse der Familie wie des Patriziats insgesamt. So stark also Guicciardinis Wahrnehmung der Geschichte von Florenz vor 1500 von fremdem Gedächtnis und damit auch den Beurteilungskriterien der anderen abhängig bleibt – die Aufsprengung aller Bewertungszusammenhänge, das provozierende Irrewerden an den geschlossenen Perspektiven ist seine eigene intellektuelle Leistung, auch wenn die tiefe Gespaltenheit gegenüber dem Haupt der Medici-Partei zumindest partiell Bewusstseinszustände der führenden Familien als Gruppe widerspiegeln dürfte.

Dass die wohl ausgewogene, den Menschen veredelnde und dadurch gottgefällige res publica ihre Mächtigen im freien Wettbewerb der Kräfte, in Freiheit, Gerechtigkeit und Gesetzesfurcht ohne Rücksicht auf persönliche Gefälligkeiten rekrutieren sollte und dass der Freistaat von Florenz, so wie er zu Beginn des 15. Jh. tatsächlich existierte und funktionierte, diese Auslese der Besten auch gewährleistete, bildete seit den apologetischen Schriften des Kanzlers Leonardo Bruni den ehernen Grundstock florentinischer Staatspropaganda der Folgezeit und mit unvermeidlichen Abstrichen und einigen kleineren Rissen in diesem strahlenden Gefüge wohl auch des Selbstverständnisses der regierenden Klasse selbst.[58] Eine solche Überhöhung der Republik zur dem Wesen des Menschen und speziell seiner Selbstvervollkommnung im freien Spiel der Kräfte allein angemessenen Staatsform musste zu den de facto vorherrschenden nützlichen Beziehungsnetzwerken nicht von vornherein in unüberbrückbarem Widerspruch stehen. Schließlich konnte man die klienteläre Grundstruktur von Geschäft, Staat und Gesellschaft im humanistischen Sinne als ein behutsames Heranführen der Unerfahrenen an den Staat und seine arcana imperii, als Politik-Initiation im nachgerade sokratischen Sinne und damit als dem Gemeinwohl nützliche Lehrzeit der nachrückenden Generation unter der Führung weiser Mentoren idealisieren. Zum verschweigungsbedürftigen Schandfleck wird Klientelismus gemäß den vorherrschenden Vorstellungen der Zeit erst dann, wenn die einen über Gebühr begünstigt und die anderen gegen Leistung und Würdigkeit ausgeschlossen werden. Dann nämlich gerät die Dominanz der Netzwerke in unüberbrückbaren Gegensatz zum Normensystem der Meritokratie, der reinen Herrschaft der Verdienste, wie sie seit der Antike als ideologisches Aushängeschild politischer Systeme fungiert. Stattdessen regiert ein Wertekatalog, welcher die Dienstfertigkeit zum Nutzen mächtiger Einzelpersönlichkeiten am höchsten belohnt und so die innere Ordnung pervertiert.

Genau das aber ist laut Guicciardini in Florenz unter Lorenzo geschehen.[59] Die Pazzi etwa werden trotz ihrer immensen ökonomischen Erfolge durch mancherlei Machenschaften Lorenzos und seines willfährigen Zirkels gegen alle Traditionen, Usancen und Regeln des politischen Systems von Florenz aus den Rängen der politikfähigen Familien ausgeschlossen und auch sonst durch nicht minder eigennützige Ränke des mächtigsten Mannes von Florenz künstlich unten gehalten.[60] Dass hier also eine Partei im moralisch unerlaubten Sinne am Werk ist, welche sich mit dem Staat gleichsetzt, ja die Republik usurpiert hat, kann somit keinem Zweifel unterliegen und dann, wenn um eine tatsächliche innere Erfassung der Verhältnisse gerungen wird, auch nicht mehr verdrängt werden – das Ende der Euphemismen ist erreicht. Und mehr noch, zweites pièce de résistance aller individuellen wie kollektiven Selbsttäuschungsversuche: Durch die beispiellos gestiegene persönliche Macht des Klientel- und Parteiführers Lorenzo ist die Republik im Grunde keine Republik mehr. Auch an diesem härtesten aller Tatbestände lässt das unerbittliche Urteil keinen Zweifel zu. Dass Florenz nach der Niederschlagung der Pazzi-Verschwörung im Frühjahr 1478 und der riskanten, aber erfolgreichen Friedensmission Lorenzos in Neapel knapp zwei Jahre später eine weitere Phase des inneren Systemwandels erlebt und so durch seine Hände, von ihm als Haupt des Staates regiert[61] wird: Es ist bei ungetrübtem Blick nicht zu übersehen. Ja die Diagnose fällt noch um einiges ungeschönter, unbequemer aus: Lorenzo dominiert Florenz »nach freiem, willkürlichem Gutdünken, im Stile eines Signore mit unumschränkter Befehlsgewalt«.[62] Die Republik tanzt nach dem Befehlsstock ihres Herrn. Und auch damit ist die Klimax der schmerzhaft zergliedernden Staatsanalyse noch nicht erreicht. Als Folge der Zeit der langen Messer nach der Pazzi-Verschwörung,[63] der durch blindwütigen Hass bzw. dadurch verursachte Verwechslungen auch gänzlich Unbeteiligte zum Opfer fallen, sinkt das Gemeinwesen am Arno in Knechtschaft herab, werden aus Genossen der Macht quasi Untertanen und Höflinge[64] – hier war der Nerv des Patriziats getroffen.

Das alles spiegelt fraglos den Seelenzustand der herrschenden Klasse wider, der dann Bewusstseinszustand wird, wenn sie sich rückhaltlos Rechenschaft darüber ablegt, was an inneren Veränderungen, sprich Republikaushöhlungen seit 1434 vonstatten gegangen war. Und ein solches Fazit mündet durchaus nicht selten in die bösen Schlüsselwörter, welche sich auch in den Storie fiorentine ihr Stelldichein geben: Sklaverei, Tyrannis.[65] Doch sind diese nachtschwarzen Tableaus der Macht früher ausnahmslos den Versprengten, Entfremdeten, Kaltgestellten, den Frustrierten oder Exilierten in der äußeren bzw. inneren Emigration aus der Feder geflossen,[66] und zwar mit entsprechender Nutzanwendung: in tyrannos, Sturz und Tod dem Despoten. Dass ein herausragendes Mitglied der dominierenden Kleingruppe, also ein fast durchgehend erfolgreicher Insider des Systems seine intime Kennntnis von dessen Funktion mitteilt, dieses mit luzidem Blick analysiert, ja regelrecht seziert, fällt aus dem Rahmen; diese ungewöhnliche Fähigkeit, bei gleichzeitiger perfekter Rollenerfüllung das Spiel als ganzes zu erfassen und damit sich selbst mit quasi fremden Augen wahrzunehmen, besitzt Guicciardini wie kaum ein anderer Mensch seiner Zeit. Und er wendet sie im Laufe seines Lebens auf zwei Gesellschaften und Staaten, auf Florenz und auf Rom, an.[67]

Zu umstürzenden und bestürzenden Resultaten führt diese Denkform zuerst beim Blick auf Florenz, auf Lorenzo de' Medici in seiner Zeit. Eingefasst wird die neue Sicht in eine unbeholfen anmutende, ja fast grotesk anmutende Formel: Lorenzo, der beste der Tyrannen.[68] Diese contradictio in adjectu schreit zum Himmel. Gemäß der kirchlichen Doktrin wie der politischen Theorie ist die Tyrannis[69] von Grund auf böse, wobei diese Verworfenheit am schlagendsten im Eigennutz der Herrschaftsausübung zum Ausdruck kommt. Und auch dieses Merkmal findet der Historiker in Lorenzos Machttechniken überreichlich wieder. Seine grandiose Kulturförderung – im heutigen Jargon: sein umfassendes sponsoring der Talentvollen, sein headhunting der prestigeträchtigen Intellektuellen und Künstler – dient, daran lassen die Storie fiorentine nicht den geringsten Zweifel, dem eigenen Prestige und nicht zuletzt auch dem eigenen kleinlichen Ruhmesbedürfnis; zugleich aber macht diese eigennützige Großzügigkeit die Stadt und ihren Namen groß, erhebt sie mehr denn je zur Ausbildungs- und Kultstätte von Schönheit, Geist und Genius.[70] Der Gegensatz erweist sich als unauflöslich: Was der Stärkung der illegitimen und ethisch bedenklichen Einzelherrschaft zugute kommt, erweckt zugleich schlummernde Anlagen und die Stadt als ganze zur höchsten Blüte. Wie vorhersehbar werden in diesem Diskurs die Schlüsseltugenden liberalitas und magnificentia, Großzügigkeit und Großartigkeit, als Erklärung für Lorenzos umfassende Kulturpatronage angeführt. Im Gegensatz zu den Humanisten der Zeit, die auf diese Weise dem Ruhm der Mächtigen dienen und zugleich ihren Anspruch auf Förderung artikulieren, rückt Guicciardini genauso scharf die andere Seite dieses »Mäzenatentums« ins Blickfeld: den Nutzen der Propaganda. Und er harmonisiert nicht, blendet den einen Aspekt nicht zugunsten des anderen aus. Sehr unhumanistisch wird damit hervorgehoben, was man etwas pathetisch die Dämonie der Macht, nüchterner: ihre Eigengesetzlichkeit nennen könnte.

Auf diese Weise aber sind die moralischen Kategorien von Gut und Böse in der öffentlichen Sphäre – und im Laufe seines Lebens wird Guicciardini entdecken: im Wesen des Menschen allgemein – zu einer unheimlichen Symbiose zusammengewachsen; das Böse nämlich erzeugt das Gute – und umgekehrt. Damit ist keine Aufhebung oder gar Umschichtung von Werten, sei es in der Politik, sei es im Alltag, beabsichtigt; solchen ebenso radikalen wie simplizistischen Lösungen bleibt er lebenslang abgeneigt. Stattdessen hält er die freigelegte Widersprüchlichkeit von Politik und Moral aus, in harter, unaufgelöster Zusammenfügung. Und eine weittragende Schlussfolgerung aus diesen Kontrasten und Antagonismen wird schon jetzt gezogen: Der Mensch ist vielschichtiger, als es den Anschein hat, als der von manchen mächtigen Menschen selbst erzeugte Schein vorspiegelt oder eine schlichte Schwarz-Weiß-Schematisierung menschlicher Antriebskräfte glauben machen möchte. Positiv ausgedrückt: In ein und demselben Menschen, speziell Mächtigen haben sehr heterogene Motive Platz, die zudem sehr widersprüchliche Verbindungen einzugehen vermögen. Zudem bleibt – ebenso grundsätzlich auf die Psyche des Menschen bezogen – immer ein Rest des Unerkennbaren. Und ebenfalls schon jetzt trägt Guicciardini dieser am Ende aller Blicke und Analysen verbleibenden Unergründlichkeit mit einer signifikanten grammatikalischen Konstruktion Rechnung: der kettengliederreichen »oder«-Syntax.[71]

Durch diese unauffällige Konjunktion nämlich werden Ein- und Ausgrenzungen von Denkfiguren, Sortierungen von Deutungsmöglichkeiten vorgenommen und damit erklärende Motivsammlungen angelegt: Diese Antriebe und keine anderen sind für die Handlungsweise eines Mächtigen im jeweils unverwechselbaren Augenblick bestimmend, offen zu bleiben hat allein ihre Gewichtung im Einzelnen.[72] Diese Einschränkungen aber mindern nicht den Erkenntniswert der Geschichte, ganz im Gegenteil. Die Dignität des historischen Metiers verlangt es, an diesem Punkt Halt zu machen. Ein Wahrheitsfeld ist abgesteckt; es jetzt noch detaillierter vermessen zu wollen, würde Grenzen verletzen.

So wohltätig die Herrschaft Lorenzos auch sein mag, wünschbar ist die wohl geordnete res publica als bessere Alternative zum besten der Tyrannen. Im idealen Freistaat, wie er sich schon in den Storie fiorentine als Gegenentwurf zur Macht der Medici abzeichnet,[73] würden Patrizier und Volk jeweils an ihrem Platz und doch in Eintracht agieren: die Vornehmen in

Diplomatie und verschwiegenen Staatsgeschäften, das Volk, d.h. der Mittelstand aus Handwerkern und Ladenbesitzern, als Verfassungsgarant und Gegengewicht zur regelmäßig eintretenden Entartung aristokratischer Machtausübung. Mit dieser Aufgabe aber wird die Masse nicht zufrieden sein, sondern im Gegenteil nach immer mehr Präsenz in der berauschenden Sphäre der Macht lechzen, von verantwortungslosen Demagogen verführt und von den Vorzügen der eigenen Wesensart fälschlich überzeugt. Aus ihrer gedrückten Stellung befreit, neigen die entfesselten kleinen Leute zu Neid, Revanche, Hemmungslosigkeit, Unvernunft und Gier aller Art; sie zerstören in ihrer Schrankenlosigkeit die Grundlagen der eigenen Machtstellung – und bedürfen daher, wie jeder Mensch und jede Gruppe, der Einschränkung, der Eindämmung. Eine haltbare und funktionsfähige republikanische Ordnung wird auf diese Weise, je länger Guicciardini darüber nachdenkt, zur gruppen- und massenpsychologischen Denkaufgabe, zu einer regelrechten Alchimie der Macht; jegliche Über- oder Unterdosierung der Zutaten wird Eruptionen bewirken. Politik ist zur erfahrungsgestützten Menschenkunde, ja Menschenergründungswissenschaft geworden.

1509 genügt noch die von allen Zweifeln unangekränkelte Feststellung, dass der Staat von wenigen regiert werden muss.[74] Und zugleich verbindet sich diese Apologie der Oligarchie mit dem Lob von Lorenzos Herrschaftsausübung. Mit anderen Worten: Die Elite bedarf der ordnenden, sortierenden Lenkung durch den mächtigen Einzelnen: auch das an sich ein Widerspruch von hohen Graden. Er wird erklärbar durch das alles beherrschende Prinzip der produktiven Antagonismen. Denn Monarchie und Despotie, die ohnehin kaum je säuberlich getrennt sind und später fast völlig ineinander fließen, sind entartungsgefährdet durch die Schranken- und Zügellosigkeit der menschlichen Natur, welche nach immer mehr Macht und Genuss strebt, also mit Gegengewichten versehen werden muss, um sie an diesem verhängnisvollen Ausufern zu hindern. Gerade den Mächtigsten, den Königen von Frankreich und Spanien, aber stellt sich nichts entgegen außer den immanenten Schwächen aller Herrschaft: permanente Geldknappheit und der Zufall des Krieges. Lorenzo jedoch, ohne eigenes Amt, offiziell nur erster Bürger des Staates, Inkarnation der Republik und ihr oberster Diplomat mit manchen Freiräumen nach außen, ist ein Tyrann, der zur prudenza, Schlüsseltugend aller Macht, verdammt ist: zu permanenter sorgenvoller Kalkulation seiner Handlungen und ihrer Tragweite, zur zweck- und zielgerichteten Rücksichtnahme auf Eigenliebe und Eigeninteresse der einflussreicheren Familien und ihrer Protagonisten, zur andauernden Instrumentalisierung der anderen, auf deren Einsatz im Wechselspiel der Macht er angewiesen bleibt, und damit zur permanenten Erzeugung von Schein.

Gut und Böse, verklammert

Diese interdependente Tyrannis, diese eingebundene, ja oft genug eingezwängte Einzelherrschaft, welche auf zahllose Mittelsmänner mit stets zu überwachender Eigendynamik gestützt ist, aber bringt so das unbestreitbar Gute hervor. Florenz floriert unter seiner Führung wie nie zuvor, vor allem im Friedensjahrzehnt nach Beilegung des Konflikts mit dem Papst und Neapel. Aber auch hier erlaubt sich Guicciardini keine Harmonisierungen. Bei alldem bleibt die Herrschaft des Tyrannen tyrannisch. Nicht nur, dass er in zugleich zielgerichteter und hochmütiger Form den eigenen Ruhm mehrt und auf diese Weise den – bereits von seinem nicht minder pragmatisch Macht kumulierenden Großvater Cosimo[75] angelegten – Kontrast zwischen offizieller Freistaatlichkeit und fürstlicher Selbstdarstellung vertieft, auch sonst beherrscht er in allen öffentlichen Lebenslagen die Herrschaftstechniken des Tyrannen. So pflegt er eine Rede der ominösen Uneigentlichkeit, der anspielungsreichen Mehrdeutigkeit, ja des bedrohlichen Andeutens –

um sich gegebenenfalls hinter die Andersinterpretierbarkeit von Anweisungen zurückzuziehen, vor allem aber, um die Ausführenden seiner Befehle in Unsicherheit, in Abhängigkeit und in Angst zu halten.[76]

Bei dieser Wesensanalyse des besten Tyrannen schickt der Autor den ethisch unangekränkelten Leser durch ein Wechselbad der Bewertungen. Im Folgenden ein ungekürzter Ausschnitt aus dieser Parforcejagd: Wie alle Mächtigen gelüstet es Lorenzo nach Ruhm, ist er von schrankenlosem Ehrgeiz, vom Streben nach Vorrang auch in den kleinsten Dingen nicht nur getrieben, sondern geradezu zerfressen; das ist eine nach herkömmlichen moralischen Kriterien vernichtende Bewertung, welche letztlich auf Gottferne, auf Aufbrechung gottgewollter Ordnungen und Schranken hinausläuft. Und auf Lächerlichkeit. Denn diese Anstrengungen, alle und jeden zu übertreffen, führen dazu, dass der Mächtige auch als homo ludens, in Spielen und Wettkämpfen, keinen Sieger mehr über sich duldet. Der Verse schmiedende Lorenzo steht eindeutig in der Nachfolge des Laute schlagenden Nero, umso mehr, als er diejenigen, die sich dennoch erdreisten, besser sein zu wollen, seine Ungnade spüren lassen wird. Noch schlimmer aber ist, dass dieser Wetteifer, konkret: die Konkurrenz um den Vorrang höfischer Repräsentation, die Medici ihrem ältesten Verbündeten, der Sforza-Dynastie in Mailand, entfremdet. Ein Parvenü der Macht, Lorenzo de' Medici, nämlich sticht durch übersteigerten Aufwand den anderen, Ludovico Sforza, aus, so lautet das scharfsinnige Fazit. Denn auch die Herrschaft der Mailänder Herzöge ruht ab 1450 auf hölzernen, ab 1494 auf tönernen Füßen,[77] sind sie als kleine Landbesitzer bzw. Söldnerarmeeführer für eine solche Stellung doch genauso wenig geboren wie die Medici; beide Seiten müssen daher ihre Vorherbestimmung zur Einzelherrschaft umso umfassender und bildkräftiger unter Beweis stellen.

Und doch, so der nächste Satz, ist dieser nach innen wie außen fatale Ehrgeiz Lorenzos eine lobens-, ja bewundernswerte

Qualität, weil er, wie bereits erwähnt, Florenz zu einem intellektuellen und künstlerischen Leben ohnegleichen, ja zur ersten Kulturstadt des Erdkreises, nachgeahmt und beneidet, erhebt. Ausgangs- wie zweckgerichteter Endpunkt dieses Glanzes aber ist die liberalità infinita, das grenzenlose Mäzenatentum des Mächtigen. Negativ, negativ, positiv, so lauten bis jetzt die Vorzeichen des Ehrgeizes (ambizione) Lorenzos, welcher – noch einmal positiv – ihm und der Stadt am Arno die hohe Wertschätzung der übrigen Mächtigen Italiens einbringt, den neidischen Ludovico Sforza in Mailand ausgenommen. Doch ist die Vielschichtigkeit der ambizione damit noch keineswegs ausgeschöpft. Denn ermöglicht wird die großartige Selbstdarstellung der Stadt und ihres »ersten Bürgers« nur durch gravierende Missbräuche.

Als Bankier ungeeignet, lebt Lorenzo nämlich im dauernden Zustand der Mittelknappheit und hält sich entsprechend bei anderen schadlos. So erbettelt er – wörtliche Formulierung[78] – ausgerechnet bei Ludovico Sforza viertausend Dukaten, bei Pierfrancesco de' Medici aus der jüngeren Linie sogar sechzigtausend Dukaten – und »vergisst« dieses Familien-Darlehen später zurückzuzahlen. Auch hier eine harte Lektion: Großartigkeit wird durch Schamlosigkeit erkauft, hinter dem Schein der Erhabenheit steht bürgerliche Schande. Beides bedingt einander wechselseitig; eines ist ohne das andere nicht zu haben. Doch damit ist die Liste der anrüchigen finanziellen Manöver der glanzvollen Republikinkarnation Lorenzo noch längst nicht zu Ende. Unerlaubte Insidergeschäfte schlagen vielfältig zu Buche; u.a. werden Gelder für florentinische Kriegszüge über eine Bank transferiert, an der Lorenzo als stiller Teilhaber partizipiert, ganz zu schweigen von seinen ungenierten Griffen in öffentliche Kassen. Auch hieraus wird eine weit tragende Lehre gezogen: Die moralische Trennung von »öffentlich« und »privat« bleibt in Kraft, auch ein wohltätiger Tyrann muss sie beachten, auch die Staatsräson erlaubt diese Verquickung nicht. Allzu oft als eine ethische Errungenschaft des bürgerlichen Zeitalters nach 1789 deklariert, ist diese rigorose Unterscheidung im Werk des Florentiner Patriziers äußerst geschärft. Durch Lorenzos Abschöpfung aus der florentinischen Kriegskasse nämlich degenerieren die ohnehin selten erfolgversprechenden Militäroperationen der Arnostadt vollends zur Tragikomödie, zum Schaden des Gemeinwohls – noch einmal abträgliche Bewertungen nach so viel Zwischenlob.

Die moralische Berg- und Talfahrt setzt sich fort durch die Schilderung von Lorenzos sexueller Unersättlichkeit. Seine blinde Verliebtheit in eine weder schöne noch junge Frau verführt ihn zu Handlungsweisen, die selbst einem unvernünftigen Jüngling lächerlich zu Gesicht stünden, ganz abgesehen davon, dass er seine Rivalen nach dem abgeschwächten Vorbild König Davids auf entfernte Außenposten der florentinischen Diplomatie abschieben lässt. Nach der blutigen Verfolgung der Verschwörer von 1478 der Blutrünstigkeit geziehen, zeigt Lorenzo hingegen, laut Guicciardini, eher Augenmaß in der Verfolgung der Feinde: Ein so perfides – hinsichtlich seiner Motive hingegen verständliches – Attentat rechtfertigt also Selbstjustiz, sofern diese nicht aus Blutdurst, sondern zur Stabilisierung der Herrschaft vorgenommen wird. Wird hier ein Wesensmerkmal der schlimmsten Tyrannis ausdrücklich geleugnet, so wird ein weiteres ihrer zentralen Charakteristika, und sogar ihr vielleicht unheimlichster Zug, im anschließenden Satz voll und ganz bestätigt: das Klima des Verdachts. Misstrauen breitet sich in allen Lebensbereichen aus. Wer reich, schön, klug ist, hat die Rivalität des verkappten Einzelherrschers Lorenzo zu fürchten und, will er weiterhin unbehelligt bleiben, die einzig mögliche Gegenmaßnahme zu ergreifen: Verstellung, dissimulazione. Der Argwohn reicht so weit, dass keine Heirat unter führenden Familien mehr ohne das Plazet Lorenzos ausgehandelt werden kann: Die Tyrannis macht selbst vor dem Privat- und Seelenleben des Einzelnen nicht Halt. Ja Lorenzo geht so weit, Eheschließungen unter den führenden Häusern so weit wie möglich einzuschränken – sollen die großen Clans doch aussterben und mit ihnen die Konkurrenten der Medici. Und natürlich stützt sich eine solche Herrschaft, die sich vor den eben noch Gleichen fürchtet, auf niedrig geborene, minderwertige Kreaturen, die, von ihrem Patron aus dem Staub erhoben, für alle servilen Dienste unbegrenzt zur Verfügung stehen. In die Angst als Frucht des Verdachts aber ist der menschliche Tyrann Lorenzo mit eingebunden. Sie führt dazu, dass er sich eine bewaffnete Leibgarde hält, die an schlimme Vorbilder erinnert; aber sie treibt ihn auch zu maßvollem, der Angst der anderen Rechnung tragendem Handeln. Noch einmal eine wahrhaft verstörende Vertauschung von Vorzeichen.

Und nach so vielen alternierenden Einfärbungen folgt, wie vorweggenommen, das unvermeidliche Fazit, dass es unmöglich ist, einen angenehmeren und nützlicheren Tyrannen zu haben. Das, wie gesagt, ist keine Synthese, sondern eine Auftürmung von Unvereinbarkeiten. Und doch hat der Historiker schon ganz zu Beginn seines widersprüchlichen Herrschaftsporträts die einzig mögliche Auflösung aufscheinen lassen, in einem kleinen großen Wort: dass nämlich die vizi, die Schattenseiten, von Lorenzos Herrschaft, durch Notwendigkeit begründet seien.[79] Darin liegt die eigentliche, doch erst unbeholfen ausformulierte Entdeckung beschlossen: dass die traditionellen Kategorien von Gut und Böse in der Politik ihren hergebrachten Sinn verlieren, mehr noch: sich wechselseitig bedingen, gleitend aus einander hervorgehen, dass sich Macht also eine eigengesetzliche Sphäre des über-moralischen Handelns kreiert. Angesichts dessen bleibt ein einziges Kriterium angemessener politischer Ordnung übrig: ihre Fesselung und Ausgewichtung, durch Antagonismen, die in der Psyche des Menschen Entsprechung und in konstitutionellen Ordnungen Verankerung finden müssen. Die Vielschichtigkeit des Menschen und der Welt aber verlangt nach einer neuen Darstellung, Sprache und Bewertung.

Nochmals ist zu betonen: Solche Schlussfolgerungen sind anno 1509 in dieser Schärfe nicht ausgedrückt, sondern noch weitgehend verborgen hinter versöhnenden, zudeckenden Bekundungen traditioneller Werte; sie zu ziehen, wird weitgehend dem Leser der inkompatiblen Aussagen überlassen. Die Erschütterungen, von denen die frühen Texte Zeugnis ablegen, haben hochragende Deutungskonstrukte eingerissen. Ein umfassendes alternatives Erklärungsmuster ist nicht darüber geschichtet, wohl aber eine Vorgehensweise, eine Methode der Welterklärung ausgebildet, von der es kein Abrücken mehr geben kann: die Ausleuchtung aller erfassbaren Handlungsmotive, so unbehaglich und unbarmherzig sie auch ausfällt und so unerkennbar die letzten seelischen Hintergründe wie Abgründe auch sein mögen. Darin aber liegt die Erkenntnis von Unvereinbarkeiten vielfältig angelegt. Nicht nur, dass kirchliche Moral bzw. kommunale Gemeinsinnethik und praktische Politik in jedweder Verfassung auseinander klaffen – die verschiedenen sozialen Gruppierungen verstehen darunter sogar etwas völlig Verschiedenes. Dass Patrizier und Volk jeweils konkurrierende Vorstellungen vom bonum commune und der idealen politischen Ordnung hegen, dass die Unterscheidung von Gut und Böse in der Politik also nicht zuletzt eine Frage der angelegten Perspektive ist: auch diese auf Pluralismus und Kompromissfindung hinauslaufende Einsicht ist schon in Guicciardinis früher Geschichtswahrnehmung im Keim vorhanden und findet in den immer ausgeklügelteren Checks-and-balances-Modellen der Folgezeit ihren reifen Niederschlag.

Und in dieser früh ausgebildeten Methode sind weitere Schlussfolgerungen von großer Tragweite zumindest in Ansätzen angelegt: dass Geschichte von Menschen alleine gemacht wird, dass Geschichte das dem Menschen einzig zugängliche Medium der Erkenntnis und ihre minutiöse Nachzeichnung, d.h. der Beruf des Historikers, zum Quell der Erkenntnis schlechthin wird.

Doch bis dahin ist es 1509 noch ein weiter Weg der Desillusionierung, des Prüfens und für ungenügend Befindens. Die entscheidende Probe aufs Exempel, wie Geschichte gemacht wird, welche Kräfte sie bestimmen, ist für einen Florentiner des Jahrgangs 1483 wie gesagt das Phänomen Savonarola. In den Storie fiorentine wird die Frage bezeichnenderweise offen gelassen, genauer: suspendiert, eine Antwort verschoben. Darin liegt eine immense Objektivierungsleistung, der Versuch, das Geschehene so perspektivisch, so blickwinkelreich wie nur irgend möglich zu betrachten, zu erforschen und damit zu erkennen. Diese Kombination der Blickrichtungen aber ergibt kein eindeutiges Bild. Und so steht am Ende aller Deutungsversuche Vielschichtigkeit, Widersprüchlichkeit, Unvereinbarkeit. Das Urteil des Historikers referiert Fremdwahrnehmungen, Fremdmeinungen – und enthält sich ausdrücklich des eigenen Spruchs. Zweifel wird zum Bekenntnis, zu einer peinvollen Konfession auf Zeit, aber zugleich zum einzig möglichen Kriterium intellektueller Lauterkeit erhoben.

> Diese Dinge (= Savonarolas Sittenpolizei, V.R.) entwickelten sich zur Rettung der Stadt und, wie er (= Savonarola, V.R.) sehr zutreffend sagte, zum Nutzen der einst wie jetzt Regierenden; und seine Werke waren in der Tat so segensreich und vor allem manche seiner Vorhersagen durch die nachfolgenden Ereignisse so bestätigt, dass sehr viele ihn, ungeachtet der päpstlichen Exkommunikation, der gerichtlichen Untersuchung (= welche Widerruf und Abschwörung hervorgebracht haben soll, V.R.) und seines Todes lange Zeit hindurch für einen echten Gottesboten und Propheten gehalten haben. Ich bin in dieser Hinsicht unentschieden und hege weder in der einen noch in der anderen Richtung eine feste Meinung. Stattdessen setze ich, sofern ich lange genug leben werde, auf die Zeit, welche alles aufklären wird. Für jetzt

> aber schließe ich wie folgt: Wenn Savonarola gut war, so haben wir in unseren Zeiten einen großen Propheten gesehen; war er aber böse, so haben wir einen sehr großen Mann gesehen. Denn in einer solchen Öffentlichkeit so viele Jahre hindurch eine Angelegenheit von so großer Bedeutung vorzutäuschen, ohne jemals des Betrugs geziehen zu werden, setzt nicht nur Bildung, sondern eine Urteilssicherheit, eine Geisteskraft und eine Erfindungsgabe von höchsten Graden voraus.[80]

Tertium non datur: Dass der selbst ernannte Prophet einer Selbsttäuschung anheim fällt, Sprachrohr Gottes zu sein glaubt, aber mit rein menschlicher Stimme spricht, diese tragische Zwischenlösung wird hier nicht in Erwägung gezogen. Dessen ungeachtet ist die offerierte Deutungsalternative schwindelerregend. Denn auch im negativen Fall ist Savonarola Bewunderung für eine Meistertäuschung zu zollen: das vernünftige, kritische, spottlustige Volk von Florenz von seiner fingierten Mission überzeugt und zudem große Männer wie Giovanni Pico della Mirandola zur Nachfolge bewogen zu haben. Und mehr noch: Selbst dann wäre aus Verstellung Tugend entsprungen, hat doch das Versöhnungswerk des Frate, aus welchen Antrieben es auch immer hervorgegangen sein mag, zumindest vorübergehend eine Verbesserung der Sitten, ja eine Beilegung der inneren Zwietracht zur Folge gehabt. Nochmals tritt das eigentümliche, allen traditionellen Moralvorstellungen Hohn sprechende Kausalverhältnis von Gut und Böse ganz rein hervor: Auch vorgespiegeltes Prophetentum kann dasselbe wie der von Gott selbst erteilte Auftrag bewirken, der Schein vermag das Sein also nachhaltig zum Besseren zu verändern.

Diese für sich genommen unauffällige Aussage legt wiederum extreme Schlussfolgerungen unabweisbar nahe: dass es nicht auf die Authentizität der göttlichen Mission, sondern darauf ankommt, diese Sendung glaubhaft zu machen. Und weiter: dass der Zweck die Mittel heiligt und Religion unabhängig von ihrem Wahrheitsgehalt ein politisches Instrument ersten Ranges darstellt, allerdings ein gefährlich zweischneidiges; Savonarola fällt am Ende ja seinem eigenen Anspruch zum Opfer. Ganz am Schluss dieser sich stetig radikalisierenden Argumentationsketten stünde dann die Aussage, dass Religion,[81] in welcher Ausprägung auch immer anthropogen, vom Menschen für seine Bedürfnisse und speziell von den Mächtigen zur Ruhighaltung der Unteren geschaffen, nur in dieser Herrschaftsfunktion verstehbar und in jeder Hinsicht der Wirkung der Zeit, dem alles umfassenden Wandel unterworfen ist. Für solche nach Maßgabe der Zeit atemberaubend kühnen Überlegungen aber ist 1509 allenfalls der Boden bereitet.

Das gilt auch für das Urteil über den öffentlich verbrannten Prior von San Marco. Richterin über ihn ist die Zeit, d.h. die Geschichte. Der Wahrheitsanspruch eines Glaubenssystems erweist sich also nicht zuletzt an seinen dauerhaften irdischen Hervorbringungen. Dieser historischen Probe aufs Exempel aber ist die Gestalt des Propheten, wie sich zeigen wird, nicht gewachsen.[82] Der Anspruch, Geschichte vorherzusagen, wird schließlich an deren mangelnder Sinnhaltigkeit zuschanden. Geschichte kennt kein telos, kein vorgegebenes Ziel; sie im göttlichen Auftrag in eine selige Endzeit einmünden zu lassen oder auch nur definitiv zum Besseren zu wenden, ist dem Menschen nicht gegeben. Auch wenn das wiederum Konsequenzen sind, die am Ende aller Illusionen, d.h. lebensgeschichtlich zwei Jahrzehnte später, gezogen werden, so steht der Fall Savonarola doch schon anno 1509 nicht günstig. Denn der Prophet hatte sich, um seine Stellung zu wahren, auf immer riskantere Prognosen eingelassen: dass die lebenden Florentiner, einschließlich ihrer rüstigeren Greise, den Anbruch der seligen tausend Jahre Christi mit seinen Getreuen auf Erden noch erleben würden. Stattdessen ist Florenz ein Jahrzehnt nach seinem Tode noch nicht einmal die Rückeroberung Pisas gelungen.

In diesem zeitlichen Abstand wird die Nachzeichnung von Werdegang und Wirken des großen Dominikaners zugleich zum methodischen Exerzitium, zur Nagelprobe des historischen Metiers: ein Bild ohne Parteinahme, sine ira et studio, zu entwerfen, obwohl bzw. gerade weil der Frate so viele eigene, persönliche wie florentinische Schicksalsfragen aufgeworfen hat (und bis in die Gegenwart hinein weiter stellt). Eine solche Bestandsaufnahme verlangt dem Historiker einiges ab: absehen zu können von den eigenen und schichtenspezifischen Sichtweisen, Bedürfnissen, Betroffenheiten. Diese Objektivierung gelingt durch die Aufgliederung in verschiedene Perspektiven, in konkurrierende Wahrnehmungen. Sie macht auch vor Savonarolas geschickt lancierter, in vielen umgehend gedruckten Predigten vorgenommener Selbstdarstellung, seiner Propaganda in eigener Sache nicht Halt. Und genau hier erhebt der Historiker quellenkritisch abgestützten Einspruch.[83] Nicht der Frate habe im November 1494 vorrangig oder gar allein die Rettung der Stadt vor der nach menschlichem Ermessen unabwendbaren Plünderung durch das herannahende französische Heer herbeigeführt; stattdessen gibt Guicciardini in diesem bedeutsamen Punkt dem ebenso entschlossenen wie besonnenen Handeln politischer Protagonisten wie Piero Capponi die Ehre. Savonarolas Ehrentitel hingegen besteht darin, Florenz in einer Zeit tiefster Erschütterung Fixpunkte der Besinnung und Selbstfindung geboten zu haben.

Doch trägt das unbestreitbar Gute schon den Keim des Schlechten in sich. Auch dieser Umkehrschluss zur Verschränkung von Gut und Böse erweist sich bei unvoreingenommener Überprüfung als historisch wahr. So aber zeichnet sich am entferntesten Ideenhorizont eine vierte Lösung des Savonarola-Problems ab: Selbst wenn seine Mission von Gott ist, wird sie in dieser gottfernen Welt zur Ursache von Entzweiung. Denn die Euphorie der Rettung und der wiederhergestellten Einheit von Patriziat und Mittelstand verfliegt rasch. Zum einen fällt – angesichts der politischen Organisationsformen von Florenz zwangsläufig – die Botschaft des Versöhners den konkurrierenden Klientelsystemen anheim. Es gibt jetzt Savonarola-Anhänger im weiteren und engeren Sinne, Letztere werden von einem der einflussreichsten Patrizier, Francesco Valori, aus sehr eigennützigen Gründen angeführt. Damit ist ein weiteres Paradoxon ins Blickfeld geraten: Was die Gegensätze aufheben sollte, vertieft sie de facto. Und zum anderen ist das groß gedachte Modell des governo largo, für welches Savonarolas geistliche und moralische Autorität einsteht, der anthropologischen Realität nicht angemessen, d.h., es funktioniert nicht oder doch nur mehr schlecht als recht. Das Volk[84] kann in bestimmten Konstellationen durchaus Gutes bewirken, doch nur in einer ausgewogenen, mit Gegenkräften versehenen Ordnung. Savonarolas Verfassung aber trägt dieser Komplexität nicht Rechnung. Und drittens erweist sich der höchste Anspruch des Systems – die Gleichheit der Bürger vor dem Gesetz[85]– im entscheidenden Moment als hohl. Dass einige jetzt gleicher als gleich sind, andere hingegen ungleich behandelt werden, untergräbt die moralische und spirituelle Autorität des Propheten.

Mit Savonarolas ausdrücklicher Billigung nämlich war das Gesetz in Kraft getreten, das bei Todesurteilen den Appell an den Großen Rat vorsah. Als 1497 jedoch ein ungeschickt eingefädelter Coup zur Rückführung Pieros de' Medici fehlschlägt, werden die fünf Hauptverschwörer nach rasch durchgepeitschtem Prozess enthauptet, ohne dass man ihnen diese letzte Chance der Berufung einräumt. Savonarola aber schweigt dazu. Endzeitprophetie im Zeichen der Versöhnung und blutige Staatsräson: Diese Kombination zerstört das mystische Prestige des Priors von San Marco. Und auch das angekündigte Übernatürliche findet nicht statt. Eine Feuerprobe wird im letzten Moment abgesagt, mit ziemlich fadenscheiniger Begründung, wie die sensationslüsterne Masse findet. War alles nur Inszenierung, Theaterdonner, hatte niemand je die Absicht, dieses Gottesurteil anzurufen? Wie es sich bei seiner Vorgehensweise ziemt, stellt Guicciardini die Frage, ohne sie zu beantworten. Der Historiker ist nicht zu Urteilen aufgerufen, wenn die Quellen keine sichere Antwort zulassen – eine Methode bildet sich heraus.

Was aber ist im Falle Savonarola geschichtlich belegbare Wahrheit? Auch seine schärfsten Ankläger, welche nach dem Zufallsverfahren der Ämterlosung im Frühjahr 1498 an die Macht gelangen und seinen Untergang besiegeln, haben eines nie in Frage gestellt: sein sittlich einwandfreies Leben, seine unantastbare theologische Bildung, die Einheit von Leben und Glauben somit. Da sie solche Vorwürfe fraglos erhoben hätten, wären sie auch nur von den geringsten Gerüchten genährt, darf auf das positive Gegenteil geschlossen werden: ein Priester von untadeliger Sittenreinheit, dem viel zitierten, doch selten gelebten Ideal der Übereinstimmung von Theorie und Praxis ganz und gar ergeben. Damit stellt er sich, unabhängig vom Wahrheitsgehalt seiner Prophezeiungen, als leuchtendes Gegenbild zur Kurie seines Vernichters, Alexanders VI., dar, deren Zustände der Florentiner Patrizier in den düstersten Farben der moralischen Entrüstung zeichnet.[86] Diesem bösesten aller Päpste aber gelingt schlechthin alles, selbst der ruchloseste Plan, und jeder Betrug bringt reichen Lohn. Es gibt aller Erfahrung nach keine irdische Nemesis. Wie es um die Existenz einer Vergeltung im Jenseits auch bestellt sein mag, es klafft schon jetzt, am Ausgangspunkt aller kritischen Reflexionen Guicciardinis, ein sehr irdischer Widerspruch: zwischen der Verkündigung eines strafenden Gottes durch das Haupt der Kirche und dessen Amts- wie Lebensführung. Deutlicher als Alexander VI. nämlich kann man nicht zeigen, dass man das »Die Rache ist mein, spricht der Herr« nicht im Geringsten fürchtet; nicht erst Machiavelli macht sich über diesen Kontrast kritische Gedanken.[87]

Und noch ein Widerspruch türmt sich jetzt auf. Die »Entweder-oder-Formel« in Sachen Savonarola nämlich geht nicht mehr auf, wenn man die historisch gesicherte Erkenntnis seines guten Lebens zugrunde legt. Denn wie soll ein böser Mensch lebenslang als frommer Christ, den Werken der Nächstenliebe und der Anleitung seiner Mitmenschen zu einem gottgefälligen Leben gewidmet, gelebt haben können? Das Wesen der Verstellung, der dissimulazione, und das des Menschen insgesamt, genauer: die Psychologie des Bösen spricht gegen eine solche Dauertäuschung.

Aus dieser Verwirrung der Grundkategorien wird Guicciardini in der Zukunft seine Schlüsse ziehen. Kurz umrissen lauten sie wie folgt: Es gibt keine gesicherten, d.h. unveränderlichen Regeln für Staat und Gesellschaft, beide sind nicht natürlich, dem Menschen ein für alle Mal mitgegeben. Alle soziale und politische Ordnung bedarf der listenreichen Ausklügelung, der vielschichtigen Psyche des Menschen und nicht zuletzt deren stets im Fluss befindlichen Ausdrucks- und Erscheinungsformen angepasst. Nichts kann so bleiben, wie es ist, weil alles im dauernden Wandel begriffen ist. Subjekt der Geschichte und zugleich in rästelhafter Vermischung Objekt des Wandels, bedarf der Mensch der Einhegung durch Gesetze, die ihn daran hindern, seine destruktiven Grundtriebe auszuleben. Sie nämlich werden immer dann übermächtig, wenn sich ihnen kein Widerstand entgegenstemmt.

Die Mängelliste der Republik

Der dritte Stein des Anstoßes zum Denken in Widersprüchen, die defizitäre Republik,[88] ist selbst erlebt. Auch hier tritt die kausale Verschränkung von Gut und Böse beherrschend hervor, und zwar in vielen Varianten. Gut gedacht, nämlich als Werk der brüderlichen Handreichung über die von den Medici in sechs Jahrzehnten klientelär ausgeübter Herrschaft aufgerissenen Gräben hinweg, ist das governo largo allemal. Dass Mittelstand und Patriziat, Handwerker und europäische Großhändler zur Bewahrung der Freiheit in Eintracht regieren und der Tyrannis wehren sollen: Das ist eine fromme, lautere Idee, welche Guicciardinis volle Billigung findet – im Prinzip. In der Realität aber bewirkt dieser hehre Grundsatz das Gegenteil: Dauerkrise, ja Selbstblockade des Systems. 1509, schon im Zeichen der finalen Agonie, lautet die Diagnose: gravierende Autoritätsdefizite nach innen und außen. Konkret: Es fehlt an entscheidungs- und durchsetzungsfähigen Amtsträgern, welche die in der Politik, vor allem nach außen, in Diplomatie und Krieg, notwendigen kraftvollen Beschlüsse rasch und ohne Abstriche in die Tat umzusetzen vermögen. Das System der schnellen Rotation – die Amtszeit in der Stadtregierung, der signoria, beträgt zwei, in den ihr zur Seite stehenden Kollegien drei bzw. vier Monate – führt dazu, dass die Identifizierung des Einzelnen mit der bekleideten Position ausbleibt und stattdessen Verantwortung abgeschoben wird, nach dem Muster: Sollen sich die nächsten Amtsinhaber damit abmühen. Desinteresse, Abkehr von der Politik ist häufig die Folge. Dazu kommen die rigorosen Sperrfristen, welche eine rasche Wiederwahl der – notwendigerweise wenigen – geeigneten Kandidaten verhindern. So aber drängen kleine Leute in die Spitzenpositionen der Republik, im besten Fall ehrfürchtig staunend und bereit, sich von klugen Ratgebern hinter den Kulissen anleiten zu lassen, oft genug jedoch mit dreister Arroganz, neidisch und voller Misstrauen, dass die Optimaten ihnen dieses unvermutet zufließende Prestige wieder zu entziehen versuchen könnten.

Dadurch aber, dass eine von ihrem kulturellen und mentalen Horizont her zu politischen Führungsaufgaben ungeeignete Schicht die Staatsgeschäfte ausübt, kommt es zu unerträglichen Zuständen: Debatten ziehen sich – da von zu wenig Sachverstand genährt und dementsprechend kontrovers – endlos hin, so dass die Ereignisse den Beschlüssen uneinholbar enteilen; und vor allem kann, was von der Masse diskutiert wird, nicht geheim bleiben. Doch damit sind die Schäden, die laut Guicciardini aus diesem furor politicus von Handwerkern und Ladenbesitzern resultieren, noch längst nicht erschöpfend beschrieben. Und so listet er unerbittlich weiter auf: eine exzessive Selbstbezogenheit der kleinen Leute, die sich in ihrer Kurzzeitrolle als Republiklenker so gefallen, dass ihnen die große Politik in Italien und Europa aus dem Blickfeld gerät. Und dieselbe Beschränktheit führt zu einer beängstigenden Sorglosigkeit in politischen wie militärischen Haupt- und Staatsaktionen – mit der Konsequenz, dass Florenz andauernd vom Gang der Ereignisse überrascht wird. Am gravierendsten aber sticht in dieser Mängelliste der Vertrauensverlust bei den Mächtigen der Halbinsel und des Kontinents hervor. Am Arno – so der in den Entscheidungszentren der großen Politik vorherrschende Eindruck – wird nichts vertraulich behandelt, sondern Diplomatie auf dem Marktplatz betrieben. Man hüte sich also, diese Republik ins Vertrauen zu ziehen, und setze umso mehr darauf, sie zu manipulieren; das sollte nicht schwer fallen, denn das Volk ist verführbar. Auch hier dasselbe Verfahren wie im Fall Savonarola: Ein Florentiner versetzt sich in die Rolle derjenigen, die auf Florenz blicken, denkt sich in fremde Standpunkte ein.

Damit sind Netzwerke zerrissen, ohne welche die Republik Florenz mit ihrem ausgedehnten Territorium und ihren schwachen Verteidigungsmitteln langfristig nicht existieren kann, umso weniger, als sich am Tiber ein zweites, alternatives Florenz um den exilierten Kardinal Giovanni de' Medici entwickelt.[89] Dieser aber benutzt die Kunst der Patronage dazu, um oppositionelle Loyalitätspotentiale aufzubauen. Durch die guten Dienste, die er seinen Landsleuten – unabhängig von ihrer Klientelzugehörigkeit – an der Kurie erweist, fügt der Zweitgeborene Lorenzos am Tiber wieder zusammen, was am Arno zerrissen wird: zum Nachteil der Republik.

Diese erleidet aufgrund ihrer Strukturdefekte auch finanziellen Schaden. Ausgaben für unaufschiebbare Staatsgeschäfte werden des Geizes der kleinen Leute wegen, die um ihre Ersparnisse fürchten, entweder gar nicht oder aber zu spät getätigt – worauf diese Versäumnisse unweigerlich mit einem Vielfachen der ursprünglich notwendigen Summe notdürftig genug behoben werden müssen. Zudem geht das öffentliche Geld durch zu viele Hände, undurchsichtige und verlustreiche Kanäle. Diese Vergeudung hat eine permanente Mittelknappheit des Staates zur Folge, der wiederum – wie seit Jahrhunderten in den italienischen Stadtkommunen üblich und zugleich dauernder Anlass zur inneren Unruhe[90] – nur durch Zwangsanleihen bei den Reichen abgeholfen werden kann. Dennoch dünnt der Staat Florenz, so Guicciardini, mangels Liquidität regelrecht aus: Festungen werden nicht mehr instand gesetzt, Garnisonen nicht mehr bezahlt. Jeder Versuch, diese Übel abzustellen, aber wird von den Mitgliedern der mittleren Zünfte mit tiefem Misstrauen betrachtet, jede Stärkung staatlicher Autorität erscheint ihnen als erster Schritt zu ihrer Entmachtung. Derart verdächtigt, gehen die Patrizier auf Distanz zu diesem System. Um gar nicht erst in ungeliebte, da unergiebige, ja unerquickliche Ämter gewählt zu werden, zahlen sie bewusst ihre Steuern nicht – und katapultieren sich so selbst aus der politischen Klasse hinaus. Andere lehnen die Wahl ab oder nehmen sie, wenn das nicht möglich ist, nur widerwillig bzw. unter innerem Vorbehalt an. So aber erfüllen sie ihre Pflicht als Gesandte an europäischen Höfen bestenfalls nachlässig, was wiederum die Reputation der Republik vermindert. Und auch bei den aufrichtig patriotisch gestimmten Patriziern ist diese Dienstbereitschaft umso geringer, als der – angesichts der schlechten Voraussetzungen absehbare – Misserfolg der meisten Unternehmungen unweigerlich ihnen zur Last gelegt wird.

Dadurch aber kommt es zum Kernübel der falsch strukturierten Republik schlechthin: zu negativer Selektion. Aus den Reihen der Vornehmen drängen die gescheiterten Existenzen – diejenigen, welche nichts, nicht einmal mehr ihren Ruf, zu verlieren haben – in die Ämter: die Abenteurer und Desperados, die allesamt den Staat als ihr Ausbeutungsobjekt betrachten. Man kennt sie in Florenz – nochmals erweist sich die Sozialkontrolle als perfektes Überwachungssystem (und der Historiker scheut sich nicht, die Namen der für immer verlorenen Söhne zu nennen). Diese fatale Rekrutierung hat nicht nur weiteren Verlust von Ansehen auf diplomatischer Bühne, sondern auch schwere Einbußen von Autorität im eigenen Herrschaftsbereich zur Folge. Ja durch die innere Schwächung von Florenz werden Untertanenstädte wie Pistoia geradezu zum

Abfall animiert. In der Hauptstadt aber führt dieser Staatsverfall zur Verselbständigung der Netzwerke; nicht mehr von oben in Zaum gehalten, bedient jeder die eigenen Interessen und die seiner Verbündeten, nach dem Motto: Rette sich, wer kann.

Die hier mit allen wesentlichen Versatzstücken wiedergegebene Analyse einer inneren Staatsauflösung spiegelt Guicciardinis Argumentationsmethode zu diesem frühen Zeitpunkt ganz rein wider und nimmt zugleich deren weitere Entwicklung vorweg: die minutiöse Ausleuchtung von Ursachen und Wirkungen, die Psychologisierung der Macht und damit die Auffassung von Politik als praktischer Menschenwissenschaft. Ihr ist es aufgetragen, Institutionen zu kreieren, Verhandlungsmodi und Beschlussfassungswege zu konzipieren, welche die widerstreitenden Mentalitäten zusammenführen, unterschiedliche Interessen einbinden und damit potentiell divergierende Loyalitäten auf ein gemeinsames Objekt verpflichten: auf die kunstvoll austarierte, den bestimmenden Emotionen der verschiedenen Schichten geschmeidig angepasste Republik. So profunde die negative Bestandsaufnahme – deren wesentliche Bestandteile von der neueren Forschung im Übrigen bestätigt werden[91] – auch ausfällt, so selbstverständlich reflektiert sie zugleich die Bindung des Autors an seine Schicht. Seine Parteinahme für die ungerechtfertigt verdächtigten Patrizier gipfelt in der Maxime, dass eine Stadt zugrunde geht, wenn ihre uomini da bene,[92] die zur Einsicht befähigten Männer von Rang und Ansehen, nicht den Grad der Reputation genießen, der ihnen aufgrund dieser Qualitäten zukommt. Zugleich aber werden auch dieser Klugheitselite Grenzen gezogen; fehlt ihr das Gegengewicht und damit der Zwang zur Selbstdisziplin, so degeneriert ihre Machtausübung – siehe die Jahrzehnte vor der Machteroberung der Medici im Jahr 1434 und so manche innere Krise danach – zu selbstherrlichem Gruppenegoismus, ja zur Tyrannis der oligoi, der Wenigen, die sich zu allem Überfluss auch noch regelmäßig selbst zu zerfleischen pflegen.[93]

Gerade gegen die letztere Entartungsvariante hatte sich die Herrschaft Lorenzos de' Medici bewährt, allerdings mit dem Makel der nicht republikanischen, letztlich unfreien Staatsform behaftet. Sosehr sich auch Gut und Böse ursächlich verschränken: Dieser Stachel sitzt tief. Eingepflanzt ist er von einer plurisäkularen republikanischen Tradition, der selbstverständlichen Prämisse vom Freistaat als der überlegenen Staatsform. Und noch tiefer hineingetrieben wird er vom Menschenbild Guicciardinis, das sich früh auf diese Formel bringen lässt: dass der Mensch zwar von Natur eher zum Guten neigt, doch schwach in seinem Beharrungswillen, dementsprechend jederzeit verführbar ist und den Reizen des Bösen, speziell den Verlockungen der Macht erliegt.[94] Diese nicht mehr (wie z.B. beim zu ganz ähnlichen Schlüssen gelangenden Jean Calvin) theologisch, sondern empirisch abgestützte Anthropologie aber weist die Republik als die bessere, zumindest weniger defizitäre, d.h. in geringerem Maße zur Grenzüberschreitung neigende Staatsform aus – besteht doch nur in ihr eine wirkungsvolle Handhabe dazu, den grenzenlosen Hunger nach Macht durch Kontrolle einzudämmen.

Zugleich aber wird dieser republikanische Grundsatz-Optimismus allenthalben, wie an der Mängelliste der real existierenden Republik aufscheint, von der politischen Wirklichkeit eingetrübt. Denn die approbierten Methoden der Tyrannisverhinderung wie etwa die rasante Ämterrotation sind zwar, in der von Guicciardini so geschätzten Sprache der Staatsmedizin,[95] wirksame Antidote, doch mit gravierenden Nebenwirkungen versehen, welche das politische Leben de facto weitgehend lähmen. Die kleinen Leute nämlich haben Appetit, ja Heißhunger auf Politik bekommen und wollen von dieser Betätigung nicht mehr lassen – obwohl sie dafür kaum geeignet sind. Die Lösung Savonarolas, sie und die Patrizier zu einer gleichermaßen amtsfähigen, staatstragenden Großgruppe zu verschmelzen, ist allein schon dadurch als gescheitert zu betrachten, von den Ressentiments der führenden Familien gegen Handwerker und

Ladenbesitzer ganz zu schweigen. Eine Überdosis Volk im Staat ist für diesen tödlich, ein reiner Volksstaat pure Tyrannis. Und doch geht es nicht ohne eine tragende Rolle des Volkes. Und das alles gilt auch für das Patriziat. Fazit: Der für Florenz angemessene Staat ist noch nicht erdacht; ihn zu entwerfen, sieht Guicciardini als seine Aufgabe an – für einen so jungen Mann kein geringer Anspruch.

Damit ist zugleich ein typisch florentinisches Tätigkeitsfeld umrissen. Fünfundzwanzig Jahre nach den Storie fiorentine wird Donato Giannotti seine ideale Republik Florenz präsentieren – zu einem Zeitpunkt somit, als zu ihrer Verwirklichung keine Aussicht mehr bestand. Im Gegensatz zu Machiavelli geht Giannotti dabei ohne die Last selbst kreierter Mythen vor; wie Guicciardini analysiert er die Erwartungen und Bedürfnisse der äußerst differenziert wahrgenommenen sozialen Schichten und kombiniert diese Mentalitäten mit einem ausgeklügelten System von Institutionen. Dabei stößt Giannotti – auch darin Guicciardini verwandt – vom Mikrokosmos Florenz ausgehend in den Makrokosmos neuer Vorstellungswelten, zur Idee der Gewaltenteilung im Freistaat, vor.[96] Dem ausgearbeiteteren und ausgereifteren Entwurf Giannottis nicht unähnlich, versuchen auch die Storie fiorentine die Bestandsaufnahme sozioökonomischer bzw. politischer Schichteninteressen mit den in kollektive Vorstellungswelten gewonnenen Einsichten zu verschmelzen, also Politik und Psychologie miteinander zu verbinden. Auf Erfahrung und Vernunft gestützt, verdient sie das schillernde Epithet »wissenschaftlich« – so problematisch, wenn nicht untauglich dies für die Auseinandersetzung von Zeitgenossen mit ihrem politischen System wohl immer ausfällt – in höherem Maße als die faszinierenden Mythenbildungen Machiavellis.

In der Praxis der Republik Florenz wie im Nachdenken über diese aber herrscht Pessimismus vor. 1502, so die Analyse des Historikers, ist das innere Chaos so angewachsen, dass auch die misstrauischen Kleinbürger einem Staatsumbau zustimmen,[97] allerdings einem sehr begrenzten: Ein länger amtierendes Staatsoberhaupt, anstelle des im Zweimonatsrhythmus abgelösten bisherigen gonfaloniere alten Stils, soll der inneren Schwäche abhelfen. Doch diese Einsicht reicht nicht weit; schon die Frage, ob der neue gonfaloniere auf Zeit oder auf Lebenszeit gewählt werden soll, spaltet die Stadt erneut von Grund auf. Und auch wenn man sich nach langen und kontroversen Beratungen erstaunlicherweise auf das stärkere Modell, das unbefristete Staatsoberhaupt, einigt, die fundamentalen Probleme sind nicht behoben. Das zeigt sich schon bei der äußerst umtriebigen Selektion des neuen »Bannerträgers«, bei welcher die negativen Kriterien der Schadensbegrenzung beherrschend ins Spiel kommen: Der künftige Amtsinhaber darf nicht zu viele Feinde und vor allem nicht zu viele Verwandte haben – und so weiter. Eine solche unanstößige und zugleich politisch befähigte Persönlichkeit wird zwar schließlich in der Person Piero Soderinis gefunden und auch gewählt, doch hebt dieser konstruktive konstitutionelle Akt die innere Spaltung, so Guicciardini, nicht auf, im Gegenteil.[98] Denn unvermeidlicherweise hat der neue gonfaloniere alte Gegner und neue Neider; ein nicht unwesentlicher Teil der einflussreichen Klientelsysteme geht auf Distanz und dann in die Opposition, ja zur Konfrontation über. Soderini aber driftet ab; zur Stärkung des aristokratischen Prinzips in der Republik auserkoren, nähert er sich dem Volk mit allen seinen Unwägbarkeiten an, ja er spielt fast schon den Volkstribun.

Nochmals erweist sich Guicciardini so als Kind seiner Klasse. Trotz mancher rhetorischer Zugeständnisse an eine Meritokratie ohne Anschauung der Herkunft[99] sind für ihn – von wenigen, die Regel bestätigenden Ausnahmen abgesehen – die Initiation in die arcana imperii und patrizischer Status doch weitgehend Synonyme: Wie soll die im täglichen Überlebenskampf begriffene Masse, unwissend, bildungslos und ganz in niederen mechanischen Tätigkeiten aufgehend, den für das diffizile Geschäft der Politik notwendigen Intellekt und Charakter ausbilden? Ein uraltes, demokratiefeindliches Prinzip findet in Guicciardini einen seiner wirkungsvollsten neuzeitlichen Verstärker. Vor diesem Hintergrund überrascht es nicht, dass in seinem Geschichtswerk die – wenigen – erfolgreichen Aufsteiger der Zeit mit den immer gleichen negativen Attributen der Servilität, Amoralität und Arroganz bedacht werden. Ja die Parvenüs als Störfaktoren der Machtausübung ziehen sich als schwarze Leitmotive durch alle staatstheoretischen und historischen Erörterungen, mehr noch: Sie führen das Unheil Italiens vorrangig herbei.[100] An der vordersten Stelle dieser düsteren Galerie rangieren Päpste wie Sixtus IV. und Alexander VI., die aus vile condizione, aus den Menschen deformierenden, gedrückten Lebensumständen an die Spitze von Staaten katapultiert werden und nichts eiliger zu tun haben, als für ihre würdelosen Nepoten eigene Staaten zu gewinnen, gefolgt von einem Ludovico Sforza, dessen Großvater noch mit eigenen Ochsen sein Feld bestellte und der den legitimen Thronfolger in Mailand zuerst verdrängt und dann beseitigt. Nicht weniger unheilvoll agiert Thomas Wolsey, Kardinal von York und engster Ratgeber König Heinrichs VIII. von England, dem immerhin sein unmäßiger Stolz auf seinen schwindelerregenden Aufstieg durch maßlose Großsprecherei am Ende zum Verhängnis wird,[101] von den mit ihren Herren nach oben gestiegenen Kreaturen der Medici in Florenz und Rom ganz zu schweigen. Und doch bleibt auch hier, wie im nächsten Kapitel zu zeigen, ein Widerspruch: In Guicciardinis reifster Staatsschrift, seinem kunstvollen Dialog über das politische System von Florenz, führt ein Parvenü nicht nur das große, sondern auch das kluge Wort.

Auch wenn Guicciardini Machiavellis Traum vom freien Aufstieg durch Leistung nicht teilt, weil er vornehme Geburt und Eignung zur Politik weitgehend gleichsetzt – in einem eng verwandten Punkt konvergieren die in so vieler Hinsicht inkompatiblen Gedankensysteme der beiden Florentiner dennoch: Aufstieg in der Gefolgschaft des Mächtigen verformt den Charakter und macht zu werthaltiger Politik unfähig.[102] Guicciardini ist in dieser Hinsicht zugleich nachsichtiger und in seinen Ideen komplexer. Unausgesprochen läuft es bei ihm auf eine abstrakte und in der Wirklichkeit zumindest heikle Unterscheidung zwischen erlaubter nützlicher Freundschaft und deren verhängnisvoller Ausweitung zwecks Aushöhlung der Gesetze hinaus. Diese perspektivenreichere Anschauung ein und desselben Phänomens mag darauf zurückzuführen sein, dass der Patrizier als Akteur der großen Politik in weitaus vielfältigerer Weise als Machiavelli in bestehende Netzwerke eingebunden war, also in der Theorie die der Praxis geschuldete Rücksicht übt. Vor allem aber erklärt sich diese Differenz aus einem anders gearteten, wenn man so will: aristokratischeren Menschenbild heraus: dass es einer Elite möglich sein muss, durch die kunstvolle Kombination von Kräften und Gegenkräften am Ende doch eine Selektion der optimi, eigenverantwortlicher und zugleich in Schach gehaltener, von legitimem Ehrgeiz beseelter und zugleich an dessen Übersteigerung gehinderter Staatsmänner zu erreichen.

Drei Anstöße, drei Brüche, vielfältige Aufbrüche. Das komplexe Gefüge republikanisch verschleierter Einzelherrschaft unter Lorenzo de' Medici und damit der Gegensatz von Schein und Sein, das Verhältnis von Prophet und Politik sowie das Spannungsgefüge von Großen und Volk bilden die Ausgangspunkte, um zu einer alle Tröstungen der Tradition hinter sich lassenden Sicht des Staates, der Moral, der Welt, des Menschen und der Geschichte vorzudringen. Diese Entwicklung ist von innerer Logik, ja Notwendigkeit diktiert. Es ist der Riss zwischen dem politischen Soll- und dem Istzustand, die dadurch hervorgerufene Verwirrung und Vertauschung der althergebrachten Werte, Normen und Kategorien, welche den homo politicus Guicciardini zu immer bohrenderen, illusionsloseren Hinterfragungen des Weltgefüges und dessen Kausalitäten zwingt. Auf diese Weise bleiben seine Anti-Metaphysik, seine Anthropologie und seine Konzeption der Geschichte – sosehr sie sich auch in die ätherische Sphäre philosophierender Betrachtungen zu erheben und damit zu verselbständigen scheinen – doch bis zum Schluss durch und durch politisch eingefärbt. Dementsprechend steht das Bestreben, einen für Florenz – Mikrokosmos und zugleich Maß aller Dinge – angemessenen, d.h. praxistauglichen Staat zu entwerfen, am Anfang aller intellektuellen Exkursionen und Expansionen. Das Ringen mit den dabei weiterhin aufbrechenden Widersprüchen spiegelt sich bis in die Gestalt der Texte hinein.

3. Republik, ragione di stato und Rollenkonflikte

Formen des Diskurses

Wird in den Storie fiorentine die wechselseitige Ableitung bzw. das Aufeinander-angewiesen-Sein von Gut und Böse und damit die Untauglichkeit der traditionellen Moralbegriffe für die Politik nach einem wilden Reigen positiver und negativer Vorzeichen in der widersprüchlichen Zauberformel vom besten der Tyrannen inkohärent synthetisiert, so befleißigt sich der Discorso di Logrogno von 1512, der eine bis in die wesentlichen Einzelheiten ausgeführte Wunschverfassung für die marode (und binnen kurzem ihrem Ende entgegengehende) Florentiner Republik ohne die Medici entwirft, einer sorgfältig ausgearbeiteten Pro-und-contra-Argumentation.[103] Gründe und Gegengründe für Institutionen und ihre Zusammensetzung werden ausführlich vorgestellt, erörtert und abgewogen, um danach das Votum für die angemessenere Lösung folgen zu lassen. Es liegt oft genug im minutiös austarierten Kompromiss, wie der Autor sich überhaupt für eventuell vorzubringende bessere Gegenargumente stets offen deklariert. Das ist fraglos zum einen für einen so jungen Mann eine rhetorische Pflichtübung, zum anderen betrifft diese Revisionsbereitschaft untergeordnete Aspekte. Alle eingestreuten Demutsformeln können nicht darüber hinwegtäuschen, dass der ehrgeizige und selbstgewisse Patrizier die Klugheitslektionen des Staatsmanns gelernt und vor allem seine Florentiner, d.h. ihre bei allen Variationen der Form in der Substanz unveränderlichen Wesenszüge, erfasst zu haben meint. Damit aber glaubt er Einsichten gewonnen zu haben und, trotz seiner erst neunundzwanzig Jahre, die Autorität zu besitzen, ein politisches Modell für Florenz zu verkünden, das durch Verklammerung von Patriziern und Mittelschicht die Fehler der Vergangenheit vermeidet und erstmals innere Stabilität herbeizuführen vermag.

In diesem Text der Altersweisheit eines jungen Mannes stehen Gewissheiten fester als jemals sonst; und ebendas spiegelt die

Form, konkurrierende Meinungen vor den Richtstuhl der auf der Basis der Erfahrung prüfenden und danach urteilenden Vernunft zu zitieren, wider. Mehr als ein Jahrzehnt später, im Dialogo del reggimento di Firenze,[104] ist – wie der Titel schon anzeigt – die Form des Diskurses aufgebrochen. Das 1512 noch selbstgewiss urteilende Ego des Autors hat sich verflüchtigt bzw., so scheint es, in vier geteilt. Vier hochgestellte und einflussreiche Florentiner nämlich – so die literarische Fiktion – diskutieren und raisonnieren über Staat und Politik im Allgemeinen, aber vorrangig auf Florenz bezogen. Dafür sorgt schon der Zeitpunkt: Es ist der entscheidungsschwere Jahresausklang 1494, in dem für die Arnostadt alles auf dem Spiel steht, alles ungewiss, alles erschüttert ist – und daher alles, ohne Ausschluss oder Einschränkung, besprochen werden muss. In der Einleitung[105] versichert der Autor, dass ihm sein Vater von diesem Vierergespräch berichtet habe. Das klingt nach gängigem literarischen Topos, doch ist bei einer solchen Abstempelung Vorsicht geboten; es könnte durchaus mehr oder weniger so gewesen sein, d.h. einen harten Ereigniskern geben. Denn alle vier, der als Orakel der Politik- und Lebensweisheit von den anderen drei aufgesuchte und bohrend befragte Bernardo del Nero sowie seine Interlokutoren Pagoloantonio Soderini, Piero Capponi und Guicciardinis Vater Piero sind historisch adäquat mit ihren Ansichten situiert. Die schillerndste, gebrochenste Gestalt dieses politisierenden Quartetts aber ist der Greis Bernardo, gehört er doch zu den in den Storie fiorentine mit Ausdrücken der Geringschätzung bedachten Kreaturen der Medici,[106] von ihnen aus dem Staub gehoben und daher stets ihre devoten Erfüllungsgehilfen. Freundlicher, von Bernardo selbst ausgedrückt: Er besitzt nicht die Umrahmung illustrer Ahnen, wie sie seine jüngeren Gesprächspartner aufweisen. Diese Feststellung klingt nicht zufällig nach dem Stolz eines Aufsteigers, der nichts seinen Ahnen und alles sich selbst verdankt.[107] Auch hier also Widersprüche. Sie steigern sich in diesem Text bis zur regelrechten Verrätselung.

Die Lebensweisheiten dieses erfolgreichen Parvenüs sind also durch dessen Ursprung potentiell suspekt. Noch mehr Schatten legen sich durch das Ende, das er nimmt, darüber. Die historische Persönlichkeit Bernardo del Nero nämlich wird im allerhöchsten Greisenalter – gerade einmal drei Jahre nach der literarischen Zeit des Dialogs – enthauptet, weil er die ominöse Verschwörung zur Rückführung Pieros de' Medici nicht anzeigt, hat also als passiver Mitwisser Blutzoll in eigener Sache zu entrichten. Dessen ungeachtet preist gerade er in den höchsten Tönen die Lehren, welche aus der Analyse selbst erlebter Geschichte für Gegenwart und Zukunft zu ziehen sind:[108] wahrlich ein vertrauenswürdiges Orakel, fast schon mit einem Bein auf dem Schafott! Wenn das ihre Früchte sind, dann taugt die Erfahrung, verbunden mit kritisch zergliedernder Ratio – das kombinierte Erkenntis-Instrumentarium, welches Bernardo für sich in Anspruch nimmt – zur Geschichtsweissagung kaum mehr als die angeblichen Visionen Savonarolas. Und doch ist es gerade messer Bernardo aufgetragen, einige der tiefsten genau auf diese Weise, nämlich durch Empirie und Vernunft, erworbenen Einsichten zum Menschen und zur Geschichte sentenzenhaft, den Sinnsprüchen der Ricordi zum Verwechseln ähnlich, im Dialog vorzutragen.

Überhaupt ist Bernardo in diesem prismenhaft gebrochenen Text eine faszinierend kluge Figur mit Mephistozügen. Das gilt nicht zuletzt für seine ernüchternde, letztlich allen politischen Aspirationen und Hoffnungen eine schneidende Absage erteilende, aus esperienza und ragione gefilterte Prognose, dass die Florentiner entweder unter einer Einzel- oder unter einer reinen Volksherrschaft zu leben und das heißt auch zu leiden haben,[109] die Einrichtung einer temperierten Klugheitselitenherrschaft, Guicciardinis lebenslanges Desiderat, also eine Illusion ist. Denn hat diese niederschmetternde, allen politischen Aktionismus potentiell lähmende Prophezeiung nicht die graue historische Wirklichkeit und vor allem die anthropologischen Tatsachen auf ihrer Seite? Diese aber besagen unbeschönigt, dass die Florentiner Elite in sich zu wettbewerbsorientiert und zu zerstritten ist, um schiedlich-friedlich wie die so vorbildlich staatstreue venezianische Aristokratie die Republik auf Dauer unter sich aufzuteilen? Noch sind die Würfel nicht gefallen, doch neigt sich die historische Waagschale in Richtung des altersweisen Zynikers Bernardo – der bald danach blind wie ein unbelehrbarer Jüngling in sein Verderben rennen wird.

Reicher an sich ausschließenden Blickrichtungen, perspektivisch vermischter als der Dialogo del reggimento di Firenze ist kein Text der Zeit. Welchen der rivalisierenden Standpunkte aber bezieht der Autor in eigener Person – oder müssen sich die Leser einen solchen suchen, gar konstruieren? Man sollte die kunstvolle Verunklarung, die durch die aufgebrochene Textform bewirkt wird, weder leugnen noch darin eine innere Gebrochenheit Guicciardinis erkennen wollen. Der Politiker und Historiker des Jahrgangs 1483 ist weder ein morbider Romantiker, noch hat er etwas vom nervösen Fin de Siècle. Aber es gibt in seinen politischen Reflexionen Doppelbödigkeiten von Ideal und kritischer Demontage, von Nicht-sehen-Wollen und Hinterfragen-Müssen, gespiegelt in der aufgesprengten Form der Diskurse.

Und für ein weiteres Fazit steht der dämonisch kluge Parvenü: Es gibt keine geschichtlichen Helden mehr, das Gesichtsfeld des Klügsten ist notwendigerweise begrenzt. Der Mensch ist in eine Welt geworfen, in welcher er die vom Menschen allein gemachten Dinge der Geschichte erst im Rückblick zu deuten vermag – und auch dann nur in der Form von Annäherung bzw. Ausschließung. Die Standortabhängigkeit des Geschichtsbetrachters, der von ihm in die Ereignisse geworfene lange Schlagschatten, ist entdeckt und aufgedeckt, so wie Politik bei aller Noch-Erkennbarkeit des Guten doch zunehmend eine Perspektivenfrage wird.

Erzwingt diese Aufsplitterung im Dialogo das Vierergespräch, welches noch eine partielle Konsensbildung erlaubt, so erfolgt die Erörterung von Politik und Moral Ende 1527 in einer geradezu dramatisch anmutenden Aufsplitterung: in der Form von Anklage- und Verteidigungsschrift in eigener Sache, der literarischen Fiktion nach verfasst vom Ankläger Francesco Guicciardinis bzw. vom Angeklagten Gucciardini, de facto vom unfreiwilligen Privatmann Francesco Guicciardini, den das Rad der Fortuna von der stolzen Höhe eines kurialen Würdenträgers in ein alptraumhaftes Dasein der Bedrohung durch ein endzeitlich entfesseltes Volksregiment gestürzt hat. Auch wenn der Autor dieser – bei oberflächlicher Ansicht geradezu schizophren anmutenden – Aufspaltung eine milder gestimmte Trostschrift vorausschickt: Die Gestalt aller drei Texte spiegelt abgrundtiefe Differenzen in der Bewertung des Individuums Francesco Guicciardini in seinen politischen Funktionen der Jahre 1526 und 1527. So aber kann es nur darum gehen, diese Widersprüche zwischen der Außen- und der Selbstwahrnehmung nicht selbstzerstörerisch wirksam werden zu lassen. Eine solche im Sinne persönlicher Überlebensökonomie vitale Synthese setzt rigorose Selbstüberprüfung voraus, d.h. sich so exakt wie möglich Rechenschaft abzulegen, sich selbst geschichtlich zu objektivieren, ja zu situieren, sich von sich selbst losgelöst in seinem historischen Handeln zu erkennen und nach dessen Rechtfertigung zu fragen. Was 1509 für die Beurteilung Savonarolas und des governo largo galt, wird zur verpflichtenden Methode in Sachen Selbsterkenntnis und Selbstbewertung.

Und nochmals ist zu wiederholen, was zur Ichstärke des Individuums gesagt wurde. Natürlich triumphiert in dieser Gegenüberstellung von Anklage und Verteidigung das gute Gewissen unantastbarer Integrität. Es geht nicht um romantische Seelenzergliederung, geschweige denn um ein pervertiertes Ecce homo nach dem Muster: Sehet den Autor als Sünder, der nach außen kehrt, was besser verborgen geblieben wäre. Die drei Reden, zum Trost, zur Anschwärzung und zur Inschutznahme, sind, was intime Persönlichkeitsmerkmale betrifft, äußerst zurückhaltend. Was sie einzigartig in ihrer Zeit macht, ist das Bemühen, sich selbst geschichtlich zu sehen, zu verorten.

Durch die fraglos hergestellte Ganzheit am Ende aber sind sie trotz ihrer aufgebrochenen Form in mancher Hinsicht versöhnlicher als der gebrochene Dialog.

In ihm nämlich gibt Bernardo del Nero weitere Wahrheiten von unerbittlicher Härte zum Besten, die gleichfalls in den Ricordi wieder erscheinen. So beherrscht er das »Aus Böse wird Gut« fast schon wie einen virtuosen verbalen Taschenspielertrick.[110] Nachdem Guicciardinis innig verehrter Vater Piero die Frucht seiner Ficino-Lektionen, nämlich die Unterscheidung zwischen vom Volk delegierter und eigenmächtig usurpierter Einzelherrschaft fein säuberlich dargelegt hat, kommt erneut der schrecklich kluge Greis mit seiner überlegenen Lebens- und Geschichtserfahrung zum Zuge und legt unumstößlich dar, dass die mit Gewalt eroberte Macht eines Einzelnen sehr wohl zum Segen der Stadt ausschlagen kann. Die drei jüngeren Zuhörer hören, staunen und stimmen schließlich zu. Die Höher- oder Minderwertigkeit eines Staates ermisst sich an dessen Wirkungen allein, mit anderen Worten: Der Zweck heiligt die Mittel.

Nach dem Kalt- das Warmbad der Gefühle: Dieser Zweck ist nicht wie bei Machiavelli die ruhmvolle militärische Expansion der Republik bis an die Grenzen des Weltkreises, sondern das gute, einträchtige Zusammenleben der Bürger unter dem Gesetz, soweit es geht, im Guten, d.h. mit Belohnungen für tüchtige Bürger, so stark wie nötig im Bösen, mit strengen Strafen für die unbelehrbaren Gesetzesbrecher, d.h. die relativ wenigen von Natur aus Schlechten.[111] Das ist milde Staatsräson, Guicciardinis ureigene Erfindung, seine Antwort auf die drängenden politischen Probleme der Zeit. Sie stützt sich auf den wohltätigen Schein, auf die Instrumentarien republikanischer Staatspädagogik, auf eine staatskonforme Religion, auf Abschreckung wo nötig; sie hemmt und bündelt Staatskraft zugleich durch kunstvoll eingesetzte Antagonismen, kanalisiert Emotionen, verfugt Mentalitäten, erzeugt Bürgergefühl durch ein ausgeklügeltes System der Belohnungen – und beutet letztendlich vor allem das unbegrenzte Potential menschlicher

Selbsttäuschung für den Staat aus. Bei aller Wachsamkeit gegenüber subversiven Umtrieben ist dieser zugleich dem Einsatz seiner geballten Gewalt gegen seine Bürger, vor allem im Zeichen des vorauseilenden Verdachts, zutiefst abgeneigt und stattdessen dem Prinzip verpflichtet, das der imaginäre Ankläger Guicciardinis unmenschlich pervertiert (und das einige Jahre später an der Decke des sienesischen Stadtpalastes als Motto erscheint): dem Wohlwollen der Bürger untereinander.

Darin liegt zugleich die Entgegnung auf die radikale, ja extremistische republikanische Staatsräson Machiavellis.[112] Das schon im zweiten Teil des Dialogs durch die Thesen Bernardos untermauerte »Sowohl-als-auch«, die umfassende Ausleuchtung aller, auch der gegensätzlichsten Gesichtspunkte und Interessenlagen wird in Guicciardinis 1530 verfasstem Kommentar über Machiavellis Discorsi zu Titus Livius mit höchster argumentationstechnischer Virtuosität wieder aufgenommen – und stellt sich so als die unbequemste, sich allen Beschönigungen am konsequentesten verweigernde, beunruhigendste aller Denkformen dar.[113] In diesen Considerazioni fragmentiert und konzentriert sich das Denken des Florentiner Patriziers zu einem in kurze Einzelkapitel aufgeteilten Gegenkommentar über eine apologetische Interpretation eines anderthalbtausend Jahre alten Geschichtswerks. Denn Machiavelli versteht den Text des Livius im Wesentlichen als Abschilderung reiner historischer Wahrheit, ja er verehrt ihn als Abspiegelung unvergänglicher und jederzeit wiederbelebbarer historischer Erfolgsregeln für alle Ewigkeit. In schroffster Gegenposition zu Machiavelli, aber auch in vielfältiger Opposition zu dessen quasi sakralisierter antiker Quelle liefert der Gegen-den-Strich-Leser Guicciardini zweifache Gegenentwürfe: gegen die unaufhörlichen Mythenbildungen seines älteren Florentiner Zeitgenossen und gegen die patriotischen Legenden des römischen Historikers. Und darüber hinaus konzipiert er, in der hoch polemischen Gestalt der Gegenrede, ein Geschichtsbild der Nichtwiederholbarkeit. Dafür ist die Form des Anti-Diskurses geradezu prädestiniert.

So wie der Dialog mit seinen vielfältigen Verfremdungen die fortschreitende Erosion von Überzeugungen aufzeigt und die Aufteilung in Anklage und Verteidigung wirkungsvollste Techniken der Ichwiederherstellung zur Anwendung gelangen lässt, so eignet sich das zyklische Geschichtsbild Machiavellis in idealer Weise als Gegenbild zum Entwurf einer ins Unbekannte aufbrechenden historischen Zeit. Persönliche Lebensmotive verleihen überdies dem Einspruch gegen den übermächtigen Staat Machiavellis die Töne unmittelbarer Betroffenheit – mit knapper Not der fiktiv vorweggenommenen Anklage entkommen, argumentiert Guicciardini umso beredter gegen den Staat des allgegenwärtigen Verdachts.[114] Auf diese Weise dürfen die Considerazioni nicht nur als Matrix seiner Denk- und Argumentationsform schlechthin, sondern zugleich als eine profunde Einführung in die Gedankenwelt seines Widerparts gelten – allerdings hoch polemisch, nach dem Grundsatz, dass Opposition die Wahrnehmung schärft und oft auch übermäßig zuspitzt.[115]

Ist damit die kleine, argumentative Kerne attackierende und spaltende Textform erreicht, so sind die Ricordi das positive Gegenstück dazu: Aphorismen über die unauflöslichen Widersprüche der condition humaine, des in die Zeit geworfenen Menschen – und zugleich durch und durch politisch, abgeleitet aus der Erfahrung des Menschen im Staat. In ihren stärksten Verdichtungen sind die Ricordi Ideen-Miniaturen von geballter Sprengkraft. Sie brechen falsche Synthesen auf und stellen die Bruchstücke so zusammen, dass sich ungewohnte, ja unvorstellbare Einsichten bieten. Demaskierung, Ent-Deckung, d.h. das Abtragen verhüllender Fassaden, ist zugleich Psychologisierung: die Freilegung des alles beherrschenden menschlichen Eigennutzes und seiner seelischen Ableger, der Selbstliebe und vor allem der Selbsttäuschung.

Im letzten Werk der Storia d'Italia scheinen der Form nach die Brüche geheilt. Das monumentale Geschichtswerk zerfällt, global betrachtet, nicht in konkurrierende Diskurse, dem steht nicht zuletzt die Texttradition der Historiographie entgegen. Doch sind die Antagonismen zwischen Moral und Politik und die Verstrickungen von Gut und Böse nicht behoben, sondern in neue Formen der literarischen Ausgestaltung, des argumentativen Austrags eingeschmolzen worden. Am oberflächlichsten zeigt sich diese Infragestellung von Gewissheiten in der schwindenden Sicherheit der Fakten selbst; in einem quellenkritischen Totentanz lässt der Historiker den Abriss geschichtlicher Großereignisse wie etwa der Schlacht von Pavia im Februar 1525 in nicht vereinbare Erzählungen verschiedener Autoren einmünden.[116] Die Moral aus der Unvereinbarkeit dieser jeweils mit absolutem Anspruch auf Wahrheit vorgetragenen Berichte aber lautet: Selbst die Wiedergabe simpler Tatsachen wird so stark von den Emotionen, der Eigenliebe, dem Wunschdenken eingefärbt und damit verfälscht, dass diese unerkennbar zu werden drohen. Umso schwieriger wird es, die ausschlaggebenden Motive der Mächtigen zu bestimmen. Selbst bei rigorosester Kritik der Quellen sind jetzt noch häufiger als zuvor ausschließlich Ein- wie Ausgrenzungen von Antrieben möglich. Dementsprechend verlängern sich die mit »oder« verbundenen Satzteile in der Storia d'Italia zu syntaktischen Riesenkonstruktionen, die über ganze Seiten laufen können.[117] In dieser unbestechlichen Nachzeichnung liegt zugleich die einzige dem Menschen mögliche Wahrheitsfindung beschlossen.

Doch ist auch der nobelste aller Berufe, der des Historikers, nicht ohne Schatten des Verdachts – nochmals fallen der Autor und Bernardo del Nero in eins. Obwohl der Erstere zum innersten Kreis der Macht zählt, ist er, wie Bernardo einige Jahrzehnte zuvor, von den Medici in höchste Ämter platziert worden. Er ist also Medici-Klient, angesiedelt in einer Grauzone zwischen amico und obligato, zwischen nahezu ebenbürtigem nützlichen Freund und bloßem Werkzeug, wobei sich diese Kluft je länger, desto irreversibler vertieft. Der Klient aber ist seinem Patron zu Diensten aller Art verpflichtet, hat vor allem unablässig dessen Ruhm zu mehren. Darf er also – im Falle

Bernardos wie Guicciardinis stellt sich diese Frage akut – einen medicilosen besseren Staat auch nur denken, geschweige denn von ihm schreiben? Der Schreibende zieht sich mit einem schwachen und einem starken Argument aus der Affäre:[118] dass die Gedanken frei und überdies nicht zur Veröffentlichung bestimmt sind; und dass er nicht als Kreatur der Medici, sondern als Florentiner geboren ist, Patriotismus also vor Netzwerken rangiert – vorausgesetzt, ein besserer Staat ohne die Medici ist realisierbar. Auch wenn sich das damit bezeichnete Dilemma rhetorisch noch auflösen lässt: Die Selbsthinterfragung, die Selbstproblematisierung und damit die Herausarbeitung der eigenen Standortabhängigkeit, ja Befangenheit ist trotz aller Selbstrechtfertigung damit nicht erledigt. Das letzte Wort dieser Selbstpositionierung kann nur im groß angelegten Blick auf die Geschichte beschlossen sein, in welcher das eigene Ego zum nachgeordneten Akteur redimensioniert wird: Selbstschrumpfung wird so zur Selbstvergewisserung.

Dialektik

So intensiv sich schon vor den Jahren der Wende 1527 bis 1530 allgemeine Fragen zum Wesen des Menschen und der Religion aufdrängen, so unbestritten steht bis zu dieser Zäsur die Denkaufgabe des besten für Florenz möglichen Staates im Zentrum von Guicciardinis Denken. Die für die Stadt am Arno gefundenen Lösungen müssen nicht nur für ihre inneren Verhältnisse taugen, sondern auch von den italienischen Staaten und den europäischen Großmächten akzeptiert werden, die ab 1494 immer stärker die Geschicke der Halbinsel bestimmen. Dadurch aber ist eine vielfältige Abstimmungsleistung gefordert: Die zu schaffende Verfassung hat den Interessen und Emotionen der konkurrierenden Schichten im Innern und darüber hinaus den Plänen der fremden Herrscher zu entsprechen. Ist eine solch umfassende Synthese noch zu bewerkstelligen? Wenn ja, sind alle Instrumente und Methoden der Täuschung en bloc gerechtfertigt, dann steht nach so vielen Vorzeichenwechseln am Ende ein »Gut«, auch wenn dieser Begriff so manche Verwandlungen erfahren hat und im Verhältnis zu den strahlenden Werten der Tradition einigermaßen ramponiert erscheint. Das alles hängt davon ab, dass der stabilisierte Klugheitsstaat nicht nur ersonnen, sondern auch praxistauglich konzipiert wird – eine selbst für Guicciardini unlösbare Aufgabe? Das Aufbrechen der Diskurse stimmt a priori skeptisch.

Der zugleich behagliche und brüchige Kompromiss von 1509, dass die Tyrannis das Gute bewirken kann, zeigt sich gut anderthalb Jahrzehnte später im Dialogo in seine Einzelteile zersprengt. Gegen die hinter dieser seltsamen Konkordienformel stehende Auffassung, dass das politisch und moralisch Dubiose die besten Wirkungen zeitigen kann, erhebt sich im Gespräch der Patrizier mit dem Parvenü erneuter ethisch-staatstheoretischer Widerstand. Diese Aussage darf nicht der politischen Weisheit letzter Schluss sein – oder ist sie es am Ende doch? Von dieser Frage, wie gesagt, hängt nicht nur die Bewertung der politischen Welt, sondern die eigene Existenz, die eigene Rolle, das eigene Handeln ab. Und dementsprechend unerbittlich in eigener wie fremder Sache werden die schweren Brocken des argumentativen Trümmerfeldes bzw. der Mängelliste von 1509 wieder und wieder aufgenommen und gewendet.

Was dabei herauskommt, steht, wie gleichfalls angedeutet, in der europäischen Politiktheorie der Neuzeit vergleichslos dar: Intimstes Wissen über die arcana imperii wird zu dessen rückhaltloser Demaskierung, ja Entblößung genutzt. Danach werden dieselben Fakten aus dem Blickwinkel der Profiteure in Augenschein genommen. Dabei werden sie nicht wirklich beschönigt, doch führt ihre Betrachtung zu ganz und gar unterschiedlichen, nämlich verbindlichen, versöhnlichen Ergebnissen. Diese wiederum stehen in unaufgelöstem Gegensatz zum Rigorismus der Kritik zuvor. Diese doppelseitige Durchleuchtung lässt Guicciardini zwei extrem unterschiedlichen Systemen angedeihen: dem Florenz Lorenzos de' Medici und dem nachfolgenden governo largo. Und auch wenn der Medici-Parteigänger Bernardo del Nero im Sinne eines konsequent durchgehaltenen »audiatur et altera pars« dieselbe Ausführlichkeit und Beredsamkeit der Argumentation, ja nicht selten Guicciardinis eigene intellektuelle Fundstücke übertragen bekommt – für die Mächtigen der Entstehungszeit, die Medici-Päpste Leo X. und Clemens VII., hätte sich dieser Text, wäre er ihnen vor die Augen gekommen, als ein Zeugnis der Illoyalität lesen müssen. Diese Überlegungen zur Statthaftigkeit seines Dialogs sind also, den herrschenden Maßstäben nach, angebracht, wird doch das Herrschaftswissen von vier Generationen der Guicciardini und ihrer Freunde zur unbarmherzigen Durchleuchtung, ja zur regelrechten Sezierung eines politischen Gefüges, das auf Klientelismus beruht, verwendet. Dass dieses in seine feinsten Einzelteile zerlegte Gewebe der Macht danach wieder zu einem lebensfähigen Organismus zusammengesetzt wird, ist keine Freisprechung vom Vorwurf des Treuebruchs; denn diese neu verfugte bessere Republik ist für die Zwecke der Medici ganz und gar untauglich.

Dass diese die Herrschaft als Haupt einer Interessengruppe gewaltsam usurpiert haben, steht längst nicht mehr zur Debatte, sondern nur noch die Wirkung der so erworbenen Macht. Sie aber summiert sich für den Gegenredner Bernardos, für Piero Capponi,[119] zu einem Pandämonium der Menschenverformung, Charakterlosigkeit und Heimtücke. Seine Perspektive ist die der Opfer, derjenigen, denen eigennützige Gruppenherrschaft angetan wird. Darin wiederum liegt, aus der Sicht der Medici betrachtet, vielleicht der tiefste Verrat: dass nicht nur die Verschwiegenheit über die Manöver und Manipulationen der Macht gebrochen, sondern die Blickrichtung umgekehrt, von den glänzenden Anblicken mediceischer Hofhaltung auf die Frustration der Entrechteten gerichtet wird. Und das alles wird – es ist zu wiederholen – nicht im anklagenden Pathos des ausgeschlossenen Außenseiters, sondern mit der stringenten

Analyse desjenigen vorgetragen, der aus eigener Anschauung Ursachen und Wirkungen kennt. Dadurch aber tritt eine vorher unbekannte – und in dieser Komplexität von der Forschung bis heute nicht übertroffene – Verdichtung mediceischer Herrschaftsausübung hervor, die alle Lebensbereiche umfasst. Auch das ist beabsichtigt, soll doch das Argument der Gegenseite,[120] dass es Freiheit immer nur negativ – d.h. nie in der Politik, sondern nur in der Privatsphäre, in der Sicherheit des Besitzes und der Familie – geben kann, widerlegt werden. Denn die Tyrannis der Medici, so Capponi, dringt mit ihren Tentakeln in alle, auch die scheinbar geschütztesten Situationen und Sektoren ein.

Diese ganzheitliche Wahrnehmung war schon in den Storie fiorentine angelegt, wird jetzt aber weiter vertieft – in nachtschwarze Dimensionen der Menschendeutung hinein. Alle Begünstigungen der gefügigen Kreaturen nämlich laufen letztlich darauf hinaus, Gier und Angst in der richtigen Dosierung zu entfachen, auf diese Weise Gesinnung und Charakter zu verformen und damit die jeder Tyrannis liebste Verhaltensweise, vorauseilenden Gehorsam, zu erzeugen. Diese neu gewonnenen psychologischen Einsichten verketten das Beobachtungsmaterial, das schon den entsprechenden Abschnitten der Storie fiorentine zugrunde lag, in neuartiger Weise. Nicht zuletzt deshalb – so die jetzt gewonnene Erklärung – spricht Lorenzo so sphinxhaft in Rätseln:[121] um die Bereitschaft zur Selbstaufgabe, zum bedingungslosen Entgegenkommen zu testen. Die Furcht vor Gunstentzug und die Hoffnung auf Gnadenerweise wird zur unsichtbaren Leine, an der die Florentiner Patrizier von Lorenzo geführt werden – wohin er will.

Diese Verhältnisse schlagen sich nicht zuletzt in der Strafjustiz, einem weiteren Bereich scheinbar weitab von aller Politik und doch in Wahrheit in deren Zentrum, nieder.[122] Denn die Kriminalrechtsprechung unterscheidet erst recht zwischen »wir« und »den anderen«. Zu den Ersteren zählen viele. Die konzentrischen Kreise des Medici-Netzwerks reichen von der regierenden Familie bis in die entferntesten Außenbezirke des contado; seine Maschen sind überall dort geknüpft, wo nützliche Freunde unablässig am Werke sind, ihre Macht zu sichern. Diese empörend ungerechte Scheidung in Parteigänger und Gegner, so fährt Capponi in seiner Analyse fort, bringt eine verkehrte Weltordnung hervor: So viele Güter von Nachbarn, Gemeinden, Kirchen werden schleichend entwendet, dem bösen Recht des Stärkeren, d.h. Begünstigten, entsprechend. Die Benachteiligten aber erdulden das Unrecht schweigend, im bitteren Wissen, dass jede Beschwerde alles nur noch schlimmer machen würde – und wenden sich von der Stadt und ihrem Staat ab, der die einen als Lieblings-, die anderen als Stiefkinder behandelt.

Nach denselben Prinzipien wird die Vergabe von Ämtern vorgenommen; sie gehen an nützliche Kreaturen, und auch das noch willkürlich genug, oft genug gibt eine Empfehlung serviler Höflinge, ja von Domestiken den Ausschlag. Auch hier liegen die verheerendsten Wirkungen in den moralischen Sekundäreffekten beschlossen: dass die Verdienstvollen abgeschreckt und die Skrupellosen und Würdelosen animiert und favorisiert werden. Und noch ein mächtiges Mittel der Züchtigung bzw. Gefügigmachung haben sich die Medici-Tyrannen vorbehalten: Steuern. Wer durch Gewinn, Ehrgeiz, Ämter- und Machthunger nicht verführt werden konnte, der wird durch die dauernde Angst vor dem Ruin durch öffentliche Abgaben charakterlich gebrochen. Denn die Medici haben sich wohl gehütet, jemals ein festes, gesetzlich geregeltes Besteuerungssystem einzuführen – das Damoklesschwert des plötzlichen Zugriffs auf das Vermögen des Einzelnen schwebt über jedem. Und so sucht jeder den Willen des Tyrannen im Voraus zu erkennen und zu befolgen.

Dieselbe Diagnose, dass tyrannische Herrschaft nackter Eigennutz ist, wird danach auf die florentinische Außenpolitik ausgeweitet, wo das Hausinteresse der Medici und ihrer engsten Verwandten und Verbündeten, vor allem der Orsini, dominiert – zum Nachteil von Florenz, wie schon in den Storie fiorentine nachgewiesen. Und schließlich, so nimmt Soderini die Argumente seines Freundes Capponi auf, verhindert bzw. vernichtet die Tyrannis echte Freundschaft und Vertrauen, selbst im innersten Kreis der Herrschaft. Der Mächtige bleibt unnahbar, ungreifbar und damit andauernd bedrohlich selbst für seine engsten Parteigänger, ja gerade für diese. Denn sie kennen seine Geheimnisse zum Teil, können ihm potentiell gefährlich werden, stehen den Schalthebeln der Macht zudem näher als die anderen – und bedürfen daher permanenter Kontrolle und eindämmender Angst. Mehr noch: Nicht wenige der engsten Klienten werden bewusst in den Bankrott getrieben und danach von Lorenzo mit dubiosen Methoden finanziell saniert, als seine Kreaturen im wahrsten Wortsinn mit einer zweiten Chance, ja einer zweiten Existenz, einer neuen, fremdbestimmten Identität versehen. Aus alldem folgt, dass die viel gerühmte Milde der Medici-Tyrannis reines Mittel zum Zweck ist; bei Bedarf könnten sie auch anders, grausam re(a)gieren. Gerade der freundlichste aller Tyrannen – hier paraphrasiert Soderini Guicciardinis Votum von 1509, und zwar höhnisch[123] – ist der unheimlichste, denn er hat sein wahres Wesen noch gar nicht gezeigt.

Aufbruch und Ankunft: Die schon in den Storie fiorentine weit entwickelte Fähigkeit, komplexe Zusammenhänge nachzuzeichnen, ist im Dialogo zur Meisterschaft ausgebildet; das Bild der Tyrannis ist dasselbe wie 1509 und doch weitaus differenzierter. Zudem setzt jetzt Bernardo del Nero zur Gegenrede an.[124] Ihr Tenor: In der zur Debatte stehenden Alternative, dem governo largo, das sich Ende 1494 abzeichnet, wird nicht alles besser, sondern schlechter als unter der Tyrannis der Medici, die im Übrigen auch Bernardo bei diesem kruden Namen nennt. Denn die breite Masse handelt aus Ignoranz, Neid, Ressentiments und Verblendung; dadurch wird ihre Herrschaft schlimmer als die eigennützigste Despotie. Denn der Tyrann muss, um sich behaupten zu können, den Großteil der politisch Befähigten an seine Sache binden, was ungerechtfertigte Benachteiligungen tüchtiger und verdienter Männer ausdrücklich nicht ausschließt. Fazit: Das schiere Selbsterhaltungsinteresse der Medici – so skrupellos es auch kalkuliert ist, ja gerade weil es auf Erhalt und Ausweitung der persönlichen Macht hin konzipiert ist – vermag einen größeren Ausschnitt der besseren Kräfte im Staat zu aktivieren als das blindwütige Agieren der Masse.

Freiheit – so weiter der republikanische Ideale reihenweise niederreißende Diskurs – ist im Munde der Regierenden und derjenigen, die es werden wollen, nur ein Schlagwort. Gerade in der oligarchischen Republik ist Freiheit nichts als ein Deckmantel für individuelle und kollektive Egoismen der krassesten Art. Freiheit in der hehren Bedeutung des Wortes hat es also nie gegeben. Das – so viel sei bereits eingeschoben – schließt nicht aus, dass es eine vernünftige, pragmatische, allen idealistischen Überhöhungen fern stehende Freiheit in der klug verfugten Republik durchaus geben kann; der Zyniker Bernardo kann auch andere, optimistischere Saiten aufziehen. Einstweilen aber betätigt er sich noch als Zerstörer aller Beschönigungen. Das im Herbst 1494 von interessierten Patrizierkreisen nostalgisch verherrlichte Regime vor 1434 nämlich war von Selbstbedienung und Selbstzerfleischung der führenden Clans deformiert, zum Nachteil der kleinen Leute. Und gerade weil der Mensch an sich gut ist und zum Guten tendiert – fast wortwörtlich verkündet Bernardo Guicciardinis anthropologisches Kerncredo[125] –, ist ein stärkerer Staat vonnöten, der Schranken gegen die Verlockungen des Bösen einzieht.

Der Dialog über Tyrannis und Republik erzeugt starke Kontraste. Sie lösen sich nicht auf, weil beide Seiten zu beiden Staatsformen ihre jeweilige Wahrheit präsentieren: eine im ältesten Wortsinn wahrhaft dialektische Betrachtung der Politik; sie zeigt keine geschmeidigen Synthesen, sondern allenfalls lebenspraktische Überbrückungen, oft genug nur kleinere Übel auf. Zudem tragen beide Seiten Argumente vor, die als geistiges Eigentum des Autors gelten können; hier hat der Skeptiker Bernardo allerdings einen klaren Zitat-Vorsprung.

Trotzdem ist er nicht mit Guicciardini deckungsgleich. Allen Gleichsetzungen wie überhaupt allen einfachen Gleichungen steht die multiple Aufsplitterung von Positionen entgegen. Sie werden zum einen, wie gesehen, auf idealistische und desillusionierte Dialogpartner aufgeteilt. Und darüber hinaus hat die Hauptfigur des Gesprächs, Bernardo del Nero, wie noch zu zeigen, erstaunliche Kontraste parat, ja selbst kühn ausgreifende Republikträumereien zu bieten. Worte des Brückenschlags, der Versöhnung wären naturgemäß am ehesten von Piero Guicciardini zu erwarten. Dieser gibt als Gesprächsleiter Stichworte. Zu den aufgeworfenen Kontroversen aber schweigt er.

Bei genauerer Analyse findet sich in den späteren Haupttexten Guicciardinis kein Argument, das nicht wesentlich relativiert, eingeschränkt, ja aufgehoben wird – durch Gegengründe, für welche dasselbe gilt. Sich selbst widerlegende Thesen als Spiegel einer im Innersten gebrochenen Persönlichkeit, als Indizien für Entscheidungsschwäche, ja eine regelrechte Seelenlähmung? Solche Thesen liegen angesichts des Charakterporträts, das der Autor von sich zeichnet, verführerisch und gefährlich nahe. Diese innere Paralyse gilt, wie zu zeigen, für Clemens VII., doch nicht für ihn selbst. Die Ausleuchtung unvereinbarer Standpunkte dürfte weit eher so zu verstehen sein, dass sich Guicciardini – vor allem in der harten Konfrontation pessimistischer und aufgehellterer Sichten des Staats und des Menschen – unterschiedliche Optionen offen hält, deren Priorität zudem nicht selten vom Anwendungskontext bestimmt wird. Vor allem aber zeigen die unaufgelösten Widersprüche widerum eine erregende Entdeckung an: die Standortgebundenheit der Wahrheit, die von Perspektiven abhängt und daher eigentlich nur noch in der Mehrzahl, in Gestalt subjektiver Wahrheiten, existiert. Damit sind zugleich die großen Welterklärungssysteme der Antike hinfällig geworden; für sie bleiben wenig mehr als abschätzige Seitenbemerkungen übrig. Dasselbe gilt für den Menschen, die Geschichte, den Staat; auch hier ist jeder globale Sinn verloren gegangen. Psychologie zerfällt in Einzel-, ja Momentbeobachtungen, Geschichte in kausal deutbare Einzelsituationen, Politik in sorgsam arrangierte Antagonismen. Im Staat erzeugen die Gegensätze die Gegengewichte.

Risse in den Synthesen

Da die Wahrheiten beider Seiten Bestand haben, sind alle drei von Florenz in seiner Geschichte erprobten Staatsformen desavouiert. Nicht einmal der eingehenderen Erörterung würdig ist die notwendigerweise in Eigennutz und Selbstzerfleischung absinkende oligarchische Republik der Patrizier, in vieler Hinsicht zumindest suspekt die eingedämmte Tyrannis der Medici, kaum funktionsfähig das governo largo von 1494. Gibt es ein politisches Modell, welches das Mischungsverhältnis der Vorzeichen – um mehr kann es nicht mehr gehen – wesentlich günstiger zu gestalten vermag?

Die so umrissene Aufgabe ist einfach und schwierig zugleich. Auf der Hand liegen die Ideale, wie sie die humanistische Tradition von Florenz, unter Anknüpfung an ältere kommunale bonum-commune-Ideologien, präsentiert: freier Wettbewerb der Kräfte durch reine Nomokratie, d.h. die uneingeschränkte, dispenslose Gültigkeit ausgewogener Gesetze in wohl austarierten, den Menschen zum Guten erziehenden Institutionen. Brüchig werden die überlieferten Staatsvorstellungen also nicht von der Seite der Wunschvorstellungen her. In Frage gestellt werden sie durch die tatsächliche Beschaffenheit des Menschen, die damit krass kontrastiert, und die daraus resultierende Andersartigkeit der Geschichte. So gesehen, wird die scheinbar simple Problemstellung immer komplexer und komplizierter: die Machtverteilung und den Instanzenzug des Staates auf den Menschen mit seinen schichtenspezifischen Mentalitäten hin so auszurichten, dass sich nach innen und, wie gesehen, nach außen Stabilität einzustellen vermag. Das aber erweist sich, je länger Guicciardini darüber nachdenkt, als eine Gleichung mit immer mehr Unbekannten.

Der Kern dieser Überlegungen – wie sie von Machiavelli zeitgleich und im Großen parallel, doch im Einzelnen unterschiedlich angestellt werden – erweist sich in der Folgezeit als irreversible Umwälzung und entscheidender Ausgangspunkt der europäischen Politiktheorie schlechthin: dass die Natur des Menschen durch die prägende Kraft des Staates gegen ein neues, künstliches Wesen ausgetauscht werden muss. Dabei besteht die Kunst darin, die alten destruktiven Anlagen zum Nutzen des Gemeinwesens umzuformen – bei Machiavelli durch Gewalt und Umerziehung, bei Guicciardini durch die Suggestivkraft von Propaganda und instrumentalisierter Selbsttäuschung. Da sich in der Politik zudem Gut und Böse – im Unterschied zur Ethik des täglichen Lebens, die es zu erhalten gilt – als unauflöslich verschränkt erweisen, ist diese ragione di stato von den Fesseln der alten, kirchlich verbrieften Moral freizusprechen, und zwar mit dem Zweck, auf diese Weise so viel wie möglich von den alten Wertmaßstäben in die neue politische Ordnung hinüberzuretten, ja eine Moral der Unbestechlichkeit im öffentlichen wie privaten Leben erst eigentlich durchzusetzen.

Guicciardinis eigener, origineller Lösungsversuch besteht darin, die Aspirationen und Emotionen des Menschen – so, wie sie sich durch die Analyse der Geschichte als Psychologie der Großen und des Volkes freilegen lassen – einerseits als feststehende Größen in die zu schaffende Konstitution einzubringen, andererseits diese Mentalitäten durch kunstreiche Anordnung von Kompetenzen und Institutionen zum Nutzen des Staates auszurichten und sie dadurch zugleich allmählich umzuformen. Dabei tritt dieser Aspekt der Staatsbürgerpädagogik weit hinter die darauf vorrangig gerichteten Erwartungen Machiavellis zurück. Umerziehen lassen sich die Menschen allenfalls partiell, zu stark ist die Prägung durch die Schichtenzugehörigkeit, durch die determinierenden Umstände der sozioökonomischen Umwelt. Alle Hoffnungen und Denkanstrengungen des Patriziers gelten dementsprechend der richtigen Anordnung und Aufteilung der öffentlichen Einrichtungen. Das mag auf den ersten Blick als ein reines Planspiel kunstreich ersonnener Institutionen erscheinen, ist jedoch in Wahrheit durch die stete Rückkoppelung an die innere Beschaffenheit des Menschen im Staat ein Kernstück empirischer Menschenwissenschaft. Mehr noch: Das emsige Operieren mit Gegenkräften ist menschliche Selbsterlösung vom Bösen. Dieses ist vom Menschen gemacht und daher allein vom Menschen behebbar: durch Erfahrung und Ratio, Analyse und Umsetzung in der praktischen Politik; von innerer Notwendigkeit diktierte Querverbindungen zwischen Politik und Relgion scheinen damit auf. Religiöse Offenbarungen hingegen scheiden als Lösungen für diese Probleme aus; wie immer es um ihren Wahrheitsgehalt bzw. ihre Beweisbarkeit auch bestellt sein mag: Sie haben mit dem Menschen in der Welt, im Staat nichts zu tun. Hier geht es allein um »... die Natur, die Beschaffenheit, die Bedingungen, die Neigung, in einem Wort: die Stimmungen der Stadt und ihrer Bürger ...«.[126] Eine adäquatere Definition dessen, was das Kunstwort »Mentalitäten« bezeichnet, ist schwerlich denkbar; diese innere wie äußere Befindlichkeit der Stadt und ihrer Bürger, nicht platonische Staatsschwärmerei ist das Maß aller Dinge für die Schaffung adäquater Institutionen.

Diese Ablehnung innerweltlicher Erlösungsmythen erstreckt sich auch auf den Zeitgenossen Machiavelli. Konstruiert dieser die kolossale politische Rettergestalt des uomo virtuoso, der, selbst nicht umformungsbedürftig, gute Gesetze schafft, als Zwingherr zur Gesetzestreue wirkt und danach selbst abdankt, so erhebt Guicciardini nicht erst in seinen Considerazioni Einspruch gegen diesen Eintritt des Übermenschlichen in die Politik. Und zwar im Namen empirisch untermauerter Menschenkunde:[127] Auch der perfekte Staatengründer – wenn es einen solchen denn jemals geben sollte – wird unablässig nach der Steigerung seiner Macht streben; auch er muss daher durch Gegenkräfte eingeschränkt werden. Und selbst wenn am Anfang einer solchen Herrschaft Uneigennützigkeit vorherrschen sollte, so wird der alles umschichtende Wandel sie mit der Zeit zum Schlechteren verändern.

So umstürzend neu diese Psychologisierung des Staates, diese anthropologische Staatsempirie auch ausfällt – man sollte deren Grenzen im Auge behalten und keine neuen Mythen konstruieren. Unterschieden werden – es ist nochmals zu betonen – die Mentalitäten von Patriziat und Volk, d.h. theoretisch politikfähigem Mittelstand. Infolge inhärenter Politikunfähigkeit ausgesondert sind städtische Unterschichten und die Untertanen der Landgebiete, deren Unterwerfung vorausgesetzt wird. Tertium non datur, hier ist Guicciardini unerbittlich explizit und steht damit wie alle seine Zeitgenossen den mit der europäischen Aufklärung aufkommenden Vorstellungen allgemeiner Menschenrechte oder gar universeller Befähigung aller mit common sense begabten Menschen zur Politik denkbar fern.

Obwohl auf nur zwei Grundkategorien, Oberschicht und Mittelstand, gestützt, erzeugt sein Idealentwurf der verfugten Republik ein hoch kompliziertes Regelwerk. Denn so einfach die Grundausrichtungen menschlichen Handelns auch sein mögen, so vielfältigen und im Einzelnen widersprüchlichen Niederschlag finden sie in den Labyrinthen des soziopolitischen Alltags. Zudem sind die Verführungen zur Grenzüberschreitung in den Niederungen des Geschäftsbetriebs und in den Umtrieben der politischen Interessengruppen unbegrenzt. Der antimythische Grundzug in Guicciardinis politischem Denken besteht des Weiteren darin, dass er nicht wie Machiavelli an die quasi unbegrenzte Perfektibilität des Staatsbürgers bis hin zur völligen Selbstentsagung, sondern stattdessen an die Realisierbarkeit der kleineren Übel glaubt. Widersprüche lassen sich nie auf Dauer auflösen, sondern höchstens zeitweise durch komplexe Kräftediagramme neutralisieren und kanalisieren – darin besteht die wahre Kunst der Politik. Zum Nutzen der Allgemeinheit schlägt z.B. der Ehrgeiz der Elite erst aus, wenn diese sich der wachsamen Beobachtung durch das Volk stets bewusst ist und dadurch zur prudenza gezwungen wird.

So aber wird aus zweimal »negativ« ein Gutes: Die für sich genommen zerstörerische Expansionslust der ohnehin schon Mächtigen wird durch das allgegenwärtige Misstrauen der kleinen Leute konterkariert – und erzeugt Besonnenheit, die politische Qualität schlechthin.[128]

Und auch das größte auszuschaltende Böse steht fest: Die Ausformung exklusiv egoistischer Interessengruppen, die den Staat als cosa nostra ausbeuten, in sozialhistorischer Fachsprache: Der soziopolitische Strukturen prägende Klientelismus ist der Feind der Republik. Seine Überwindung wäre das krönende Meisterstück der neuen Staatspsychologie. Ohne die Eliminierung dieser sette und fazioni kann es keinen funktionstüchtigen Staat, nicht einmal ein Gebilde geben, das diese Bezeichnung im höheren Sinne überhaupt verdient.

Diese Austilgungsoperation[129] aber ist extrem diffizil. Denn die Für- und Vorsorge für die Seinen ist dem Menschen natürlich – Guicciardini ist weit davon entfernt, diese Vorliebe an sich anzuprangern oder gar zur Ausrottung durch den Staat freizugeben. Im Kern angemessen, ja gut, aber wird diese Bevorzugung, in die öffentliche Sphäre hinein ausgedehnt und entsprechend überdehnt, schlecht – sie löst den Staat von innen her regelrecht auf. Eine Sonder- und Extremform dieses krass übersteigerten und damit fatalen Klientelismus, den auf die Einrichtung eigener Staaten für die regelmäßig wechselnden Papstverwandten gerichteten Territorialnepotismus, verortet der Historiker sogar an der Wurzel aller historischen Übel Italiens.[130] Und doch ist das Papsttum, der politisch und moralisch verhängnisvollste Machtfaktor im komplizierten Kräftediagramm Italiens und Europas, einst aus einer heiligmäßigen Weltverneinungs- und Verzichtmoral weltabgewandter Eremiten hervorgegangen; dieser Widerspruch findet seine Abspiegelung im paradoxen Tatbestand, dass Guicciardini, der Verächter der weltlichen Größe des Papsttums, als dessen politischer Ratgeber fungiert.[131] Die Welt hat sich im Laufe der Jahrhunderte wahrhaftig in ihr Gegenteil verkehrt und mit ihr der eigene

Standort. Umso mehr hat der Entwurf meritokratischer, auf Leistung und Verdienst statt Gunst gestützter Politikwelten auch die Funktion einer Selbstrechtfertigung, fast schon einer Selbstreinigung. Das – von so vielen sozialen, wirtschaftlichen und politischen Umständen erzwungene – Handeln, sosehr es auch auf Bewahrung der eigenen Integrität gerichtet sein mag, ist die eine, das freie Nachdenken darüber die andere Seite. Eine neue Rangfolge von praktischer Politik und Reflexion über Geschichte kündigt sich schon vor 1527 an.

Alle Entwürfe eines werthaltigen, Werte erzeugenden und bewahrenden Staates laufen daher auf die Zurückdrängung der Klientel ins Private zurück, wo sie ein weitgehend schadloses Dasein im Windschatten der Politik fristen soll. Ihrer völligen Aufhebung aber misstraut Guicciardini wie allen Utopien. Sich mit dem Votum für das kleinere Übel der temperierten Medici-Tyrannis oder der ungeschlachten Kleineleuterepublik nicht zufrieden geben zu wollen, heißt nicht, innerweltliche Politikchiliasmen zu pflegen; die zerstörerischen Grundanlagen des Menschen bleiben auch im wohl verfugten Staat erhalten, doch eben in weitgehend abgemilderter Dosierung. Auf sie alleine kommt es an.

Und dennoch: Bevor die Versatzstücke in Augenschein zu nehmen sind, welche der Autor zur haltbaren Republik zusammenfügen möchte, sollen die Risse sichtbar gemacht werden, die aller Virtuosität der Kombinatorik ungeachtet auch in diesen wohl geschichteten Verfassungskonstrukten bestehen. Der Einblick in sie beginnt bei der Analyse der Rollenverteilung: Wer sagt was, und in welchem Verhältnis stehen diese Äußerungen zur Meinung der anderen bzw. zu Guicciardinis eigener Einschätzung? Hier kommt es zu erstaunlichen, ja verwirrenden Überschneidungen. So wird z.B. das große Modell der perfekt ineinander verfugten Konstitution als Produkt erfahrungsgestützter Volks- und Patrizierkunde wiederum von Bernardo del Nero vorgetragen, und das, obwohl doch Piero Guicciardini für solche Worte der Weisheit prädestiniert wäre.

Widersprüche klaffen aber auch in den so virtuos ineinander verfugten Versatzstücken der Machtzuteilung und der ihnen zugrunde liegenden Psychologie. Wie bereits erwähnt, lassen sich hier zwei Betrachtungsweisen voneinander ablösen: eine versöhnliche und eine geradezu nihilistische Sicht des Menschen, woraus ein Spannungsfeld von eisiger Schroffheit und verbindlicher Zurücknahme harter Wahrheiten resultiert. So wird z.B. ein System staatlicher Anreize entworfen, mittels dessen der Dienst am Gemeinwohl für die Patrizier lockender werden soll als die Bedienung der eigenen Klientel;[132] krönendes Schlussstück dieser Umformung oder besser: dieser Umleitung traditionell vorherrschender Mentalitäten ist die Schaffung von Ehrenstellen, welche allein für diese Würdigsten unter den Klügsten erreichbar sein sollen. Diese Kanalisierung von ambizione aber kann nur gelingen, wenn Werteakzeptanz durch die anvisierte Zielgruppe stattfindet, d.h. die Elite des Freistaats ihren Status in der Bekleidung solcher Positionen angemessen ausgedrückt und damit als saturiert ansieht, ja ihre Identität in diesem cursus honorum findet und demgemäß auf die verderblichen cose nuove, auf Umsturz mittels Parteibildung, verzichtet.

Damit steht oder fällt die angestrebte Verdienst-Republik, so viel ist allen Dialogpartnern klar. Und völlig unerwartet verfällt der desillusionierte, mit allen Wassern der Staatsräson gewaschene Politik-Agnostiker Bernardo bei der Erörterung dieser Erziehung zur Staatstreue in einen regelrechten politischen Predigtton, der ihm eigenartig genug zu Gesichte steht: Was müssten es für verruchte Unnaturen sein, die sich nicht mit der lebenslangen Mitgliedschaft in einem Senat der Tüchtigsten zufrieden geben! Immer dann, wenn in Guicciardinis politischen Diskursen geschwärmt wird, ist höchste interpretatorische Vorsicht angebracht, drängt sich der Verdacht auf, dass akuter Verdrängungs- bzw. Verdeckungsbedarf vorliegt. In diesem Fall treten die dadurch zugedeckten Widersprüche in einem pessimistischen Aperçu des im zweiten Teil des Dialogs fast alleine raisonnierenden Parvenüs deutlich genug hervor: dass der Mensch nie gesättigt, d.h. der Durst nach Macht unstillbar sei,[133] vor allem bei den ohnehin schon Vornehmen. Damit aber geriete das ganze kühne Gedankengebäude der positiven Ausrichtung patrizischer ambizione ins Wanken – wäre da nicht das Exempel der Republik Venedig, in der es tatsächlich gelingt, das Sehnen und Trachten auch der höchstgestellten nobili auf die Ehren und Würden des Freistaats hin zu orientieren.

Doch hält das in den Florentiner Verfassungsdiskussionen des Jahres 1494 viel beschworene Beispiel der Markusrepublik[134] Guicciardinis unerbittlicher Hinterfragung nicht stand.[135] Zum einen hat es – historisch fundierte Einrede gegen den venezinanischen Staatsmythos – auch an der Lagune vor nicht allzu langer Zeit Staatsstreiche und Putschversuche, sogar von Dogen, gegeben, von den sozialen Konflikten und Verfassungskämpfen dieser unruhigen Zeitabschnitte ganz zu schweigen. Darüber hinaus ist die venezianische Aristokratie, was Reichtum und Einfluss betrifft, so stark gegliedert, dass die vielen verarmten nobili dem Volk näher als den Vornehmen stehen; davon unbenommen ist der Adel als ganzer jedoch so klar abgegrenzt, dass seine Dominanz auf Dauer akzeptiert wird. Diese Voraussetzungen aber sind sämtlich in Florenz so nicht gegeben; dort sind zudem die Ideen beweglicher,[136] ja unruhiger, ist der Wettbewerbsdruck, die Konkurrenz unvergleichlich höher. So aber bleibt das listenreich ersonnene Konzept zur Überwindung patrizischer Netzwerkbildung ein fast schon wider besseres Wissen, genauer: schlechteres Ahnen entworfenes und in seiner Praxistauglichkeit zumindest fragliches Modell.

Das gilt umso mehr, als dieses Patriziat und sein Staat alt, d.h. durch lange Gewohnheit korrumpiert waren bzw. noch sind. Wer aber einmal die Süße der Dispens geschmeckt, d.h. die Freuden der Straflosigkeit und des Gleicher-als-gleich-Seins genossen hat, wird der sich dem Joch des Gesetzes freiwillig beugen? Gewiss, der zynische Realist Bernardo redet des Langen und Breiten von den frugalen Erziehungsmitteln der Republik, die samt und sonders darauf hinauslaufen, ertraglose Ehren höher schätzen zu lassen als korrupten Luxus; zudem soll der ideale Staat wehrhaft sein. Doch das alles ändert nichts daran, dass die neue meritokratische Grundordnung nicht recht zur Beschaffenheit des Menschen passen will – daran kann auch die wahrhaft furiose Eloquenz des enthusiasmierten Greises nichts ändern.

Dieser Widerspruch gilt nicht minder für die kleinen Leute. Tritt im Discorso di Logrogno, dem volksfreundlichsten aller Texte Guicciardinis, als Hauptproblem des wohltemperierten Freistaats die Machtgier der Großen hervor, so bricht sich doch auch hier, an unerwarteter Stelle, ein tiefes Mißtrauen gegenüber der Doppelgesichtigkeit des Volkes Bahn. Unverzichtbares Gegengewicht zu patrizischer Willkür und in seinen Beschlüssen zwar nicht unfehlbar, doch eher zu den besseren Lösungen tendierend,[137] kann es unversehens zum Bösen mutieren: zur neidischen, ignoranten Masse voller Ressentiments gegenüber den wenigen wahrhaft großen Männern, die alleine eine Republik am Leben erhalten.[138] Mit anderen Worten: In die ausbalancierte Republik mögen noch so viele Blockademechanismen und Kontrollfunktionen eingearbeitet sein, der Urkontrast zwischen einer elitären und einer popularen Staatskonzeption bleibt unaufgelöst. Die auf Antagonismen gebaute Verfassungsarchitektur mag noch so viele zerstörerische Kräfte umlenken, ihre auf psychologische Einsichten gestützten, kunstvoll komponierten, in der Praxis stets aufs Neue zu erprobenden und gegebenenfalls zu perfektionierenden checks and balances mögen die Selbstzerstörung des Systems verhindern – ob sie hingegen jemals das Wachstumsklima des regelgeleiteten freien Wettbewerbs im Geiste einer schichtenübergreifenden republikanischen Wertegemeinschaft zu erzeugen vermögen, daran bleiben dauerhafte Zweifel, genauer: Der Autor selbst streut, ungeachtet der euphorischen Diskurse, seine Zweifel ein. Jede Affirmation in dieser Hinsicht wird im Text selbst, durch die subtilen Mittel der literarischen Rollenverteilung und die inhärente Widersprüchlichkeit der vertretenen Positionen, zumindest eingeschränkt, wenn nicht zurückgenommen.

Nicht zuletzt steht ein durch und durch düsterer Satz Bernardos im Raum,[139] der gleichfalls im Discorso di Logrogno angelegt ist,[140] also Guicciardinis eigene Einschätzung zumindest partiell widerspiegelt: dass alle Macht letztlich böse ist, und zwar nicht nur nach den traditionellen Moralkategorien, sondern ihrem Wesen nach, in letzter Instanz. Und zwar dadurch, dass sich nämlich das Glück der einen notwendigerweise auf das Unglück der anderen gründet, dass Herrschaft immer auf Ausbeutung, auf der Unterscheidung von Privilegierten und Entrechteten beruht, Erstere in der Stadt, Letztere in deren ländlichem Untertanengebiet. Wer christlich leben will, der lasse die Finger von der Politik, wer regieren will, der darf sich nicht um sein Gewissen sorgen, ja sollte sein Seelenheil vorausschauend verloren geben. Eine ideale Republik mag die Teilhabe an der Macht und den Schutz vor Willkür in ihrem eigenen urbanen Raum noch so perfekt durch minutiöse Gesetze gewährleisten, das alles ändert kein Jota daran, dass diese Gerechtigkeitsregeln selbst dort nur für eine Minderheit gelten. Diese nihilistische Sicht der Politik ist gewiss nicht das unwidersprochene letzte Wort; auch hier hat eine konziliantere Wahrnehmung Bestand, die Auswege aus dem Dilemma aufzeigt: den der rigorosen moralischen Selbstkontrolle, der Unbestechlichkeit, der Uneigennützigkeit in der Ausübung delegierter Macht. Das alles sind Motive, die Guicciardini in seiner Selbstrechtfertigungsschrift zu einem System seiner persönlichen politischen Ethik ausbauen wird.[141] Schatten bleiben trotzdem.

Unbenommen dieser Fragwürdigkeit aller politischen Gebilde fasziniert den Patrizier die Konstruktion von Herrschaftssystemen, welche die komplexen menschlichen Kraftströme mit geradezu psycho-physikalischer Notwendigkeit so lenken, dass sie die Herrschaft der Besten herbeiführen – auch gegen ihre Absicht. Ein Menschenalter bevor Galilei das Postulat aufstellt, die Gesetze der Natur in der Sprache der Mathematik zu erfassen, entwirft Guicciardini ein Formelsystem und eine Kräftelehre der Politik, welche die Fallhöhe menschlicher Handlungen in jedweder Situation zu berechnen, vor allem aber im zulässigen Rahmen zu halten erlauben soll. Diese virtuos entworfene Hinführung des Menschen zum Guten im Staat, diese Kunst, ihn Leistung anerkennen zu lassen und die Verdienstvollen in die Führungsämter zu wählen, bedient sich der differenziertesten Führungs-, um nicht zu sagen: Manipulationstechniken. Dass sie allesamt, so verwegen, ja moralisch verdächtig sie auch anmuten mögen, durch ihre Funktion, den Menschen notfalls auch gegen seinen unverbesserlichen Willen zum reibungslosen Zusammenspiel der komplexen Staatsinstitutionen zu führen, voll und ganz gerechtfertigt sind, bedarf kaum noch der Erwähnung.

So lebt die ideale Republik nicht zuletzt von wohl erwogener Propaganda, vom schönen Schein, der zum guten Sein (ver)-führen soll. Hier muss die Republik von den Medici, den alle Register der verfeinerten Herrschaftstechnik ziehenden temperierten Tyrannen, lernen.[142] Denn was deren schattenreiche, hybride, verdächtig vermischte Macht mehr als alles andere stützte, war die Aufrechterhaltung des Scheins, der republikanischen Fassade vor einem im Kern nicht mehr republikanischen Staatswesen. Ohne diese imagine – das durch sorgfältig fortgeführte Ämter und Feste, aber auch durch Bauten, Bilder, Statuen erzeugte Trugbild des Freistaates – hätten sich, so die erregende Analyse, weder Patrizier noch Handwerker jemals mit der Tyrannis der Medici abgefunden. In dieser – die Idee der Staatsräson erst eigentlich abrundenden – Einsicht liegt eine der tiefsten und erregendsten Entdeckungen der Welt und des Menschen beschlossen.

Sie ist ein arcanum imperii, ein Geheimnis der Macht, das nur den Wenigen zugänglich gemacht werden sollte, die diesen Blick in Abgründe auszuhalten vermögen. Unverdünnt und vor allem in den falschen Händen tödliches Gift, muss diese Erkenntnis bei richtiger Anwendung hingegen der wohltätigen

Staatsräson zugute kommen. Tradition und Innovation verschränken sich – es ist nochmals hervorzuheben – in zeittypischer Weise: Staatsräson in diesem Verständnis ist nicht nur kein Mittel zur Entfesselung des Machtstaats, sondern im Gegenteil ein Schutzmechanismus, um so viel wie möglich von bürgerlicher Eintracht im neuen corpus politicum zu bewahren bzw. zu erneuter Geltung zu bringen.

Dieser Idealstaat bedarf kaum noch der Rechtfertigung durch die Antike, ist auffällig wenig auf deren Rezepte gestützt, ja den Alten gegenüber fast schon pietätlos. Florenz ist Florenz, Rom war Rom – diese einige Jahre später in den Kommentaren zu Machiavellis Diskursen mit schneidender Schärfe aufgemachte Un-Gleichung[143] zeichnet sich in den von achselzuckender Lieblosigkeit gekennzeichneten Auslassungen über die beschränkte Politikbefähigung der alten Römer am Ende des Dialogo bereits ab[144] – und damit die geistige Überwindung der Rom-Mythen. Das antike Gemeinwesen am Tiber war – so Bernardo del Nero, der hier Guicciardinis ureigene Meinung widergibt – chronisch gestört, nämlich von pausenlosen inneren Reibungen, ja Zerreißproben heimgesucht. Deren Ursachen lagen vor allem in der ständischen Abgrenzung von Patriziern und Plebejern, welche in der Frühzeit der Republik andauernde Konflikte heraufbeschwor. Von Rom politisch lernen heißt Wind säen und Sturm ernten. Der wohl geordnete Staat aber unterdrückt so weit wie möglich innere Konflikte, statt sie – Machiavellis kühner Gegenentwurf – bewusst zu schüren und in kraftvolle Expansion nach außen umzulenken. Das aber ist ein Spiel mit dem politischen Feuer.

Wenn also auch die Idealrepublik die Vorzüge der drei guten Staatsformen einbindet, dann nicht nur ohne tieferen Bezug zum antiken Vorbild, sondern auch mit gravierenden Unterschieden zu Machivallis Mischverfassungsmodell. Guicciardini geht es nicht mehr um klassische Konstitutionenkreisläufe, nicht mehr um den gesetzmäßigen Abstieg von Monarchie, Aristokratie und Demokratie in ihre Verfallsformen und auch nicht darum, durch ihre Bündelung historische Dauer zu gewinnen. Er bedient sich frei in allen drei Verfassungen, sucht Versatzstücke, die für Florenz passen können. So braucht die perfekt verfugte Republik der Arnostadt ein Staatsoberhaupt auf Lebenszeit, das im Großen und Ganzen dem venezianischen Dogen nachempfunden ist – allerdings ohne dessen vielfältige Chancen zur Klientelbildung. Denn genau darin besteht das Kanalisierungsziel: dem gonfaloniere a vita nur genau den Spielraum zu dem Gemeinwohl dienlicher Politik, nicht aber zu eigennützigem Machtausbau zu lassen.[145] Dazu bedarf es gerade bei der mächtigsten Figur des Staates wohltätiger Fesseln, welche ihn nicht der Freiheit, Gutes zu tun, berauben, wohl aber am Machtmissbrauch hindern. Diese heilsame Beschränkung wird durch die enge Verzahnung seiner Kompetenzen mit einem Senat auf Lebenszeit bewirkt, in den aufgenommen zu werden die Patrizier künftig als ihr politisches Lebensziel ansehen sollen. Beider Aufgabe zusammen ist die kraftvolle Exekutive nach innen und außen, doch ebenso die Ausarbeitung von Gesetzen. Deren Annahme oder Ablehnung bleibt dem Großen Rat vorbehalten, welcher – hier differieren der in der Einschätzung des Volkes optimistischere Discorso di Logrogno[146] und der skeptischere Dialogo[147] graduell – wohl eher nicht an der ausführlichen Erörterung des Für und Wider beteiligt werden sollte – der Grundregel entsprechend, dass der Mittelstand als Tyrannisverhinderer, als positive Trägheitskraft, wirksam, aber nicht eigenständig politisch tätig werden sollte. Zwischen dieses Grundgerüst der – in ihrer Dreifachgliederung unverkennbar an Venedig orientierten – Basisinstitutionen werden, je länger Guicciardini darüber nachdenkt, desto mehr abfedernde, abmildernde, aber bei Bedarf auch aktivierende Zwischeninstanzen geschoben: soziopsychologische Kräfterelais, welche negative Passionen zu dämpfen und Staatsenthusiasmus zu fördern haben. So soll z.B. bei der Wahl in die dem Senat zur Besetzung vorbehaltenen Ämter – Botschafter, Kriegskommissare und weiteres Führungspersonal, bei dem die vertiefte Einsicht in die Regeln der großen Politik Voraussetzung ist – eine aggiunta, eine ergänzende Gruppe von einhundert weiteren Personen, hinzugefügt werden. Das Ziel dieser Ausweitung ist wiederum staatspsychologisch definiert: Die größere Öffentlichkeit soll diese bedeutsame Prozedur von vornherein gegen die sonst unweigerlich aufkommenden Gerüchte abschirmen, hier komme patrizische Selbstbegünstigung und damit hochmütige Willkür zum Tragen.[148] Emotionen dämpfende, Verdacht im Keim erstickende Vorsichtsregeln gelangen überall im Gefüge der Republik zur Anwendung.

Ob das auf diese Weise vor dem geistigen Auge des Lesers immer unübersichtlichere, ja monströsere Züge annehmende Verfassungsgebilde überhaupt funktionstüchtig und damit lebensfähig ist – diese Frage scheint Guicciardini bis an die Schwelle des Jahres 1527, ungeachtet zunehmend skeptischer Einsprengsel, weiterhin zu bejahen. Der solcher Unverdrossenheit der Entwürfe zugrunde liegende Optimismus wird danach nicht von arroganten Patriziern, sondern von fanatisierten Kleinbürgern den Todesstoß erhalten, die weder Maß noch ihren Platz kennen, zum Äußersten getrieben von endzeitlichen Prophezeiungen, die jeder prüfenden Vernunft Hohn sprechen.[149] Dessen ungeachtet nehmen die nach dem Ende des Alptraums, d.h. nach dem Sturz der popularen Tugend-Terror-Republik im August 1530, verfassten kritischen Anmerkungen zu Machiavellis Discorsi die im Dialogo dargelegten Verfugungsregeln nochmals auf – allerdings jetzt als Gegenargument zur Mischverfassungstheorie nach römischem Vorbild. Speziell Machiavellis Konzept, durch die kunstvoll kanalisierten inneren Konflikte zwischen Großen und Volk die Energie für militärische Eroberungen zu gewinnen, trifft auf die tiefe Missbilligung des traumatisierten Patriziers, der soeben erfahren hat, wie schnell solche Dämme brechen und wie es sich als Großer in einer misstrauischen Republik lebt.[150] Ebenso sollte der Krieg ein letztes, wohl dosiertes Mittel staatlicher Selbstverteidigung bleiben. Der florentiner Patrizier hat in den 1520er

Jahren im Umgang mit päpstlichen und anderen Heeren mehr als genug Gelegenheit gehabt, die Verrohung derjenigen zu studieren, die aus dem Töten ihren Beruf machen – von der Unlenkbarkeit des Kriegs und der Allmacht des Zufalls in militärischen Dingen ganz zu schweigen.

Allerdings lesen sich die rekapitulierenden Passagen der zusammengesetzten Republik in den Considerazioni, wie bereits erwähnt, routiniert, ja farblos; es fehlt die Verve, die Erregung des Umsetzenkönnens. Ein theoretisch gültiges Modell verblasst, weil ihm die reale Basis in Florenz abhanden gekommen ist. Zudem mussten sich mit dem Reigen der Regime in Florenz die Fragen, ja die Widersprüche hinsichtlich der selbst gespielten Rolle verdichten.

Das Ich und sein Standort

Rollenkonflikte oder vorsichtiger: Konflikte zwischen konkurrierenden, sich letztlich ausschließenden Erwartungshaltungen, vor allem zwischen Patriotismus und Klientelismus, zeichneten sich schon vor dem traumatischen Wendejahr 1527 ab. Die im Dialogo gegebene Antwort, dass man das Vaterland mehr als dessen Mächtige lieben müsse, war von pathetischer Durchschlagskraft. Solche ehrenfesten Gewissheiten aber waren durch die Erschütterungen des Jahres 1527 ins Wanken geraten. Verloren sind letzte Hoffnungen auf ein Gleichgewicht der Mächte in Italien, die Freiheit des Papstes, das Leben Tausender Römer – und Guicciardinis politische Existenz, sein Rang als enger Berater des Papstes. Gefährdet ist, wie erwähnt, überdies sein Besitz, ja seine persönliche Sicherheit. Umso dringender ist zu retten, was gleichfalls bedroht erscheint: sein Ruf, sein Gewissen, seine Integrität; schließlich hat auch Guicciardini für die verhängnisvolle Allianz gegen Karl V. votiert. Und Selbstermutigung ist vonnöten. Und so schreibt er seine Oratio consolatoria: Selbsttherapie in Zeiten der Anfechtung und Verstörtheit.

Welchen Zuspruch gibt es in so einer bedrängten Lage? Die christliche Lehre verweist[151] auf die Hinfälligkeit alles Irdischen und die Tröstungen des Jenseits, in dem sich aller Irrtum aufklärt, die stoische Philosophie lehrt die Verachtung der unbeständigen, unwahren Außenwelt und das Ruhen in sich selbst. Doch zu dieser Haltung erhabener Gleichgültigkeit gegenüber dem Weltgetriebe weiß sich der Schreibende nicht bereit. Sein Wirkungswille ist nicht gebrochen, sondern nur durch den Zwang der Umstände eingeschränkt. In dieser fatalen Situation konzentriert er sich darauf zu beweisen, was und wie er wirklich ist, dem täuschenden Schein entgegen. Insofern bietet eine nicht aus überlieferten Systemen geschöpfte, sondern aus eigener Erfahrung gewonnene Einsicht schon besseren Trost: dass nichts so bleibt, wie es ist, dass der Wind des Wandels weht, in diesen Jahren heftiger denn je.[152]

Das ist Balsam für das geschundene Ego. Doch sind dessen Wunden damit noch nicht geheilt. Nicht nur den Verleumdern, auch sich selbst gegenüber ist das Ich problematisch, rechenschaftsbedürftig geworden. Um es sehr pointiert zu sagen: Guicciardini muss den Prozess in eigener Sache gewinnen. Dann erst kann er, mit sich im Reinen, die Geschichte in Augenschein nehmen. In der ab 1535 verfassten Storia d'Italia macht er den Mächtigen einen Prozess der besonderen Art: nicht mit den perfiden Wortverdrehungen des Anklägers, sondern mit der unumstößlichen Kraft minutiös eruierter Fakten. Und erst die Erschütterungen der Jahre 1527 bis 1530 zerstören die trotz aller zwischenzeitlich verlorenen Illusionen weiterhin gehegte Zuversicht, aus der Analyse der Vergangenheit gültige Vorhersagen über die Zukunft zu machen. Diese Hybris stirbt, weil alle Geschichtskenntnis und daraus abgeleitete Klugheit die tiefste Demütigung des Papsttums in seiner Geschichte nicht verhindern kann. Nicht zuletzt bildet sich mit der Texttrias der Tröstung, Anklage und Verteidigung in eigener Sache eine quellenkritische Methode weiter aus, die allen – und nicht zuletzt den selbst aufgestellten – Gesetzmäßigkeiten misstraut,

Axiome durch das Aufzeigen von Widersprüchlichkeiten widerlegt und stattdessen allenfalls Ähnlichkeiten in der Geschichte gelten lässt.

Anstoß für dieses Misstrauen gegenüber der platten Plausibilität ist die Erkennntnis, wie doppeldeutig sich die eigene Vita aufbereiten lässt: durch geschickte Manipulation der Vorzeichen, durch missgünstige Verdrehung von Einzelheiten. Diese theoretisch längst gewonnene Erkenntnis, dass der Schein das Sein nicht nur zu verdecken, sondern ins Gegenteil zu verkehren vermag, vertieft sich durch das eigene leidvolle Erleben und wird in intensiviertes Bemühen umgesetzt, hinter die trügerische Wahrscheinlichkeit der Dinge zu dringen. Diese Hinterfragung dekonstruiert die Propaganda der Mächtigen ebenso wie die simplizistischen Erklärungsmodelle der Masse. Etwas so Geradliniges wie ein einzelnes Leben wird durch die Umstände, in die es fällt, in fataler Weise zur Ansichtssache, verzerrt von böswillig brechenden Linsen.

Wird in der Consolatoria ein solcher Wechsel der Betrachtung vorgenommen, um mit der Aufhellung des Blicks auf eine desolate Zeit und eine scheinbar zerbrochene Biographie neue Lebensenergie zu gewinnen, so wird in der Oratio accusatoria, der Anklageschrift gegen sich selbst, nicht nur die Perspektive, sondern der Spieß umgedreht. Nicht zufälligerweise nennt sich dieser mit rhetorischem Pathos operierende Ankläger nicht beim Namen, behauptet aber, eine intime Kenntnnis der Vita seines Hassobjekts zu besitzen, ja in dessen innerstes Denken und Trachten eingeweiht zu sein.[153] Was wie eine kafkaeske Projizierung von Schuldgefühlen oder gar wie die Verselbständigung eines Über-Ichs anmuten könnte, ist in Wirklichkeit ein Objektivierungsexerzitium besonderer Art, ja das vielleicht schwierigste überhaupt. Denn es bedeutet nicht weniger als aus sich selbst herauszutreten, die eigene Persönlichkeit mit fremden, ja böswilligen Augen zu sehen, selbst geworfene Schatten auszumessen. Einen solchen negativen Gegenentwurf eines Lebens zu skizzieren, aber ist – so lautet die für das Individuum erschreckende und für den Historiker zugleich heilsame Erkenntnis – nach Anschauung der reinen Fakten alles andere als schwierig; es genügt, einige zugleich geringfügige und ausschlaggebende Veränderungen vorzunehmen, ungefähr so wie die Medici-Tyrannen die florentinische Verfassung nach 1434 manipulieren.

Die Mitleidlosigkeit der Selbstprüfung aber liegt zum einen in der geradezu satanischen Beredsamkeit des Anklägers, der alle Register der Demagogie zu ziehen vermag – und das alles als ehrenhafter Mann, versteht sich, im Namen des Staates, genauer: der Republik, die endlich mit dem von Machiavelli gelehrten Prinzip des Misstrauens gegenüber den Reichen und Mächtigen Ernst macht. Dieser genügt der Schatten des Verdachts, um individuelle Existenzen zu vernichten, im Namen der Vielen und ihres überlegenen Nutzens, der über alle abwägenden Skrupel triumphiert.[154]

Guicciardini gelingt damit auf rein literarischer Ebene eine Ewigkeitsfigur, die ebenso vielfältige wie freie Assoziationen heraufbeschwört. Zertrümmern doch die Diktaturen aller Zeiten das Recht des Einzelnen durch das vermeintlich höhere Recht der Vielen, sei es, wie der fiktive Republikanwalt, im Namen des Volkes, später der Nation, der Rasse oder der Arbeiterklasse. Hinzu kommt die virtuose Perfidität der Argumentation im Einzelnen. Man gehe von einem für alle leidvoll spürbaren Übel – der Verwüstung der Toskana im Umfeld des Sacco di Roma – aus, male dieses immer und immer wieder in den grellsten Farben und mit den grässlichsten Einzelheiten aus und emotionalisiere die Zuhörer damit so exzessiv, dass die eigentliche Schwäche der Beweisführung, nämlich die individuelle Verantwortung, ganz zu schweigen von der Schuld des Angeklagten an dieser Katastrophe, völlig in den Hintergrund tritt, ja zur leichthin akzeptierten Selbstverständlichkeit wird.[155] Durch diese und weitere Techniken der Verführung wird die Anklagerede zum Muster der Volksverführung schlechthin. Das Staatswesen aber, welches eine solche – de facto ungehaltene – Rede auch nur theoretisch denkbar erscheinen lässt, erniedrigt sich selbst zur schlimmsten Tyrannis, zur Unrechtsherrschaft der entfesselten Masse, der Hydra Volk.[156]

Aber das ist nur der eine Effekt dieses bedrohlich gelungenen Exerzitiums. Mindestens ebenso erschreckend sind die Wirkungen dieser ins abgründig Böse gewendeten Lebenspräsentation, in der alles, auch noch das letzte Faktum der individuellen wie kollektiven Erinnerung gegen den Lebenden gewendet, ja dazu verwendet wird, ihm das Leben zu nehmen, sei es durch das Urteil des Gerichts, sei es – die dem Ankläger an sich liebste Lösung[157] – durch die Lynchjustiz des wütenden Volkes. Diese negative Auslegung harmlosester Lebensfakten beginnt schon mit der zartesten Jugend. Wie kann es anders sein: Das Böse zeigt sich schon im Keim, sagt das Sprichwort, und auf der Ebene angeblich unverbrüchlich gültiger Volksweisheiten, d.h. heimtückisch eingängiger Vulgärpsychologie, bewegt sich die ganze hinterhältige Beweisführung. Früh übt sich, wer ein Frevler großen Stils werden will: Hat uns der kleine Francesco nicht zu den dreistesten Jugendstreichen animiert, Verführerseele, die er schon damals war, brannte in ihm nicht von jeher der unstillbare Ehrgeiz, der Erste zu sein, und haben wir ihn darum nicht Alkibiades genannt?[158] Welche Weisheit aus Kindermund: So wie Alkibiades seine Heimatstadt Athen in den Untergang riss, so ruinierte Guicciardini Florenz – in diesem Hetzstil geht es über Dutzende von rhetorisch aufgeblähten Satzperioden hinweg.

Denn der Verdächtigungen sind viele. Hat nicht der von brennender ambizione beseelte Botschafter in Spanien anno 1512 seine gutgläubigen, vertrauensvollen Auftraggeber verraten und verkauft?[159] Schließlich sollte er König Ferdinand davon abbringen, das vom governo largo regierte Florenz zu attackieren und die Medici an den Arno zurückzuführen – worauf genau das Gegenteil eintrat. Zufall? Das mögen die Leichtgläubigen meinen, deren Zeit 1527 vorbei ist. Die nüchternen Tatsachen aber besagen, dass der junge Botschafter vom neuen

Regime noch mehrere Monate im Amt belassen und vor allem nach seiner Rückkehr mit Wohltaten und Ehren überschüttet wurde. Auch diese verdächtige Aufnahme in Gnaden mag, wer will, noch für eine Fehleinschätzung der neuen Machthaber halten. Diese naive Unschuldsvermutung aber widerlegt sich durch die nachfolgenden Fakten von selbst. Schließlich wird der junge Patrizier unverzüglich in höchste kirchenstaatliche Positionen befördert, als Günstling zweier Medici-Päpste. Kollektiv, d.h. unanfechtbar erworbenes Weltwissen aber besagt, dass dem Tyrannen nur moralisch deformierte Kreaturen zu Diensten stehen, die von den immer gleichen negativen Grundantrieben der Habgier und Herrschsucht beseelt sind. Diese Servilität zeigt sich am schlagendsten durch die Einbindung in Netzwerke; auch sie werden in der Anklagerede ausführlich umrissen.[160]

Verstörend ist dieser Negativ-Entwurf einer Biographie nicht nur durch das grenzenlose Übelwollen, das ihm zugrunde liegt, sondern auch und vor allem dadurch, wie sehr simple Tatsachen in das Gegenteil des ihnen eigentlich innewohnenden Sinns verkehrt werden können. Sie alle lassen sich ohne wesentliche Ausblendungen oder Hinzufügungen ruhmvoll oder ruftötend abbilden; ein Lebensbild zersplittert so in blutige Scherben, in ein Panoptikum des Bösen. Am erschreckendsten aber ist, dass diese Anti-Lebensbeschreibung nach dem Leben gezeichnet zu sein scheint und dadurch eine unwiderstehliche Überzeugungskraft besitzt, ja geradezu die Wahrheit der anderen und doch ganz und gar unwahrhaftig ist. Mit anderen Worten: Die Perfidität der Wahrheitsverdrehung ist nur für den erkennbar, der die Fakten kennt, ja ins Innere des zu Unrecht Angeklagten zu blicken versteht – also letztlich für den Schreibenden selbst. Und mehr noch: Die meisten Rückschlüsse des Anklägers – wie z.B. der zitierte Satz, dass der Despotendiener moralisch minderwertig ist – sind ja nicht nur der unwissenden Plebs einleuchtend, sondern sogar meistens wahr. Guicciardini selbst äußert sich in seinen tief schürfenden Analysen der Tyrannis ganz ähnlich.[161] Was in der Mehrheit der Fälle richtig ist, kann aber – auch wenn die Fakten fast dieselbe Sprache sprechen – im Einzelfall furchtbar falsch sein. Konkret auf den eigenen Fall angewandt: Im durch und durch korrupten Milieu der Kurie, das gerade Guicciardini anzuprangern nicht müde wird, kann sich höchste moralische Integrität, eine allen Versuchungen widerstehende Unbestechlichkeit im Urteil und Handeln sehr wohl behaupten – obwohl diese Aussage die anthropologische Wahrscheinlichkeit gegen sich hat.[162]

Aus der perspektivenreichen Prüfung der eigenen Sache leitet sich somit ein Schluss ab, der im psychologisch stetig vertieften Menschenbild Guicciardinis ohnehin angelegt war und jetzt zur Unantastbarkeit versiegelt wird. Er besagt, dass nur die umfassende, alle Seiten ausleuchtende Prüfung von Fakten die Eingrenzung der in Frage kommenden Ausdeutungen erlaubt. Und zudem muss der beurteilende Intellekt dabei über seine eigenen Prämissen, Vorurteile und Überzeugungen hinaustreten, ja hinwegschreiten, soweit es irgend möglich ist. Am Ende sind ihm trotz all dieser Bemühungen Schranken gezogen, die, wie erwähnt, vom unauffällig expressiven Wörtchen »oder« bezeichnet sind. Bis hierhin, aber nicht weiter reicht gesicherte Erkenntnis, diese Motive dürften ausschlaggebend gewesen sein, jene weniger, andere kaum. Was nicht sicherer abgewogen werden kann, darüber darf man nicht reden – der Mut, im gegebenen Fall zu schweigen, gehört zum geistigen Rüstzeug des Richters wie des Historikers. In letzter Instanz erkennt allein das prüfende Ich sich selbst, weit häufiger allerdings erliegt es dem menschlichen Urdrang der Selbsttäuschung.[163] Prudenza als Basisqualität des Historikers ist nicht mit Feigheit vor dem historischen Faktum oder gar mit Schonung der Mächtigen zu verwechseln; nicht erst die Storia d'Italia weist ihren Verfasser als über diesen Verdacht erhaben aus. Im Gegenteil: Seinem Menschenbild und seiner Politiklehre entsprechend sucht und findet dieser in den Antrieben der Herrschenden seiner Zeit negative Leitmotive wie Machtgier, Zügellosigkeit, Unvernunft, die sich ganz überwiegend aus der Schrankenlosigkeit der Macht ableiten. Doch bleibt auch bei dieser Bestandsaufnahme der Verblendung in der Regel eine Grenzlinie der Unerkennbarkeit gewahrt.

Derselben Vorsicht hat sich zu befleißigen, wer Anklage- und Verteidigungstexte auf die psychomentale Befindlichkeit ihres Verfassers hin untersuchen will. Hier sind allenfalls begründete Vermutungen anzubringen. An sich liegt der Anstoß zur kritischen Selbsthinterfragung klar zu Tage, nämlich im unumstößlichen historischen Faktum beschlossen, einer der Ratgeber gewesen zu sein, die den Weg in die Katastrophe gewiesen haben. Schlägt sich in der wenige Monate nach der Plünderung Roms entstandenen Consolatoria das Mitgefühl mit dem in der Engelsburg eingeschlossenen Pontifex maximus noch in traurigen Betrachtungen über das Elend der Gefangenschaft nieder,[164] so weiß sich der Autor auch in dieser Hinsicht Trost zu spenden: dass das Mitleid mit anderen zuerst stirbt, vorausgesetzt, einem selbst geht es gut.[165]

Und so kommt es: In der Storia d'Italia[166] erscheint der eben noch so unglückliche Papst als eine wahrhaft unglückselige, unselige, Unheil anziehende Figur, die niemals hätte herrschen dürfen, und der Entschluss zur Liga von Cognac als ein fataler, bei ruhiger Abwägung aller Fakten vermeidbarer Fehler. In dieser kalten Sezierung des verhängnisvollen Interessengeflechts aber ist der Schreibende ausgespart: Andere haben den Weg in den Abgrund einzuschlagen empfohlen, den dieser unfähigste aller Päpste, seinem Unstern folgend, mit unfehlbarer Sicherheit auch ohne sie gefunden hätte. Am Ende, am Abschluss der Storia d'Italia, steht also ein Freispruch erster Klasse, mangels Tatbeteiligung gewissermaßen. Einige Jahre zuvor, in den Trost-, Anklage- und Verteidigungsschriften erfolgt diese Absolution weniger glänzend – der falsche Rat wird eingestanden, aber er sei mit bestem Gewissen, unter klügster Abschätzung der politischen Lage erteilt worden.[167] Es arbeitet in Guicciardini bis zum Schluss.

Auch wenn am Ende die Rechtfertigung steht: Die Anklagerede ist kein rhetorisches Exerzitium (wie sollte sie auch – ist ihr Verfasser doch zugleich der einzige in Aussicht genommene Leser). Das Individuum ist sich selbst zum Problem geworden, das immer wieder nach Lösungen verlangt. Das ist nicht zum Geringsten die Schuld der Umstände. Wer der Tyrannis dient, kann nicht zum Republikaner werden und umgekehrt, so die ehrenfeste Lehre der Tradition und der intransingente Ankläger der Republik. Demgegenüber weiß Guicciardini schon 1509, dass die Übergänge zwischen beiden Systemen zahlreich und auch die Ähnlichkeiten zwischen ihnen frappant sind. Dass alle Vergleiche zwischen Volks- und Medici-Tyrannis aber zugunsten der Letzteren, der milden, die leben lässt, ausfallen, ist das i-Tüpfelchen auf dieser relativierenden Erkenntnis.[168]

Sie besagt aber auch, dass dieser Regimewechsel nicht ohne Folgen, ja nicht ohne Schatten für den bleiben kann, der ihn dienend mit vollzieht. Schatten werfen zum einen die bereits mehrfach erwähnten Loyalitätsbrüche. Durfte die Republik, die den Patrizier so jung und so prestigeträchtig nach Spanien schickte, nicht Besseres, sprich Treue von ihm erwarten – so formuliert der Ankläger, und ganz ähnlich, nur in umgekehrter Stoßrichtung, drückt auch Guicciardini diese quälende Frage im Vorwort seines Dialogo aus. Gratitudine, Gehorsam leistende Dankbarkeit, aber ist, wie immer wieder festgehalten, eine klienteläre und daher suspekte Tugend, mindestens ebenso sehr Laster. Trotzdem bleibt ein unauflösbarer Kern: Darf man die Wohltaten der Klientel genießen und die moralisch dubiosen Gegenleistungen im Namen einer höheren Moral verweigern? 1527 lautet die Antwort ja, im Namen der eigenen Unbestechlichkeit,[169] nicht mehr im Namen des zu schaffenden besseren Staates.

Dieser ist nach 1530 nur noch Vorstellung ohne den Willen zur Umsetzung, als Illusion, ja anthropologische Utopie erwiesen: Volk und Patrizier sind Menschen unterschiedlicher Art, sie gehen im Staat nie und nimmermehr zusammen. Da sich diese Allianz als für immer zerbrochen zeigt, bleibt nur das Bündnis der großen Familien mit einem Medici-Fürsten. Als sich dieser, letzten Hoffnungen zuwider, als nicht lenkbar, sondern im Gegenteil als kraftvoller Gestalter einer Einzelherrschaft erweist, in welcher die alten Clans die Führungspositionen besetzen, aber keine autonome Macht mehr ausüben, ist seine Anteilnahme an der praktischen Politik von Florenz erloschen.

Was aber bleibt jetzt noch an Rechtfertigung für die gespielten Rollen? Am Ende zeichnet sich wie gesagt eine minimalistische Moral ab: unbestechlich zu sein im Spiel der Macht, die ihrem Wesen nach überwiegend böse ist. Und vor allem: unbestechlich Zeugnis abzulegen von den Einsichten, die als Akteur im Wechselspiel der Mächtigen gewonnen worden sind. Die eigene moralische Integrität, die Selbstbehauptung des Ichs drängt mit innerer Notwendigkeit zur Geschichte. In ihr wird der Antisensualismus Galileis in der Physik wiederum ein Menschenalter zuvor auf die Menschenwissenschaften angewandt: Nichts muss so sein, wie es der Augenschein suggeriert.

4. Mythenstürzung und Menschenkunde

Gegen die Extreme

Diese Skepsis gilt nicht zuletzt für Guicciardinis berühmteste Selbststilisierung überhaupt.[170]

> Ich wüsste nicht zu sagen, wem mehr als mir der maßlose Ehrgeiz, die Habgier und die weibische Verweichlichung der Priester missfällt. Zum einen, weil jedes dieser Laster für sich genommen hassenswert ist, zum anderen, weil alle zusammengenommen so ganz und gar nicht dem Leben derer entsprechen, die ganz und gar Gott zu dienen behaupten – und schließlich, weil sie zueinander in solchem Widerspruch stehen, dass sie nur in wahrhaft eigentümlichen Individuen zusammen erscheinen können. Und doch hat mich die hohe Position, die ich unter verschiedenen Päpsten bekleidet habe, dazu genötigt, aus Eigenliebe ihre Größe zu lieben. Und wäre nicht diese Rücksichtnahme, so hätte ich Martin Luther mehr als mich selbst geliebt: nicht um mich des Gesetzes der christlichen Religion, so wie sie gemeinhin ausgelegt und verstanden wird, zu entledigen, sondern um dieses ruchlose Natterngezücht der Priester entweder ohne Laster oder ohne Macht zu erleben.

Paradoxer, ja schizophrener lässt sich eine Existenz nicht konstruieren: Identität aus Widersprüchen, so scheint es. Die aphoristische Verrätselung erfordert Quellenkritik, zugespitzt auf die Frage: Was erregt Empörung, was findet Billigung? Die vehemente Kritik an den äußeren Erscheinungsformen der Kirche zieht sich als ein Leitmotiv durch Guicciardinis Texte – eines, das protestantische Leser von jeher nicht nur anziehend, sondern glaubwürdig gefunden haben. Immerhin ist der Florentiner Patrizier unverdächtiger Augenzeuge, ein innerlich distanzierter Begünstigter des Systems, gibt es mehr Authentizität? Eine von solchen Emotionen genährte Erwartung wird bei der Lektüre der Storia d'Italia mehrfach frustriert.[171]

Hier erscheint Luther, der Reformator, zum einen als politisches Instrument mächtiger Gegner des Papsttums und zum anderen als Erfinder einer absurden Gegenreligion, die sich überwiegend aus längst widerlegten Ketzereien zusammensetzt. Und schließlich gießt diese Glaubensveränderung Öl ins Feuer vielfältig schwelender Konflikte: eine politische Todsünde. Und auch die Mächte, die sich der Reformation als eines politischen Druckmittels bedienen, verschiedene Reichsfürsten und sogar Kaiser Karl V., finden alles andere als Guicciardinis Billigung. Was also bleibt dann an Sympathien für eine so vielfältig fatale Erscheinung? Die Antwort ist von apodiktischer Kürze: Die Reformation ist ein Gegengewicht zur unumschränkten doppelten Macht des Papsttums, in spiritualibus et temporalibus, über die Kirche und die europäischen Herrscher. Damit ergibt sich eine geradezu schwindelerregende Vertauschung der Vorzeichen: Eine in mehrfacher Hinsicht bedenkliche Entwicklung könnte bei richtiger Dosierung heilsame Wirkungen erzielen, nämlich die willkürlichste Macht auf Erden, die des Papstes über die Gewissen und damit über die Angst der Menschen, einzudämmen. Zugleich ist die heroisch selbstgewisse Ich-Affirmation der Trost-, Anklage- und Verteidigungsschriften des Jahres 1527 in diesem berühmten Ricordo wieder aufgebrochen, ja in Frage gestellt: Ist das Ego des aus Eigeninteresse einer verhängnisvollen Macht ergebenen Dieners wirklich integer? Schließlich rangiert Eigennutz hinter Gemeinnutz, und zwar in jedweder Form.

1530 ist das Jahr der gesteigerten dialektischen Betrachtungen. Die jetzt entstehenden Erörterungen über Machiavellis Discorsi sind – um bereits gefundene Motive zu resümieren – polemischer Gegenentwurf auf vielen Ebenen: gegen die Republik des Misstrauens und der absoluten Staatsräson, in der Einzelschicksale bedenkenlos dem Ruhm des Staates, der Größe des Territoriums und einer bedrohlichen Freiheit geopfert werden, die selbst nur Voraussetzung für die Freiheitsberaubung anderer, sprich Expansion um jeden Preis ist; gegen die zugrunde liegende Anthropologie, welche den ungeformten Menschen, im Rohzustand gewissermaßen, als Ausbund aller zerstörerischen Antriebe betrachtet und damit ganz und gar staatlicher Prägung durch Gesetze und abhärtende Bürgererziehung überantwortet. Ein Werk des Widerspruchs aber sind die Considerazioni weit darüber hinaus. Ihre Einsprüche zu fast jedem Themenaspekt sind weit weniger von unterschiedlicher Textauslegung und ideologischer Standpunktgebundenheit bestimmt, obwohl auch diese Momente vielfach ins Spiel kommen.

In erster Linie sind sie ein Gegenmodell der Argumentationstechnik, der Denkbewegung, der kritischen Wahrheitsfindung. Insofern scheint schon dem Gegenredner (von den späteren Lesern des Textes ganz zu schweigen) der Weg oft wichtiger als das Ziel, die Art der Widerlegung bedeutsamer als das revidierte Resultat zu sein. Die Kritik an der Vorgehensweise Machiavellis ist in einigen berühmten, regelmäßig zitierten Verdikten festzumachen: »... was viel zu entschieden ausgedrückt ist ...«, »Dabei handelt es sich um Entschlüsse, die sich nie und nimmer nach einer festen Regel fassen lassen ...«.[172] Ihr Urteil ist hart: Unzulässig zugespitzt, ja auf lebensfremde Entweder-oder-Lösungen reduziert seien die Thesen der Discorsi. Daraus könnte potentiell zu schließen sein, dass Guicciardini in den Considerzioni einen Diskurs der anpassungsfähigen Beliebigkeit, der geschmeidigen Rücksichtnahme pflegt. Das Gegenteil trifft zu. Es ist die untrennbare Vermischtheit der Dinge, ihre – gemessen an traditionellen Bewertungsskalen – unaufhebbare Doppeldeutigkeit, die weiterhin als Leitmotiv hervortritt. In der Gegenrede wie in den Aphorismen der Ricordi bietet deren Verfasser Einblicke in Widersprüche, die für fast alle Zeitgenossen im wahrsten Sinne des Wortes unfassbar ausfallen. Gerade durch diese harten Fügungen aber steht er dem Umwerter so vieler Werte Machiavelli nicht nach.

Diese alle Axiome, in welche Mensch und Geschichte gepresst werden sollen, aufsprengende Multiperspektivik bringt überraschende, etablierte Gewissheiten einreißende Wendungen und Umkehrschlüsse hervor. In einem berühmten kirchen- und religionskritischen Kapitel der Discorsi beklagt Machiavelli mit schneidender Schärfe, dass die Diskrepanz zwischen Lehre und politischer Praxis der Kurie die Glaubwürdigkeit des Christentums unterhöhlt, Italien auf diese Weise glaubenslos und somit politisch haltlos gemacht und vor allem die Einigung der Halbinsel unter einer starken einheitlichen Herrschaft verhindert worden sei.

Dass der Kirchenstaat als territoriale Konkretisierung der unsichtbaren Macht des Papsttums, nämlich der Herrschaft durch die Angst vor dem Jenseits, einem italienischen Einheitsstaat unüberwindlich entgegensteht: Guicciardini wäre der Letzte, diesen Tatbestand zu leugnen.[173] Doch sieht er die Folgen dieser politischen Sonderentwicklung zwischen Alpen und Ätna in einem ganz anderen Licht: Eine so große Zahl mehr oder weniger freier Städte, so viel Konkurrenz von Herrschern, Familien, Systemen und Ideen – das alles erzeugt pulsierendes Leben, eine Vielfalt der Kultur, wie sie unter einer monotonen Universalmonarchie niemals hätte gedeihen können. Auf der anderen Seite wird der Preis dafür nicht ausgeblendet: innere Kämpfe, nicht selten bis zur Selbstzerfleischung, Anfälligkeit für barbarische Invasionen, einst wie gerade jetzt. Das entscheidende Kriterium zur Beurteilung der Vielstaatlichkeit Italiens aber ist nicht der abstrakte Maßstab von Richtig und Falsch, Gut und Böse, sondern ein weitaus weniger absolutes Argument: consuetudine, gewachsene Bräuche, und vor allem inclinazione, die natürliche Neigung zu dieser und keiner anderen Lebensform. Frei, aber wohl sinngemäß übertragen heißt das auch hier: Die politische Aufsplitterung entspricht den vorherrschenden Mentalitäten, welche die Vielzahl und die Konkurrenz der Staaten und vor allem der Städte als Ausdruck von Bedürfnissen der Schichten und der Individuen und somit als innere Notwendigkeit hervortreten lassen. Es gibt in der Geschichte keine Sortierungen von Königswegen und Abwegen; alles historisch Gewachsene ist ein Konglomerat von Kräften und Gegenwirkungen, von Vor- und Nachteilen, das sich durch diese multiple Verquickung einer solchen Schwarzweißzeichnung definitiv entzieht.

Das gilt nicht minder für die von Machiavelli mit so stupender Regelmäßigkeit konstruierten Entweder-oder-Entscheidungen, die der Staatsmann seines Erachtens andauernd – und nur seinem Regelbuch folgend mit Erfolg – zu fällen hat. Diese rationale Abwägung von Grundfragen der Politik allein schon ist für Guicciardini ein Mythos. Die Mächtigen aller Staaten müssen in der Tat permanent Beschlüsse fassen, doch tun sie dies mit der raubtierhaften Unbekümmertheit und Unvernunft der imprudenza, die, von Wunschdenken geleitet, unbeschränkter Gier die Zügel schießen lässt. Selten genug, ja eigentlich nie gelangen sie daher auf Dauer ans Ziel ihrer Wünsche, da sich Politik mit den Mitteln der Diplomatie und des Krieges zwar planen, doch nicht voraussehen, geschweige denn auch nur über längere Zeit lenken lässt – zu unberechenbar vielgliedrig ist das Kräftediagramm in Italien und Europa. So aber führen auch die nach der rationalen Kalkulation des Entscheidungsaugenblicks richtigen Beschlüsse in den Untergang, weil sie wohl für die Ausgangskalkulation zutreffend waren, die ununterbrochene Veränderung schon in nächster Zukunft jedoch nicht zu erfassen vermögen.[174]

Dadurch wird der Mythos des Geschichte gestaltenden uomo virtuoso, der sich nach der Erfüllung seiner quasi übermenschlichen Mission dann auch noch selbst aufhebt, d.h. nach Wiedereinschärfung guter Gesetze dem überlegenen Existenzrecht der Republik freiwillig weicht, gleich mehrfach hinfällig.[175] Zum einen spricht, wie erörtert, gegen diesen heroischen Altruismus die erwiesene Psychologie des Menschen: Macht macht süchtig. Und zudem kann ein Mächtiger sich nicht einfach ins Privatleben zurückziehen, will er nicht Zielscheibe aller möglichen Racheakte werden, ganz abgesehen davon, dass auch der tugendhafteste Mächtigste von der Natur eine gehörige Portion Elternliebe, auch für missratene Söhne, mitgegeben bekommen hat.

Und überhaupt sind die Mächtigen nicht über die Vorstellungswelten der übrigen Bevölkerung hinausgehoben; sie teilen deren Mentalitäten, statt diese strategisch zu nutzen. Eine knappe, auf den ersten Blick unspektakuläre considerazione[176] soll einen Geschichtsmythos stürzen und ein alternatives Geschichtsbild begründen. Die von Machiavelli gefeierten römischen Generäle, die zwecks moralischer Aufrüstung ihrer Truppen die Vorhersagen der Priester ihren Zielen entsprechend manipulieren, müssen eine Geschichtslegende sein. Was in der finalen Dekadenzphase der Republik möglich sein könnte, ist in deren Frühzeit als gänzlich unwahrscheinlich von der Hand zu weisen – ursprüngliche Völker zweifeln nicht an ihren Göttern. Aus solchen und ähnlichen Einsichten bricht sich allmählich ein neues historisches Bewusstsein Bahn: dass vergangene Epochen in ihrer spezifischen Befindlichkeit einmalig sind und daher nur aus sich selbst heraus, durch Auswertung ihrer eigenen Zeugnisse allein, erschlossen, noch genauer: allenfalls ansatzweise rekonstruiert werden können.

So aber sind Politiker wie Historiker auf so viel Erfahrung wie möglich angewiesen – nicht, um daraus trügerische Schlüsse nach dem Muster »Es war immer so« zu ziehen, sondern um die in der reinen Theorie allenthalben aufgestellten Fallen der Zuspitzungen und der unerlaubten Analogien zu vermeiden. Hier hat die Apologie der Autopsie, des eigenen Erlebens und damit des Staatsmann-Historikers, wie sie seit der Antike immer wieder angestimmt wird, ihren Platz im Denken Guicciardinis. Sie findet ihren explizitesten Ausdruck in der Erörterung über die vorrangigen Faktoren des Krieges.[177] Hier spricht der päpstliche Provinzstatthalter und Militärgouverneur aus authentischer esperienza – die ironische Distanzierung zum Reißbrettstrategen Machiavelli ist unüberhörbar –, und zugleich drängt das schaudernde Staunen über eine Grenzerfahrung nach rationaler Bewältigung: dass der Krieg eigentlich unmöglich ist, weil er die administrativen und finanziellen Ressourcen aller Staaten in schlichtweg unvorstellbarer Weise übersteigt und zudem, wie mehrfach angeführt, den Menschen verroht. Daraus aber leitet sich stets aufs Neue das warnende Votum ab, das consultum ultimum, das letzte, verzweifelte Mittel des Krieges wie eine riskante Medizin nur den schwersten Fällen vorzubehalten. Denn dessen Verlauf ist gänzlich unvorhersehbar, von den groteskesten Zufällen abhängig. Guicciardini ist gewiss kein Pazifist, dafür aber Kriegsskeptiker aus eigener Anschauung – was eine entschiedene Abkehr vom glühenden Bellizisten Machiavelli und dessen, wie es abschätzig in den Considerazioni, heißt, »außerordentlichen und gewaltsamen Mitteln« mit sich bringt.[178]

Darin liegt zugleich die allgemeinste Kritik am Mythenbildner Machiavelli beschlossen: dass er Geschichte und Politik Gewalt antut, die Deutungen der Vergangenheit und die Handlungsanweisungen für die Gegenwart nicht auf die Komplexität der zugrunde liegenden Ursachengeflechte hin abstimmt und Vergangenheit wie Gegenwart so bis zur Unerkennbarkeit deformiert; und mit dieser Verzerrung der Geschichte ist die Verunstaltung des wünschbaren Staates untrennbar verknüpft. So unbestreitbar der Einspruch gegen die übermächtige, Einzelschicksale im Namen des Staates zerschmetternde Republik Machiavellis auch von der traumatischen Erfahrung der Jahre 1527 bis 1530 bestimmt ist, so bemüht sich Guicciardini doch darüber hinaus um eine Objektivierung dieser Ablehnung. Der Versuch der Widerlegung verzichtet dementsprechend auf die Argumente der christlichen Morallehre bzw. der zeitgenössischen humanistischen Staatstheorie und stützt sich stattdessen ausschließlich auf die Wirkungen, die ein solches politisches System zeitigen muss.[179] Staatsterror aber bringt unaufhörlich Verschwörungen, Aufspaltung in Parteien und damit Umsturz hervor. Von der zum Himmel schreienden Ungerechtigkeit an sich ist keine Rede; der Erhalt des Staates selbst rät zur Milde.

Kontrastiv dazu stellt der Patrizier Machiavellis Behauptung, dass das Volk weniger zu Unbeständigkeit und Undankbarkeit neige als ein Fürst, eine nachtschwarze Generalbilanz der Volksherrschaft seit den Zeiten der an sich selbst zugrunde gehenden Demokratie von Athen entgegen.[180] Die Untauglichkeit dieser Staatsform wird in nicht minder dauerhafte Metaphern eingekleidet: die Macht der Masse als wild wogende Meereswelle, Arche der Unwissenheit und Verwirrung aller Werte.[181] Diese Abstempelung als Ochlokratie, als Pöbelherrschaft, aber ist wiederum mit nahezu vollständiger Illusionslosigkeit hinsichtlich fürstlicher Machtausübung und ihrer fragilen anthropologischen Grundlage verbunden. Das Votum für diese als kleineres Übel wird psychologisch eingekleidet: Ist ein Einzelherrscher nicht von krankhaftem Zerstörungsdrang besessen, wird er im reinen Eigeninteresse die Verhältnisse erträglicher gestalten als die verantwortungslose Masse, die fast nichts zu verlieren hat. Und zudem ist bei einer nüchternen Bestandsaufnahme auch die Möglichkeit, dass ein Fürst gut regiert, nicht völlig von der Hand zu weisen, so gering diese Chance auch ausfallen mag. Gewiss, unumschränkte Macht macht böse, doch gelten für den Menschen keine Regeln ohne Ausnahme. So aber besteht die Aussicht, den Monarchen bzw. Tyrannen durch eine ihm zur Seite stehende Klugheitselite zu erziehen. Diese Hoffnung steht nicht im Gegensatz zur Überlegenheit der verfugten Verfassung, wie sie in denselben Considerazioni dargelegt wird. Der entscheidende Unterschied nach 1530 aber lautet wie gehabt: Im Gegensatz zum Prinzipat der Medici ist diese in Florenz nicht mehr zu haben.

Die Schule des Denkens

Die Einsprüche gegen den Anspruch Machiavellis auf Deutungshegemonie nähren sich aus einer entgegengesetzten Wahrnehmung des Menschen und seiner Lebensformen. Die erste von fünf in den Considerazioni abgrenzbaren Methoden der Bestreitung betrifft den Stellenwert von historischen Exempeln,[182] die von Machiavelli zu ewig gültigen Lehrsätzen des politischen Erfolgs oder Scheiterns erhoben werden. Solche Axiome, so Guicciardini, kommen durch verschiedene Fehler zustande. Das elementarste Defizit lautet: Verzerrung durch willkürlichen Umgang mit Fakten bzw. mangelhafte Quellenkritik. So behauptet Machiavelli – um die Undankbarkeit der Fürsten zu belegen –, dass Gonsalvo da Cordoba, der für den König von Aragon das Königreich Neapel erobert hat, sein Heldenleben in unverdienter Obskurität beschlossen habe.[183] Guicciardini, der immerhin in Spanien war, glaubt es besser zu wissen, nicht zuletzt aus eigener Anschauung: Der viel bewunderte Gran Capitan sei nicht nur im Laufe seines Lebens durch stetige Belohnung seines Fürsten vom mittellosen Ritter zum Hochadeligen mit dem fabulösen Jahreseinkommen von 30 000 scudi aufgestiegen, sondern verbringe seinen Lebensabend zudem hoch geehrt. Dass er seines Kommandos in Neapel enthoben wurde, habe also vielschichtigere Gründe als königliche Undankbarkeit. Zum einen sei die Erbfolge innerhalb des spanisch-habsburgischen Dynastieverbandes ungeklärt; die Abberufung erfolge also aus wohl verstandenem königlichen Eigeninteresse und um kriegerische Verwicklungen zu vermeiden. Zudem sei der von seinen Truppen vergötterte Heeerführer schlicht zu mächtig geworden, um als Statthalter eines weit entfernt residierenden Monarchen zu fungieren – anthropologische Vorsicht sei also angebracht. Diese leite das Handeln Ferdinands, nicht aber das Misstrauen mit seinen desaströsen Konsequenzen, wie es (der Umkehrschluss) in einer Republik vom Zuschnitt Machiavellis zu erwarten wäre. So aber stellt sich die Rückberufung des Gran Capitan als ein Akt fürstlicher Staatsräson dar, stilvoll, unter Wahrung der Ehre und des Prestiges aller Seiten in Szene gesetzt. Ganz so günstig fällt die Bewertung derselben Fakten ein knappes Jahrzehnt später in der Storia d'Italia[184] nicht mehr aus; hier bleiben Schatten des Verdachts und damit des Zweifels auf beiden Seiten. Die unterschiedliche Bewertung erklärt sich aus der andersartigen Stoßrichtung der Texte: In den Considerazioni geht es darum, die Kausalität der Geschichte vor simplizierenden Vereinnahmungen in Schutz zu nehmen, die Storia d'Italia zeigt das Machtstreben der Großen als unheilvoll verwickeltes Ränkespiel.

Dieser Nachweis von Vielschichtigkeit – zweiter Einwand gegen Machiavellis Argumentationsmodus – bedient sich der Methode der erhellenden Differenzierung. Die Forderung nach mehr Unterscheidung[185] ist Guicciardinis eigentlicher kritischer Leitfaden – in der Auseinandersetzung mit Machiavelli im Besonderen, mit Geschichte und Politik im Allgemeinen. Erst die vollständige analytische Offenlegung aller einwirkenden Faktoren kann zu einer aus- bzw. eingrenzenden Urteilsbildung und damit dem Maximum an Bewertungssicherheit führen, das dem Metier der Geschichte erreichbar ist. Und allein die allseitige Ausleuchtung der bestimmenden Umstände kann – so lässt sich Guicciardinis Einschätzung zusammenfassen – die zu griffigen Formeln geronnenen Lehrsätze Machiavellis widerlegen und damit Mythen stürzen. Unter diesem Blickwinkel stellt sich ihm die Frage, unter welchen Umständen Angriff oder Verteidigung die bessere militärische Vorgehensweise sei, in den Discorsi als extrem simplifiziert abgehandelt dar.[186] Um darüber zu entscheiden, sind sehr viel mehr Faktoren zu berücksichtigen: solche der inneren Politik, d.h., ob die Herrschaftsverhältnisse stabil oder brüchig sind, nicht zuletzt die Finanzlage, aber auch die Neigung und Stimmung der Untertanen insgesamt – Differenzierungen, welche die hochgemute Ratgebergewissheit Machiavellis als dreiste Hybris eines Möchtegern-Strategen erweisen sollen.

Überhaupt geraten die Dimensionen der Mentalitäten und des Wandels immer stärker ins Visier des kritischen Kommentators. Beide sind eng verbunden und bedingen in letzter Instanz die Nichtvorhersagbarkeit der Geschichte. Die Ängste, Wünsche und Regungen des Volkes nämlich folgen – so rational erfassbar sie in vielem auch sein mögen – letztlich einer dumpfen Eigengesetzlichkeit, die sich aus Ignoranz, Neid und abergläubischer Befangenheit zusammensetzt und alle rationalen Kalküle des vorausschauenden Politikers zuschanden werden lassen kann. Wer also in einem neu eroberten Herrschaftsgebiet[187] unangefochten regieren will, muss – auch hier sollen Machiavellis Formelschätze in Fetzen der Anmaßung aufgelöst werden – weit mehr berücksichtigen als den guten oder bösen Willen einzelner Großer bzw. ähnliche Oberflächenphänomene. Er muss die innere Einstellung der Elite und der Masse ausleuchten. Diese aber ist vielfältiger Veränderung unterworfen und hat zudem historische Wurzeln, die gleichfalls der Freilegung bedürfen.

Durch die Verletzung dieser Unterscheidungspflichten, so der Tenor der Considerazioni, kommt es drittens zu Pseudo-Problemstellungen, die wiederum auf fiktiven Kontrasten beruhen und unsinnige Alternativen konstruieren. Das gilt in nachgerade grotesker Weise für die Frage, ob Geld der Nerv des Krieges sei oder nicht.[188] Will man wie Machiavelli Sold gegen Gesinnung, Zahlungsfähigkeit gegen Disziplin ausspielen, verkennt man die weitaus komplexeren Grundtatsachen des Krieges, der in hohem Maße, aber natürlich nie ausschließlich den Charakter von Finanzoperationen annimmt. Dasselbe gilt für die berühmte, schon im Principe aufgenommene und in den Discorsi fortgeführte Erörterung, ob Furcht oder Liebe[189] für die Behauptung bzw. Ausdehnung der Macht bedeutsamer sind; auch hier gilt kein »entweder-oder«, sondern allein die auf die unverwechselbare Situation abgestimmte Verschränkung von beidem.

Zustande kommen, so Guicciardinis Diagnose, die Scheinalternativen viertens nicht selten aus einem Mangel an praktischer Menschenkunde. Aus Erfahrung gewonnene Psychologie allein vermag die dichotomischen Gegenüberstellungen von vorbildlich und untauglich in die dem Wesen des Menschen angemessenen komplexen Konstellationen aufzulösen. Eigentümlich einfühlsam ist die Seelen- und Motivzergliederung vor allem bei den Großen, und stehen sie ihm geschichtlich noch so fern. Gerade in einem in Sitten und Werthaltungen noch archaischen Volk wie den von Livius und Machiavelli untersuchten alten Römern sind ebenso starke und unverbrauchte wie rohe und urtümliche Antriebe in Rechnung zu stellen. Von diesem Ausgangspunkt aus deutet Guicciardini die berühmte Erzählung des Livius,[190] wonach der siegreiche Horatius seine den Tod der Curiatier beklagende Schwester erschlägt, diametral entgegengesetzt zu Machiavelli, der die Freisprechung des Schwestermörders als fatale Durchbrechung der Gesetze brandmarkt. Die Gewalttat, so die Analyse, sei gewiss im Überschwang des Siegesjubels, also unbedacht begangen worden und verdiene daher als Exzess einer emotionalen Aufwallung die ihr zuteil werdende Straflosigkeit – wohlgemerkt in einem so mental andersartigen System wie dem Rom der frühen Republik. So tastend, ja intuitiv diese Erschließung von historisch bedingter Andersartigkeit auch ausfällt, so nimmt sie doch viel spätere Argumentationsformen wie etwa Giovanni Battista Vicos (1668-1744) Postulat der Eigengesetzlichkeit der ältesten menschlichen Geschichte und deren quellenkritische Begründung zumindest partiell voraus.

Guicciardinis Dekonstruierung antiker Deutungsmuster hat System; dieselbe Methode findet z.B. auf Clearchos, den Tyrann von Herakleia, Anwendung.[191] Dieser habe, so die antike Überlieferung, die Optimaten töten lassen, um die Gunst des Volkes zu gewinnen. Unwahrscheinlich, da psychologisch nicht schlüssig, befindet Guicciardini: Es muss stärkere Antriebe für diese Ausrottung einer ganzen Elite gegeben haben, Misstrauen zum Beispiel.

Es gibt somit Konstanten im Handeln der Mächtigen, ein schmales, doch haltbares Grundgerüst der Geschichte und ihrer Deutung. Ansonsten aber – und damit ist der fünfte und kulminierende Kritikpunkt erreicht – ist Geschichte Wandel der umfassendsten Art. Er wird in den Considerazioni allgegenwärtig wahrgenommen. Die Verfassung Roms ist nicht dem

Kopf weiser Gesetzgeber vollendet entsprungen, sondern Entwicklung und Veränderung unterworfen.[192] Und nicht zuletzt wird entschiedener Widerspruch gegen Machiavellis geschichtsmetaphysisches Konzept eingelegt, wonach zu allen Zeiten dieselbe Menge virtù, Staatsklugheit und politische Willenskraft, in der Welt vorhanden sei.[193]

Die Totalität des Wandels macht auch das Exemplum Rom hinfällig, nicht als Studienobjekt der Geschichte, für die es im Gegenteil von höchstem Interesse bleibt, dafür aber umso gründlicher als Modell der Gegenwart. Die Reduzierung der römischen Republik zu einer unter vielen vergangenen Staatsformen, die zudem schwere Mängel aufweist, ist zugleich ein Lob der Gegenwart und ihrer größeren politischen wie kulturellen Reichhaltigkeit und damit eines der frühesten eindeutigen Voten gegen die Überlegenheit des Altertums in einer Debatte, die erst Voltaire definitiv zugunsten der Moderne entscheiden wird. Die Redimensionierung der Antike, die bei Guicciardini einem regelrechten Schrumpfungsprozess unterworfen ist, bedeutet zugleich eine Kampfansage an die florentinischen wie römischen Humanisten der eigenen Zeit und deren Anspruch, aus einer kulturell übermächtigen Vergangenheit Heilmittel und beglückende Muster für alle Lebenslagen der Gegenwart zu schöpfen. Gegen diesen Anspruch der gelehrten Staatsphilosophen, durch emsiges Textstudium Lebenslehrer ihrer Mitmenschen zu werden, polemisiert schon der kluge Parvenü Bernardo del Nero im Dialogo. Er hat seine Staatsweisheiten nicht aus Büchern, sondern aus eigener Politikerfahrung, einer für Guicciardini unvergleichlich ergiebigeren Quelle, geschöpft.[194] Eine ähnliche Polemik gegen die undifferenzierte Verherrlichung des Altertums zieht sich als Leitmotiv durch alle seine Texte – und schlägt sich nicht zuletzt in Parodie nieder. So ist die Rede des perfiden Anklägers durch und durch von antiker Rhetorik getränkt; mit ihren kunstvollen Steigerungen, der Vielzahl der rhetorischen Figuren, der Variabilität des Satzbaus und dem Pathos ihres Vokabulars erweist sie sich geradezu als Modell einer humanistischen Prunk-Oratio. Dagegen lässt die Verteidigung in nüchterner Sprache Fakten und vor allem psychologische Schlüssigkeit sprechen.

In dieser Opposition gegen die humanistische Wortkultur zumindest treffen sich Machiavelli und Guicciardini. Ihre gemeinsame Ablehnung dürfte darauf hinauslaufen, dass die Humanisten in Florenz den Mächtigen in vorauseilendem Gehorsam mit ihrer Propaganda stets willfährig zu Diensten stehen.[195] Wer aber andauernd einen Schein konstruiert, der mit dem Sein unübersehbar kollidiert, verspielt seinen Ruf – auch dieser Aphorismus könnte gegen die wetterwendischen Lobredner der Mächtigen, gegen das desavouierte Metier der Humanisten gerichtet sein.[196]

Dem Vorbild der humanistischen Historiographie und damit der Antike wird im Namen des historischen Wandels eine Absage für immer erteilt. In diesem Licht erscheint der Versuch, eine seit mehr als tausend Jahren vergangene Lebenswirklichkeit und Kultur wiederzubeleben, als ein geschichtsfremdes und dementsprechend törichtes, wenn nicht lächerliches Unterfangen – so, als ob man einem Esel die Gangart des Pferdes beibringen wollte.[197] Worauf noch zurückzukommen sein wird.

Das Phänomen der Religion

Gibt es etwas, das über dem alles beherrschenden Wandel steht? Die Niedergangsgeschichte Italiens nach 1494 ist nicht tragisch im klassischen Verständnis. Hier gerät nicht menschliches Streben und göttliches Wollen in Widerstreit. Gott kommt in der Geschichte nicht mehr vor. Im Gegenteil. In einer hingeworfenen Bemerkung von beispiellosem Sarkasmus hält Guicciardini fest, dass der Heilige Geist sich wohl kaum in die Papstwahlen der Zeit einmischt, da er sich nicht in so unreinen Geistern einzunisten pflegt.[198] Und eine wie auch immer geartete Nemesis ist auf Erden nicht erkennbar. Sie könnte aufscheinen, wenn Papst Alexander VI. im August 1503 wirklich am Gift gestorben wäre, das er seinen Feinden zur Verabreichung bereitet hatte; seriöser als die meisten Texte zu den Borgia,[199] enthält sich der Bericht eines solchen Urteils und kolportiert die Geschichte als Gerücht. Gerade dieser anstößigste aller Päpste aber ist ein eindrucksvoller Beleg dafür, dass die moralische Waage der Historie in Schieflage ist. Denn ihm gelingt in elf Pontifikatsjahren schlechthin alles, auch die abgefeimteste Schurkerei. Dabei kommt ihm ein Bonus zugute, der aus der Andächtigkeit der Menschen resultiert: Sie trauen dem Stellvertreter Christi auf Erden so viel Hinterhältigkeit nicht zu.

Bei alldem geht Guicciardini nicht so weit wie sein florentinischer Zeit- und patrizischer Standesgenosse Francesco Vettori, der die Kurie als florentinischer Botschafter kennen gelernt hat (und von dort mit Machiavelli eine faszinierende Korrespondenz unterhält)[200] und in seinem Dialog über den Sacco di Roma zur beunruhigenden Feststellung gelangt, dass die bösesten aller Päpste regelmäßig den größten Erfolg erzielt haben. Dieses Fazit belässt drei Deutungsmöglichkeiten zur Rolle Gottes in der Geschichte. Entweder hält ER sich aus allem irdischen Geschehen heraus, was zur Folge hat, dass die Welt den Bösen mit ihrer überlegenen Tatkraft überlassen bleibt – eine eher unwahrscheinliche Erklärung, denn warum sollte der Schöpfer, aus dessen Händen die Welt gut entsprungen ist, der Zerstörung seines Werkes tatenlos zusehen? Die zweite Antwort besteht darin, dass die Welt von einer bösen Macht böse geschaffen ist. Man könnte in Vettoris Geschichte[201] Ansätze erkennen, die in diese Richtung weisen; der Triumph der Bösen als einzige feste Regel des historischen Geschehens wäre dann zwanglos aus der Übereinstimmung zu den in der Welt seit jeher vorherrschenden Prinzipien zu sehen. Die dritte Antwort ist im Grunde keine: Ratlosigkeit, Zweifel, Agnostik, bekennendes Nichtwissen oder Garnichtwissenwollen. Mit diesem Aufruf an das auktoriale Ich, sich nicht mehr mit Fragen zu quälen, sondern sich in Frieden dem Privatleben zu widmen, endet denn auch Vettoris Diskurs.

Und Guicciardini? Lässt sich für ihn die durch und durch böse, ja für Italien verhängnisvolle Politik der Kurie und der entsprechende Charakter der meisten Päpste von der Reinheit der Religion trennen? Dass Geschichte von Menschen alleine gemacht wird, ist darauf noch keine Antwort. Und doch hat die Frage der Religion in höchstem Maße mit der Geschichte, vor allem der des Papsttums, zu tun. In der Papstgeschichte nämlich schlägt der Wandel nahezu einen circulo, eine Bewegung von einem Extrem ins andere, ein:[202] Was in Armut, Verfolgung und Weltabgewandtheit, ja Weltverachtung begann, hat sich knapp anderthalbtausend Jahre später in territorialen Nepotismus, unbegrenzte Herrschaftsgier und die Jagd nach Luxus und Ausschweifung aller Art verwandelt. Ist eine solche Verkehrung, ja Pervertierung möglich, wenn die zugrunde liegende Doktrin wahr ist?

Eine Antwort auf diese Frage provoziert extreme Denkfiguren. Bei Luther obsiegt die Vorstellung vom Papst als Antichristen,[203] dessen Wüten gerade durch die Usurpation der weltlichen Hoheit im Namen geistlicher Vollgewalt, also durch die verhängnisvolle Verquickung beider Gewalten erwiesen wird. Genau diese unrechtmäßige Aneignung klagt auch Guicciardini an, doch von völlig anderen Positionen aus. Es geht ihm nicht um die Wiederherstellung des wahren Gottesworts durch die Abtragung einer verunklarenden, da von fehlbaren, selbstsüchtigen Menschen gemachten Kirchenlehre und damit um das Seelenheil in der Christenheit, sondern um die Stabilisierung der Staatenwelt Italiens.

Das unverzichtbare Herrschaftsmittel Religion,[204] ohne welches keine soziale und politische Ordnung bestehen kann, ist durch die Widersprüche des Papsttums, das Frieden und Demut lehrt und Krieg und Zwietracht praktiziert, zutiefst desavouiert. Diese Dichotomie ruft Reformatoren wie Luther mit innerer Notwendigkeit auf den Plan – und produziert auf diese Weise gefährliche Nebenwirkungen. Denn das Aufkommen einer neuen religiösen Lehre, die zudem mit endzeitlicher Erregung gepredigt wird, peitscht die abergläubische Masse auf und erschüttert die notwendigerweise auf Hierarchien gegründeten politischen Systeme auf das schwerste. Das Volk mit seiner irrationalen Vorstellungswelt braucht einen festen kirchlichen Zügel, so wie es zugleich eines unverbrüchlichen Glaubens bedarf, um seine gedrückten Lebensbedingungen hienieden hinzunehmen. Sonst nämlich schüttelt es beides, etablierte Herrschaft und verbriefte Religion, ab und wählt sich Jesus Christus zum König, so geschehen in Florenz während des radikalen Trienniums nach 1527.

> Zu Recht wurde gesagt, dass zu viel Religion die Welt verdirbt, nämlich die Charaktere verweichlicht, die Menschen zu tausend Irrtümern verführt und zugleich von vielen großartigen und hochherzigen Unternehmungen abhält. Doch damit will ich keineswegs dem christlichen Glauben und Gottesdienst eine Absage erteilen – im Gegenteil: die religiöse Praxis zu befestigen, ja zu stärken ist meine Absicht und dabei gleichzeitig Exzesse auszumerzen sowie das Verzichtbare vom Kern zu scheiden.[205]

Die hier anklingende Kritik am Christentum, welches zum stillen Dulden statt zum politischen Heroismus anleite, wird von Machiavelli viel kräftiger angestimmt.[206] Guicciardinis Stoßrichtung ist eine andere.

> Die Mönche, welche die religiöse Vorherbestimmung des Menschen und andere schwierige Glaubensartikel predigen, scheinen mir verrückt. Denn es ist besser, das Volk nicht auf Dinge zu lenken, die es doch schwerlich begreifen kann und die es dann nur in Zweifel stürzen; besser ist es, das Volk gleich zur Raison zu bringen, nach dem Muster: So sagt es unserer Glaube, so muss es geglaubt werden.[207]

Religion, recht gehandhabt, ist also ein Mittel wohltätig eindämmender Staatsräson, die der Masse zu ihrem Besten die Augen verschließt – vor dem Blick in Abgründe?

Diese Kritik am Christentum ist bisher rein politisch motiviert und auf diese Weise zugleich ein sehr elitär eingefärbtes Bekenntnis zum praktischen Konservatismus in Religionsdingen. Das geschieht aus praktischer, d.h. massenpsychologisch begründeter Notwendigkeit. Religionskritik hat eine Sache der engen Zirkel, Gedankenstoff weniger Eingeweihter zu bleiben – um einen Flächenbrand zu verhindern, wie ihn die Reformation in Deutschland auslöst. Ist darüber hinaus zumindest in Umrissen zu erkennen, was Guicciardini glaubt bzw. für nicht erkennbar hält?

Bevor die entsprechenden Aphorismen der Ricordi – nota bene: komprimierte, mit der Lust am Wider- und Einspruch virtuos manövrierende und nicht selten zu Paradoxien neigende Kurztexte – mit der notwendigen Vorsicht auf solche Überzeugungen bzw. deren Zurückweisung zu überprüfen sind, noch einmal zum zentralen Beweisstoff in Sachen Religion: zur Geschichte. Im Nachdenken über diese nämlich vollziehen sich Entwicklungen, die Fingerzeige geben können. Sie weisen auf eine Radikalisierung des Denkens hin, auf den immer rückhaltloseren Abriss verkleidender Fassaden. In seinen einige Jahre vor der Storia d'Italia entstandenen, mehr oder weniger ausgeführten Fragmenten – und nicht zuletzt methodischen Vorbemerkungen – zur florentinischen Geschichte, die nach dem Schlüsselwort ihres ersten Satzes von den Editoren »Cose fiorentine« getauft wurden, wird die Konstantinische Schenkung – d.h. die angebliche Übertragung der westlichen Reichshälfte inklusive Roms nebst der Oberhoheit über das ganze Imperium an das Papsttum – als eine Ursache für die Verlegung der Reichshauptstadt an den Bosporus genannt.[208] In einer späteren Passage desselben Textes, einem regelrechten Exkurs zur Papstgeschichte, der als Hintergrundinformation zum Aufkommen von Guelfen und Ghibellinen im Italien des 13. Jh. dienen soll, sieht es in dieser Hinsicht schon anders aus.

Was die Ursachen für den Umzug Konstantins nach Konstantinopel betrifft, so weiß ich nicht, ob es der Eifer für die

> Religion, d.h. das Bestreben, dem Papst ein ausgedehnteres Betätigungsfeld zu überlassen, oder die politische Notwendigkeit war, den Reichsschwerpunkt und damit den Amtssitz des Kaisers nach Osten zu verlegen. Im Übrigen fehlt es nicht an Stimmen, die sagen, dass Konstantin gar keinen Rechtstitel dafür hatte, dem Reich gehörige Vollmachten wegzugeben, und dass diese Schenkung denn auch keineswegs stattfand. Stattdessen hätten die Päpste den mit der Zeit als Folge der Reichsschwäche und kaiserlicher Unachtsamkeit usurpierten Staat der Kirche – so wie es Mächtige zu allen Zeiten zu tun pflegen – mit wohlklingenden Dokumenten zu legitimieren versucht. Dagegen hat die erste Meinung, fromm und offensichtlich nicht in Widerspruch zu den bekannten Fakten, überwiegend Bestand gehabt, nicht zuletzt deshalb, weil die Päpste diese mit Edikten und Strafandrohungen zu glauben befohlen haben. Wie dem auch sei, fest steht, dass die Päpste noch lange nach Konstantin von den Kaisern abhingen, ja ihnen regelrecht unterworfen waren …[209]

Auch eine Art zu argumentieren, und was für eine: Die Frage der Fragen wird nicht beantwortet, stattdessen werden widerstreitende Meinungen referiert. Und doch neigt sich die Waagschale für denjenigen, der die Nuancen des Textes aufzunehmen vermag, stark zur Seite der unfrommen Erklärung – schließlich dominierte die dem Papsttum genehme Auffassung ja durch den Druck, der auf das Gewissen der Gläubigen ausgeübt wurde. Und die unbestreitbaren politischen Tatsachen sprechen ihre eigene, unmissverständliche Sprache: Ist es plausibel, dass der Herr, d.h. der Kaiser, seinen Diener, den Papst, zum Meister macht und spätere Herren diesen dann wieder als Diener behandeln? In der Storia d'Italia schließlich ist diese Frage entschieden: Das so genannte Constitutum Constantini ist eine Fälschung, die unberechtigte Ansprüche untermauern soll, also ein großer Schritt auf dem Weg des Christentums in die Pervertierung.[210] Die christliche Religion ist also aus dem

Lebenswandel ihrer Priester, speziell der Päpste, wie aus dem Gang der Geschichte allgemein nicht als wahr zu erweisen – eher im Gegenteil. Gibt es höhere Quellen, die sie dennoch unanfechtbar zu belegen vermögen?

> Ich glaube bestätigen zu können, dass es Geister gibt – Geister verstanden als luftige Wesen, die vertraut mit den Menschen reden –, und zwar weil ich etwas erlebt habe, das mir dies sehr sicher zu belegen scheint. Aber was und wie beschaffen sie sind – das weiß derjenige, der es zu wissen glaubt, ebenso wenig wie derjenige, der daran keinen Gedanken verschwendet. Dieses Wissen und auch das Vorhersagen der Zukunft, wie es manche als Betrug oder aus innerem Antrieb heraus praktizieren, gehört in Wahrheit zu den verborgenen Kräften der Natur bzw. des höheren Wesens, das alles bewegt: ihm offensichtlich, uns aber verschlossen, und zwar so, dass der Verstand des Menschen es nicht zu erfassen vermag.[211]

Fast schon ein Deus sive natura, Gott in der Natur, scheint hier Umrisse zu gewinnen. Auf jeden Fall bietet diese ungewöhnliche Bemerkung zwei Fingerzeige: Das angeblich Übernatürliche gehört zur Natur. Und diese wie die Welt als ganze wird von einer überlegenen Kraft gelenkt. Sie hat an dieser Stelle wenig genug Ähnlichkeit mit dem dreieinigen christlichen Gott.

Diese Verfremdung ergibt sich nicht zuletzt daraus, dass nirgendwo vom Licht der Offenbarung die Rede ist, welches die Dunkelheit aufhellen könnte – im Gegenteil, diese herrscht allenthalben.

> Die Philosophen und Theologen wie auch alle anderen, welche das Wesen der übernatürlichen oder zumindest unsichtbaren Dinge zu ergründen versuchen, sagen tausend Verrücktheiten. In Wahrheit nämlich sind die Menschen hinsichtlich dieser Dinge im Dunkeln und ihnen nachzuspüren diente und dient bis heute weit mehr dazu, die Gemüter zu erregen, als die Wahrheit zu finden.[212]

Und selbst die vom Menschen gemachten Dinge – so viel lässt sich als Überleitung zur historischen Methode einflechten – verunklaren sich, sobald sie in der Welt sind.

> Man wundere sich nicht, wenn man die Dinge der Vergangenheit bzw. die, welche in entfernten Provinzen oder Orten vonstatten gehen, nicht kennt, gibt es doch, genau genommen, kein gesichertes Wissen von der Gegenwart, nicht einmal von dem, was sich täglich in ein und derselben Stadt zuträgt. Und oft verdeckt schon zwischen Regierungspalast und piazza ein so dichter Nebel bzw. eine so dicke Wand die Tatsachen, dass das Volk von dem, was die Regierenden tun, genauso viel weiß wie von dem, was in Indien geschieht. Und so füllt sich die Welt mit falschen und aus der Luft gegriffenen Meinungen an.[213]

Wissen über das Nichtwissen aber ist möglich. Dinge, welche unwissende Menschen für Wunder halten, stellen sich bei besonnener Betrachtung als rein natürliche Effekte heraus, deren Ursachen nur noch nicht bekannt sind.

> Ich glaube gerne, dass die Menschen zu jeder Zeit Dinge für Wunder halten, die damit nichts zu tun haben. Absolut sicher hingegen ist, dass jede Religion ihre Wunder kennt, so dass ein Wunder ein schwacher Wahrheitsbeweis für die eine Religion und gegen die andere ist. Es mag sein, dass die Wunder die Macht Gottes unter Beweis stellen, doch die Wunder der Christen nicht mehr als die der Heiden. Und es wäre wohl keine Sünde zu sagen, dass Wunder und wahre Weissagungen Geheimnisse der Natur sind, in welche der Verstand des Menschen nicht einzudringen vermag.[214]

Der negative Tatbestand ist endgültig. Die Entschlüsselung der Natur gelingt nicht »noch nicht«, sondern ist definitiv ausgeschlossen. Die rationale Erklärung des Mirakels aber ist nur ein Teil der umfassenden Psychologisierung des Phänomens Glaube.

> Dass – wie die Frommen sagen – der Glaube große Dinge ermöglicht, ja laut Evangelium Berge versetzt, erklärt sich daraus, dass der Glaube Hartnäckigkeit bewirkt. Denn Glaube heißt nichts anderes, als an Dinge, die nicht vernunftgemäß sind, als quasi feststehende Tatsachen zu glauben bzw., wenn sie es doch sind, an sie mit größerer Entschlossenheit zu glauben, als es logische Gründe nahe legen. Wer also Glauben hat, wird hartnäckig in dem, was er glaubt, und geht seinen Weg unerschrocken und unbeirrt ...; da aber die Dinge der Welt zahllosen Unwägbarkeiten und Zufällen unterworfen sind, kann demjenigen im Laufe der Zeit vielfältige unerwartete Hilfe zukommen, der so hartnäckig bei einmal gefassten Beschlüssen verharrt. Da diese Hartnäckigkeit in der Tat vom Glauben verursacht wird, sind die oben zitierten biblischen Sentenzen nicht einmal unbegründet.[215]

Das Fazit läuft also auf die Zirkelhaftigkeit geschlossener Gedankensysteme, mehr noch: auf die unbeirrbare Selbstbestätigung von religiösem Fanatismus hinaus. Denn zur Illustrierung des konstatierten Tatbestandes folgt die Geschichte der Belagerung von Florenz 1530, als die unerschütterliche Gewissheit der Endzeit die Verteidiger der Stadt zu einem verstockten Heroismus ohnegleichen anstachelte. Das Ende der Episode hat also der wissende Leser nachzutragen: dass himmlische Heerscharen nicht gesichtet wurden. Und in einem weiteren Ricordo[216] werden die so bedingungslos Gläubigen des Jahres 1530 schlicht als Verrückte bezeichnet – Glaube verrückt die Rahmen der Weltwahrnehmung.

Derselbe Ansatz, das Phänomen Glauben aus der inneren Befindlichkeit des Menschen, aus der Psycho-Logik abzuleiten, führt in einer Beobachtung, die zugleich autobiographische Reminiszenz ist, zu ähnlichen Schlussfolgerungen.[217] Wieder geht es um die zentrale Frage irdischer Nemesis, konkret darum, ob unrechtmäßig erworbenes Gut in Frieden genossen werden kann oder nicht. Guicciardinis frommer Vater beruft sich auf den heiligen Augustinus: dass niemand so abgrundtief schlecht sei, dass er nicht auch etwas Gutes tue, wofür ihm Gott dann die Nutznießung seiner Reichtümer erlaube und sich zugleich die dauerhafte Strafe fürs Jenseits aufhebe. Spätestens im dritten Glied aber seien diese usurpierten Besitzungen dann wieder zerronnen. Der Sohn stellt dem ein Deutungsmodell der Generationenpsychologie entgegen: Wer Reichtum selbst erworben hat, fürchtet die Armut der Anfänge, weiß das Geld zusammenzuhalten, weil er es liebt; die Erben aber sind an den Luxus gewöhnt, betrachten ihn als selbstverständlich – und verlieren ihn durch Nachlässigkeit oder Verschwendung. Was wie allgemeine Lebensweisheit, aus der abgeklärten Perspektive des Rückblicks gewonnen, anmutet, ist in Wirklichkeit mit nadelfeiner politischer Spitze versehen – bei diesem »wie gewonnen, so zerronnen« steht unübersehbar die Macht der Medici Pate.

Glaube ist Ich-Stütze, Gott ist Lebenshilfe, Religion ist die Projektionsfläche menschlicher Ursehnsüchte.

> Es ist wohl wahr, dass in einem vernünftigen Menschen das Zutrauen zu den eigenen Unternehmungen wächst, wenn es sich auf die Zuversicht gründet, dass Gott gerechte Vorhaben begünstigt. Diese Überzeugung nämlich macht die Menschen waghalsig und hartnäckig; das aber sind Eigenschaften, die manchmal Erfolg garantieren. So kann ein gerechter Grund zum Ziel führen, doch nicht unmittelbar, sondern indirekt.[218]

Das Wesen des Menschen und die Beschaffenheit der Natur reichen aus, um den Gang der Welt und der Geschichte insbesondere zu erklären. Doch ist auch hier Vorsicht angebracht; wie alle Texte Guicciardinis sind auch die Ricordi auf ihre ebenso ausgeleuchteten wie unaufgelösten Gegensätze hin zu lesen. Denn wie es an positiver Glaubenssicherheit fehlt, so auch an negativer Bestreitungsgewissheit. Und gerade zum Phänomen der Religion sind die Kontraste hart gezeichnet. Auf der einen Seite wird die Gottlosigkeit, ja Gottverlassenheit aller Herrschaftsbildung nochmals mit aller Schärfe hervorgehoben; die unerbittlichen Einsichten Bernardo del Neros aus dem Dialogo halten der Wahrheitsprüfung der Ricordi stand.

> Staaten kann man nicht dem Gewissen gemäß behaupten; denn ihrem Ursprung nach sind sie alle gewaltsam – mit Ausnahme ihrer republikanischen Hauptstädte; diese Usurpation gilt für den Kaiser wie für den Papst, ja für diesen besonders. Denn die Priester sind doppelt gewalttätig, mit weltlichen und geistlichen Waffen.[219]

Schein und Sein

Die Unversöhnlichkeit, mit der die Risse im Gefüge von Macht und Moral ausgelotet werden, aber verschmilzt mit dem Bestreben, daraus eine möglichst menschliche Lebenspraxis abzuleiten und so viel vitale Energie wie möglich zu filtern. Dieses Votum folgt der Einsicht, dass das Leben ohnehin auf Selbsttäuschungen beruht. Diese für den Nächsten so unschädlich oder gar heilsam wie möglich zu gestalten, ist der Zweck der Moral. Die richtige Instrumentalisierung des Scheins wird auf diese Weise zur Lebensaufgabe; das gilt für die Politik wie für die condition humaine insgesamt.

Die Kunst, den richtigen Eindruck zu erwecken, wird dementsprechend in den Ricordi reichlich gelehrt; streckenweise lesen sie sich wie eine Anleitung zum strategischen Handeln auf politischem, speziell höfischem Parkett, ja wie ein Anti-Castiglione. Denn hier steht nicht wie in dessen berühmtem Buch vom Hofmann aus dem Jahr 1528 die Dezenz des Hofes und das Interesse des Herrschers, sondern das Bestreben des Ichs im Zentrum, im doppelbödigen Ambiente der Macht seine legitimen Ziele zu erreichen, und dies vor allem mit den Mitteln des kunstvoll erzeugten Scheins. Im Verhältnis zu den Anweisungen Machiavellis an den Mächtigen, Fuchs und Löwe zugleich sein zu können sowie Glauben notfalls zu heucheln, sind die Ratschläge Guicciardinis, mit virtueller Wirklichkeit umzugehen, stärker auf die Psyche des Täuschenden wie der dadurch in Illusionen Gewiegten hin berechnet; dabei tragen sie allen nur denkbaren Wechselwirkungen, Gegenmanövern und Dekodierungen Rechnung. Diese Differenzierung erlaubt es nicht mehr, unverbrüchliche Regeln aufzustellen, sondern bringt nur noch kontextabhängige Versatzstücke hervor: Direktiven nicht mehr für die Ewigkeit, sondern für die Flüchtigkeit eines Schicksalsmoments, Hilfe in der verzweifelten Notwendigkeit, Entscheidungen treffen zu müssen. So aber lassen sich allenfalls Rahmensituationen als Konstanten konstruieren, in denen die Vielzahl der Variablen stets im Auge zu behalten ist.

Dem Zweck der praktischen Lebenshilfe entsprechend werden die Ratschläge zum Thema der Verstellung, der dissimulazione, in eine Textform eingekleidet, die an Machiavelli gemahnt: Ist es besser, so oder so zu handeln? Das gilt etwa für die Frage,[220] ob ein Herrscher, der einen anderen durch Täuschung dazu bewegen möchte, seinen Plänen zuzustimmen, seinen bevollmächtigten Abgesandten in seine Absichten einweihen sollte oder nicht. Weiß der Agent von den Intentionen seines Herrn, so wird er weniger überzeugend lügen – Wissen und Gewissen schaden dann der Überredungskraft seines Auftretens. Im anderen Fall hingegen läuft er Gefahr, in gutem Glauben über das Ziel hinauszuschießen, zu weitreichende Konzessionen und Versprechen zu machen, weil er von den Hintergedanken seines Auftraggebers nichts ahnt. So kann auch in Sachen der Instrumentalisierung des Scheins der Rat nur auf feinste Unterscheidungen hinauslaufen: Ist der Botschafter absolut loyal, sollte man ihn zum Mitwisser machen, sonst lieber nicht. Das klingt plausibel, erzwingt aber neue Entscheidungs- und Analysequalen. Denn – neue Bemerkung, neue Einsicht – die zugleich fähigen und treuen Fürstendiener sind eine rare Spezies,[221] und schließlich ist die Seele des Anderen nie völlig erforschbar. Was sich als kluger Ratschluss ausnahm, löst sich de facto in neue Zweifel, ja in die Erkenntnis der letztendlichen Unerkennbarkeit der Welt und des Menschen auf. Dahinter aber steht Selbsterkenntnis: Verstand schafft Leiden, weil Ratio das nahezu unendliche Gegeneinanderabwägen von Gründen und Gegengründen mit sich bringt und somit zum schlimmsten Übel in Staatsdingen, zur Unentschlossenheit, führen kann.[222]

Guicciardini weiß sich auf diese Weise seinem Herrn, Papst Clemens VII., unheilvoll verwandt. Und auch der düsterste aller Ricordi ist vermutlich aus diesem Tête-à-tête zweier Staatsgrübler abgeleitet.

> Der Tyrann unternimmt jede nur denkbare Anstrengung, um dein Innerstes freizulegen: durch Wohltaten, durch scheinbar vertrauliche Gespräche und nicht minder dadurch, dass er dich von anderen beobachten lässt, die auf seinen Befehl hin versuchen, sich als vertraute Freunde bei dir einzuschmeicheln – Netze, in die sich nicht zu verstricken äußerst schwierig ist. Willst du dich gegen diese Aufdeckung schützen, so verhindere, dass man in dein Innerstes einzudringen vermag, und zwar durch ebenso intensive Anstrengungen, wie sie von der Gegenseite unternommen werden.[223]

Und auch an genauen Anweisungen zur Selbstmaskierung fehlt es nicht. Niemals eigene Schwächen einzugestehen, sondern den Stand der eigenen Angelegenheiten immer positiver auszugeben, als man sie eigentlich einschätzt, gehört zu diesen Selbstschutzmaximen im dauernden Maskenball auf politisch-diplomatischer Bühne. Und doch steht auch hier, wie erwähnt, ein Wort der Vermittlung geschrieben: dass kein Schein auf Dauer so wirkungsvoll ausfällt wie der, welcher durch authentische Qualitäten, also durch Sein aufrechterhalten wird.[224] Das bringt nicht zuletzt einen positiven Nebeneffekt mit sich: Wer im Rufe der Geradlinigkeit, der Aufrichtigkeit, der Wahrheitsliebe steht, der heuchelt und täuscht besonders effizient, denn man traut es ihm nicht zu. Da die meisten Menschen vom Trug der Wahrscheinlichkeit geleitet werden, ist dieser sparsam dosierte Schein also die wirksamste Strategie überhaupt – wird er doch für lautere Wahrhaftigkeit gehalten werden.[225] Die Vorzeichen der traditionellen Moral sind vollends außer Kraft gesetzt; Täuschung ist gerechtfertigt, wenn ihre Ergebnisse gut sind. Und obwohl dieses Leitmotiv alle Reflexionen durchdringt, bleibt ein Rest von Unbehagen: Trug sollte auf das notwendige Minimum beschränkt bleiben.

Aus denselben Gründen ist es hilfreich, Ressentiments gegenüber anderen so weit wie möglich zu verhehlen;[226] man weiß nie, wann man auf sie angewiesen sein wird, und dann ist es besser, dass sie vom gehegten Groll nichts erfahren haben. Guicciardinis praktische Menschenkunde ist nicht versöhnliche Alltagsphilosophie, sondern versucht – stets aufs Neue zu ziehendes Fazit – die von Widersprüchen gezeichneten menschlichen Lebensverhältnisse erträglich zu gestalten. Diese Verwerfungen werden nicht zugeschüttet.

> … denn die Natur der irdischen Dinge ist so beschaffen, dass es nahezu unmöglich ist, in ihr etwas zu finden, dem nicht ein Makel oder eine Unzuträglichkeit anhaftet.[227]

Eine Reflexion über die Ursachen des Risses, der sich durch die Natur zieht, und damit über das theologische Konzept der Erbsünde, die ihn zu erklären beansprucht, findet nicht statt; sie läge auf der vernunftabgewandten Seite des menschlichen Denkens, wäre also fruchtlose Spekulation, mehr noch: gefährliche Verirrung. So aber bleiben die Gegensätze unauflöslich, besonders zur Natur des Menschen in der Welt. Betont eine Beobachtung die allgegenwärtige Lügenhaftigkeit und Hinterhältigkeit des Menschen als Folge seines alles beherrschenden Eigeninteresses, so dass nicht Vertrauen, sondern Verdacht die Grundhaltung im Weltgetriebe zu sein hat, so preisen die beiden unmittelbar danach folgenden Aphorismen den Nutzen des guten Namens und denjenigen, der seinen Mitmenschen nützt.[228]

In einer unvollkommenen Welt aber ist das Streben nach Perfektion selbst irrig, ja wahnhaft.

> Man muss sich also mit dem Zustand der Dinge einrichten und das für gut nehmen, was am wenigsten schlecht ist.[229]

Das ist Denken, so weit wie es auf der Grundlage von Vernunft und Erfahrung reichen kann. Quellen der Autorität und Offenbarung bleiben eine Möglichkeit, doch reichen sie nicht ins Leben hinein. Dieses Leben aber muss mit seinen Widersprüchen ausgehalten werden; was dabei hilft, ist zu begrüßen, ja ist gut, gemessen an der Skala einer neuen, lebensnahen Moral – auch wenn es nach traditioneller kirchlicher Lehre schlecht und nach den Maßstäben des Weisen irrig ist. Diese neue Ethik nämlich wird von den Kräften des Lebens selbst gelehrt. Wenn die alten Menschen – so zwei der stupendesten Beobachtungen der Ricordi – stärker am Leben hängen als die Jungen und den Tod mehr fürchten als diese, dann deshalb, weil sie länger an das Leben gewöhnt sind und deshalb nicht loslassen können.[230] Jeder weiß, dass er sterben muss – und verdrängt diese einzige Gewissheit des Lebens doch bis zum Tod. Und es ist gut so.

> Es ist gewiss ein erstaunliches Faktum, dass wir alle von der Notwendigkeit zu sterben wissen und doch so leben, als wären wir sicher, ewig zu leben. Ich glaube nicht, dass das daran liegt, dass uns das, was uns in Auge sticht, stärker bewegt als entfernte Dinge, die wir nicht sehen – ist der Tod doch nah, ja man kann aus täglicher Erfahrung sagen, dass er uns zu jeder Stunde vor die Augen tritt. Ich glaube, es ist so, weil die Natur gewollt hat, dass wir nach dem Lauf bzw. der Ordnung des Weltgetriebes leben. Dieses nämlich hat uns, damit nicht alles abstirbt und sinnlos wird, die Eigenschaft verliehen, nicht an den Tod zu denken; wäre dem nicht so, wäre die Welt nämlich voll Erstarrung und Tatenlosigkeit.[231]

Nichtsehenwollen ist also im Sinne des Lebens. Diese Feststellung ist nicht versöhnlich – die Gewissheit des Todes bleibt ja bestehen –, sondern ein trotziges Votum für ein aktives und damit sinnerfülltes Dasein, wie fragwürdig diese Sinngebung angesichts der Unerkennbarkeit der übernatürlichen Dinge auch sein mag.

Hier kommt die Trost spendende Kraft der Tradition und damit die andere Seite des offenen Zweifels ins Spiel. Die überkommenen Welterklärungen stiften zum einen mentale Geborgenheit; und so unwahrscheinlich viele von ihnen nach Maßgabe des prüfenden Verstandes auch sein mögen, so entziehen sie sich doch zum anderen in letzter Instanz einer definitiven Falsifizierung. Die Redlichkeit des Zweifels hat dieser Tatsache Rechnung zu tragen.

> Man sollte nie sagen: Gott hat diesem geholfen, weil er gut war, und jener ist übel geendet, weil er böse war, denn allzu oft erweist sich das Gegenteil als wahr. Ebenso wenig sollten wir daraus schließen, dass es die Gerechtigkeit Gottes nicht gibt, sind seine Ratschlüsse doch so verborgen, dass man sie zu Recht tiefe Abgründe genannt hat.[232]

Das klingt nach traditioneller Frömmigkeit und steht in scheinbar unüberbrückbarem Gegensatz zur Kühnheit der psychologischen Glaubenshinterfragung. Ergiebiger als darüber zu disputieren, ob die eine oder andere Sentenz der Ricordi aus kirchlichen Opportunitätsgründen eliminiert wurde, ist die genaue Prüfung des Textes. Dann nämlich stellt sich die Denkfigur der Gerechtigkeit Gottes als eine potentielle Erklärung dar: unbeweisbar, aber auch unantastbar. Zurückgewiesen wird allein der untaugliche Versuch einer Beweisführung mit falschen Mitteln, nämlich die Existenz Gottes aus der Kausalität der Ereignisse und mit dem Verstand des Menschen zu belegen. Wenn die Bibel selbst aber die Beweggründe Gottes als der Ratio nicht zugänglich ausgibt, dann sind sie mit den Maßstäben menschlichen Gerechtigkeitsverständnisses auch nicht widerlegbar. Das ist beileibe kein Bekenntnis zur höheren Wahrheit des Glaubens über den niedrigeren Horizonten der Vernunft, sondern die konsequente Anwendung der Erkenntnis, dass der Mensch die Dinge über der Natur nicht erfassen kann. Das bedeutet auch, sie nicht mit Sicherheit ausschließen zu können. Dass die Ratschlüsse Gottes die menschliche Einsicht übersteigen, hat jedoch gleichermaßen zur Folge, dass die Deutung der Welt, des Menschen und der Geschichte ohne den Erklärungsfaktor des Übernatürlichen auskommen muss.

5. Die Entdeckung der Geschichte

Die Totalität des Wandels

Geschichtsdeutung ist Motivforschung.

> Richtet euer Augenmerk, wie oben insbesondere von den Fürsten gesagt, nicht vorrangig auf das, was die Menschen, mit denen ihr es zu tun habt, der Vernunft nach tun sollten, sondern auf das, was sie in Anbetracht ihrer Natur und ihrer Verhaltensweisen höchstwahrscheinlich tun werden.[233]

Motivforschung aber ist Psychologie. Die Ansprüche und Erwartungen, Normen und Antriebe von Herrschern, Eliten und Volk, dieser sich vielfältig überkreuzenden Trias, aufzudecken, setzt die Dechiffrierung von Taten voraus. Die wahren Absichten nämlich sind in dieser Welt des Scheins hinter kunstvoll errichteten Fassaden verborgen.

Doch ist das Wesen der Geschichte auch nach dem Fall der Masken widersprüchlich.

> Alles, was in der Vergangenheit war, ist in der Gegenwart und wird auch in Zukunft sein; doch ändern sich Name und Oberfläche der Dinge, so dass nur ein sehr scharfsichtiger Beobachter sie wiedererkennt und sich dementsprechend einzurichten bzw. sein Urteil danach auszurichten vermag.[234]

Diese Sentenz hat im Dialogo der kluge Aufsteiger Bernardo del Nero vorgetragen, allerdings mit einem gewichtigen Zusatz, nämlich der praktischen Nutzanwendung. Sie besteht darin, mit diesem Wissen die Zukunft zu beherrschen – eine Selbstgewissheit, die jetzt verloren gegangen ist, ja sich ins schiere Gegenteil verkehrt hat. Entsprechend zahlreich sind die Polemiken gegen Astrologen,[235] Theologen und sonstige Gelehrte, die diesen Anspruch erheben. Dennoch bleibt auch in der verkürzten Fassung ein harter Aussagekern bestehen: nil novi sub sole, nichts wirklich Neues unter der Sonne. Machiavelli hätte zugestimmt. Wie aber verhält sich diese Aussage zur folgenden Einsicht?

> Wenn ihr genau hinseht, werdet ihr feststellen, dass von Zeitalter zu Zeitalter nicht nur die sprachlichen Ausdrucksformen der Menschen und ihr Wortschatz, sondern auch ihre Arten sich zu kleiden, die Formen des Bauens und Anbauens, und darüber hinaus, was noch mehr zählt, auch Geschmack und Vorlieben für Speisen dem Wandel unterworfen sind, mit der Folge, dass bestimmte Gerichte in einer Zeit hoch, in einer anderen gering geschätzt werden.[236]

Eine Synthese ist schwierig. Das, was hier als andauernd im Fluss angeführt wird, kann kaum als bloße Form bei unveränderter Substanz durchgehen. Will man die Widersprüchlichkeit beider Urteile nicht als Ausdruck des Ringens um das Wesen der Geschichte unaufgelöst stehen lassen – was angesichts von Guicciardinis Geisteshaltung im Allgemeinen wie der Textform des Aphorismus im Besonderen statthaft wäre –, dann lässt sich nur eine einzige Konkordanz denken. Sie wäre darin zu sehen, dass sich im Strom des Wandels bestimmte regelmäßig wiederkehrende Grundkonstellationen erkennen lassen, die bei aller Parallelität im Großen durch zahlreiche Variablen im Einzelnen unterschieden sind und auf diese Weise mutatis mutandis dem entsprechen, was die neueste Kulturwissenschaft als anthropologische Konstanten ins Blickfeld zu rücken versucht, mit nicht geringeren terminologischen und sachlichen Abgrenzungs- und Definitionsproblemen als bei Guicciardini. Akzeptiert man diese Schlussfolgerung, stellt sich die nächste Frage: Worin bestünde dann das, was sich ähnlich bleibt im Lauf der Geschichte?

Auch hier zuerst die Ausschließung, von der bei der Polemik gegen die Humanisten bereits die Rede war.

> Nichts ist trügerischer, als auf der Grundlage von Exempeln zu urteilen, denn wenn diese sich nicht in jeder Hinsicht

> gleich sind, taugen sie zu gar nichts – im Gegenteil: jede kleinste Abweichung kann enorme Unterschiede in den Wirkungen hervorrufen; und um diese winzigen Differenzen wahrzunehmen, bedarf es eines guten, geschärften Auges.[237]

Diese Andersartigkeit hat de facto die Inkompatibilität von Deutungsmustern zur Folge; ein einziger abweichender Faktor genügt, um Unvergleichbarkeit und damit die Hinfälligkeit der Beweisführung zu verursachen. Besonders genüsslich wird diese Nichtübereinstimmung am Beispiel Roms dargelegt, dem untauglichsten aller Exempel.

> Wie sehr täuschen sich diejenigen, welche bei jeder Gelegenheit die Römer als Muster anführen! Man müsste eine Stadt zugrunde legen, die exakt nach ihrem Vorbild konditioniert ist, und sie dann nach diesem Beispiel regieren; wenn aber diese Voraussetzungen nicht gegeben sind, ist dieses Vorgehen so unsinnig, wie einem Esel die Gangart des Pferdes beibringen zu wollen.[238]

Zu ergänzen ist natürlich: Die Bedingungen sind nicht gegeben, weil sich in einem Jahrtausend alles gewandelt hat. Die Unübertragbarkeit der Vergangenheit in die Gegenwart bedingt des Weiteren die leitmotivisch beschworene Unerkennbarkeit der Zukunft. Gerade hier genügt eine noch so kleine Abweichung, um alle kühnen Vorhersagen wie ein Kartenhaus in sich zusammenfallen zu lassen.[239] Wie nicht wenige zentrale Argumente[240] im Denken Guicciardinis mutet auch dieser Gedanke traditionell, ja wie eine überkommene moralisierende Sentenz an. Ein verlorenes Hufeisen am Pferd des Königs verursacht seinen Sturz in der Schlacht und den Fall eines Königreichs: Mensch, wer bist du vor Gott?

Doch bedeutet die Beobachtung, dass scheinbar geringe Ursachen ungeheure Wirkungen erzielen, hier etwas anderes: Demütigung gewiss, doch für die Sterndeuter und Geschichtswahrsager, welche die Totalität des Wandels nicht zu erkennen vermögen und sinnentleerte Prophezeiungen abgeben, Ansporn und Würdigkeitsnachweis hingegen für den Historiker, der das verschlungene Ursachenknäuel der Geschichte entwirrt. Weil in der Politik schon geringste Verschiebungen unerwartete Resultate bzw. in der analytischen Retrospektive minimale Verzeichnungen gewichtige interpretatorische Verzerrungen bewirken, gewinnt die reine Bestandsaufnahme der Faktizität für den handelnden Staatsmann – der sie allerdings nie vollständig erfassen wird – und den Historiker – der sie bei entsprechender Unbestechlichkeit des Urteils und minutiöser Ausleuchtung aller Faktoren zumindest in den großen Linien nachzeichnen kann – entscheidende Bedeutung. Zugleich bedingt diese Differenz nicht weniger als den Vorrang der Historiographie vor der Politik, des Historikers vor dem Politiker. Letzterer ist, sosehr er sich auch um eine vorurteilslose Registrierung der Tatsachen bemüht – und nur wenige Mächtige streben überhaupt danach –, der Getriebene der Umstände, dazu gezwungen, sich der Macht des Zufalls zu überantworten, die sich nie ausschließen bzw. selten auch nur eindämmen lässt.

Politik ist also ein Hasardspiel; wer sich darauf einlässt, bekommt mancherlei lebenskluge Ratschläge mitgeliefert. Sie laufen in erster Linie auf ein ausgewogenes Verhältnis von Furcht und Hoffnung, Zurückhaltung und zupackender Energie hinaus;[241] diese Synthese aber lautet wie gehabt prudenza, vernünftige Sorge, rationale Skepsis und vorausschauende Selbstbegrenzung. Doch ändert die noch so abgeklärte Erkenntnis, dass sowohl Hoffnungen wie Befürchtungen in der Regel übertrieben sind, nichts daran, dass politisches Handeln letztendlich blind erfolgt. Erkenntnis liegt allein im Rückblick beschlossen. Die Faktenbesessenheit, von der die Storia d'Italia mit ihren nicht enden wollenden Auflistungen von Heeresstärken und der minutiösen Nachzeichnung verschlungener Truppenitinerare eindrucksvolles Zeugnis ablegt, ist Streben nach der einzigen höheren Wahrheit, die der Mensch gewinnen kann.

Die Ablehnung des römischen Modells und des historischen Exempels sind unerhört harsche, bewusst provozierende Absagen an die humanistische Geschichtstheorie. Wenn die Menschen der Vergangenheit anders sind als die der Gegenwart, dann taugt Geschichte auch nicht mehr als Lehrstoff der ewig richtigen Moral, dann verlieren die erbaulichen bzw. abschreckenden Geschichtslektionen ihren erzieherischen Eigenwert. Entwertet sind sie sogar zweifach: zum einen durch den Wandel der Zeiten, zum anderen dadurch, dass es ohnehin keine allgemein gültigen Maximen richtigen oder falschen Handelns gibt. Die Hinfälligkeit der Exempel und des Beispielhaften aber dürfte noch umfassender anzusetzen sein. Die Untauglichkeit dieser Argumentationsmethode invalidiert auch ein Denken in Analogien und damit eine historische Methode, die auf die Wesensverwandtschaft, ja Quasi-Identität geschichtlicher Situationen in verschiedenen Zeiten setzt. Sie aber kann es nicht geben, da die Ganzheitlichkeit des Wandels eine solche Vergleichbarkeit kategorisch ausschließt. Analogien und anthropologische Konstanten nämlich unterscheiden sich zutiefst; die Letzteren bezeichnen – es ist zu wiederholen – im Großen parallele Erscheinungen bzw. Entwicklungen, welche zugleich durch eine Vielzahl abweichender Faktoren voneinander abgehoben sind und daher auch ganz heterogene Resultate hervorbringen.

Worin sind solche Kernelemente der Geschichte zu sehen? Noch eine negative Definition Guicciardinis vorab: Auch sie sind keine unverbrüchlichen Regeln. Anthropologisch bedingte Konstanten sind also aus dem Wesen des Menschen und der von ihm gemachten Politik abzuleitende Plausibilitätsraster ohne axiomatischen Charakter. Unter diesen Voraussetzungen als solche anzusprechen wären unter anderem: die Unersättlichkeit der Mächtigen, die Verdeckung wahrer Absichten durch die Fassaden der Propaganda, das Bedürfnis der Menschen und speziell der Herrschenden, sich von ihrer Lage und ihrer Bedeutung übertriebene Vorstellungen zu machen, Neid, Gier und Ignoranz des Volkes. Und doch gelten auch diese Einschätzungen, so regelmäßig sie sich in den verschiedenartigsten Epochen bestätigen lassen, ohne Gewähr. Auch hier ist die Vorsichtsmaßregel zu beachten, dass tief greifende Varianten und Abweichungen in Rechnung zu stellen sind, politisches Handeln also nicht unbesehen darauf gegründet werden darf.

Das Ich und die Geschichte

Aus der Erkenntnis, dass Geschichte Einsicht in die Totalität des Wandels, speziell in das Wesen des Menschen ist, der dieser alles umfassenden Veränderung unterliegt und sie zugleich fürchtet bzw. verdrängt, ergeben sich völlig neue Anforderungen an das Metier der Geschichte.

> So scheint es mir, dass allen Historikern ohne Ausnahme eine fundamentale Versäumnis anzukreiden ist: Sie haben es unterlassen, viele zu ihrer Zeit bekannte Dinge aufzuschreiben, und zwar deshalb, weil sie diese als selbstverständlich vorausgesetzt haben. So kommt es, dass wir zur Geschichte der Griechen, Römer und vieler anderer Völker Wesentliches nicht wissen und doch wissen möchten: zur Befugnis der Amtsinhaber und deren Vielfalt, zu den Regierungsmethoden und zur Militärorganisation, zur Ausdehnung und Bevölkerungszahl der Städte und vielen ähnlichen Dingen, die zur Zeit der jeweiligen Historiker allgemein bekannt waren und daher von ihnen als vernachlässigbar eingestuft wurden. Wenn diese aber in Rechnung gestellt hätten, dass im Laufe der Zeit Städte vergehen und die Erinnerung verloren geht, Geschichte aber nur zu dem Zweck geschrieben wird, um diese auf Dauer zu erhalten, so wären sie bei der Abfassung ihrer Texte sorgsamer verfahren. Und zwar so, dass wer in einem entfernten Zeitalter geboren wird, dennoch alle Dinge vor Augen hat wie die Zeitgenossen selbst – denn das ist der wahre Zweck der Geschichtsschreibung.[242]

Geschichte als dauerhafte Vergegenwärtigung einer notwendigerweise bald versinkenden Gegenwart: Welche methodischen Konsequenzen lassen sich aus diesem innovativen Postulat einer anderen Geschichte ableiten? Die unmittelbare Schlussfolgerung ist negativ: Die Geschichte, welche die unverwechselbaren und unwiederholbaren Wesenszüge der Vergangenheit bewahrt, ist noch nicht geschrieben. Mit anderen Worten: Die Historiker sind der ihnen zufallenden Aufgabe nicht gerecht geworden. An dieser Stelle lässt sich mit Guicciardinis eigenem Gedankenmaterial und zugleich spekulativ weiter fragen: Hätten sie ihre Pflicht zu dokumentieren erfüllt, was wäre gewonnen? Wandelt sich doch auch die Sprache und damit der Sinn der Wörter nebst der Gesamtheit der Sitten und Gebräuche. Aus der Verknüpfung zweier Einsichten wäre unweigerlich zu schließen, dass auch bei bester Überlieferungslage ein beträchtliches Quantum Fremdheit in jedweder Vergegenwärtigung von Vergangenheit in Rechnung zu stellen ist, die Arbeit des Historikers also schrittweise Annäherung an Alterität, Rekonstruktion einer allenfalls partiell erfassbaren Lebenswirklichkeit ist. Vor allem aber folgt aus dieser Aufgabenbeschreibung, dass der Historiker vorwiegend der Geschichte seiner eigenen Zeit verpflichtet sein sollte: um festzuhalten, was schon bald versunken, schattenhaft und durch die Differenzen zur neuen Gegenwart missverstanden sein wird, zum anderen, weil er in der eigenen Lebenszeit – ungeachtet des Wandels, der sich auch in ihr vollzieht – Teil des Zeitgeistes ist und insofern nicht nur ungebrochen Zeugnis ablegt, sondern auch sehr viel unmittelbarer in die Pläne der Mächtigen Einsicht zu nehmen und in Vorstellungswelten des Volkes einzudringen vermag. Es liegt also eine tiefe Konsequenz darin, dass Guicciardini seine quellenkritischen Bemühungen um eine zumindest stückweise Beschwörung der florentinischen Frühzeit abbricht und in der Storia d'Italia Zeitgeschichte großen Stils zu schreiben beginnt.

Zur Methodik der Geschichte gehört somit die Erkenntnis der eigenen Persönlichkeit und die Offenlegung des damit untrennbar verknüpften eigenen Standpunkts.

> Ich bin von Natur aus in meinen Handlungen entschlossen und fest. Und dennoch: Habe ich einen Beschluss gefasst, so ergreift mich eine Art Reue, mich für diese und nicht für die andere Seite entschieden zu haben, und zwar nicht deshalb, weil ich glaubte, bei einer erneuten Erwägung aller Umstände zu gegenteiligen Resultaten zu gelangen. Die Ursache liegt vielmehr darin, dass ich vor der Abwägung des Pro und Contra die Schwierigkeiten beider Seiten vor Augen hatte, jetzt aber, da die Würfel gefallen und die mit dem nicht gefassten Beschluss verknüpften Probleme behoben sind, nur noch die Probleme sehe, die mit der gefällten Entscheidung unvermeidlich verbunden sind und die mir jetzt, für sich alleine betrachtet, größer vorkommen als ursprünglich im Vergleich mit denen der ausgeschlagenen Alternative. Aus diesen Qualen führt nur ein Weg heraus: sich bewusst die Schwierigkeiten zu vergegenwärtigen, die mit dem gefassten Beschluss vermieden worden sind.[243]

Hamlet am Arno? Da Politik angewandte Psychologie ist, gehört zur erfolgreichen politischen Rollenerfüllung nicht nur Selbstkontrolle, sondern Selbsterforschung. Denn die eigene Befindlichkeit steuert die Wahrnehmung der Außenwelt und bestimmt dadurch die Dimension des Handelns. Dasselbe gilt für den Historiker; auch er hat sich, um die Motive der anderen zu ergründen, über sein spezifisches Sensorium, seine Vorlieben und Abneigungen, in einem Wort: über seinen Standort Rechenschaft abzulegen. Auf diese Weise ist die Selbstbeschreibung ein Schlüssel zum Verständnis der Storia d'Italia, die sich – der italienischen Mächtekonstellation, ja dem europäischen Kräftediagramm entsprechend – in beträchtlichem Maße auf die Politik des Papsttums und damit ab 1523 auf die Persönlichkeit Clemens' VII. fokussiert.

Dieser aber ist, wie erwähnt, dem Selbstporträt des Autors verblüffend ähnlich gezeichnet. Damit ergibt sich zugleich ein starker Kontrast zum ersten Medici-Papst. Leo X. nämlich wird als skrupelloser Machtpolitiker charakterisiert, der seine rücksichtslosen Eroberungsstrategien hinter der Maske des lächelnden Genussmenschen verbirgt und in seinem von der Blässe des Intellekts gänzlich unangekränkelten Entscheidungsfuror durch das weitaus bedächtigere Naturell des Kardinals Giulio de' Medici vorteilhaft ergänzt wird. Als Clemens VII. selbst an den Schalthebeln der Macht, hat dieser kein solches Gegengewicht.

> Obwohl er (= Clemens VII., V. R.) einen ungemein scharfen Verstand und staunenswerte Kenntnis der Welt besaß, entsprach dieser hohen Intelligenz nicht die Fähigkeit zu beschließen und auszuführen. Gehemmt nicht nur von einer ausgeprägten furchtsamen Zögerlichkeit und der Begierde, so wenig wie möglich auszugeben, sondern auch von einer angeborenen Unentschlossenheit, ja einem regelrechten Hin-und-her-Gerissensein, verharrte er fast immer in der Schwebe und ohne klare Orientierung, wenn er Dinge zu entscheiden hatte, welche er, solange sie noch fern waren, viele Male vorausgesehen, erwogen und nahezu entschieden hatte. Dann aber, wenn es galt, das, was quasi spruchreif war, auch tatsächlich zu beschließen und umzusetzen, genügte jedes kleinste neu hinzugekommene Motiv, der geringste Gegengrund, der ihm durch den Kopf ging, um ihn aufzuhalten und in die Verwirrung zurückzuwerfen, in welcher er sich vor der Fassung des jetzt wieder in Frage gestellten Beschlusses befunden hatte. Denn jetzt schien ihm unweigerlich – und zwar weil er entschieden hatte – der zurückgewiesene Rat der bessere. In diesem Moment nämlich standen ihm nur die von ihm vernachlässigten Gründe beherrschend vor Augen, nicht jedoch die, welche ihn zu seiner Wahl veranlasst hatten und die, angemessen berücksichtigt, das Gewicht der gegenteiligen Motive gebührend reduziert hätten; ebenso wenig vermochte die Erfahrung, dass er sich oft umsonst gefürchtet hatte, ihn dazu zu bewegen, sich nicht der Furcht in die Arme zu werfen. Angesichts dieser kompli-

zierten, ja verworrenen Entscheidungsvorgänge war es unvermeidlich, dass er sich am Ende von seinen engsten Ratgebern bewegen ließ – und zwar so, dass er von ihnen mehr geführt als beraten zu werden schien.[244]

Diese Ratgeber aber sind wie Feuer und Wasser, widersprechen, ja neutralisieren sich gegenseitig, so dass am Ende brüske Augenblicksentscheidungen herbeigeführt werden, die es oft genug schleunigst rückgängig zu machen gilt – mit schwerem Prestigeverlust für das Papsttum als Institution.

Das unheilvolle Ministerduo heißt in der Storia d'Italia Giammatteo Giberto und Nikolaus von Schönberg, ihres Zeichens Kardinäle. Auch wenn der Name Francesco Guicciardini hier als Ratgeber ausgespart bleibt, ist das Ego des Autors vielfältig in den monumentalen Stoff involviert. Zum einen berichtet er von den eigenen Taten, in der dritten Person wie Cäsar, doch ohne dessen Handlungsspielräume, im Gegenteil: als Exekutor fremden Willens. So aber kommt zum andern eine weitaus persönlichere Betroffenheit hinzu: zu unselbständigem Agieren gezwungen gewesen zu sein und erst jetzt, in der analytischen Retrospektive, zur Freiheit des Erkennens und zur Macht des Urteilens zu gelangen. Und dann ist da noch die partielle Charaktergleichheit mit Clemens VII. Nicht nur die Machtverhältnisse haben sich im zeitlichen Abstand verschoben, und zwar so, dass der Historiker über seinen ehemaligen Protektor triumphiert, auch die innere Distanz zu diesem ist gewachsen. In zwei ausschlaggebenden Merkmalen nämlich unterscheidet sich das auktoriale Ich von dem seines päpstlichen Studienobjekts. Guicciardini besitzt die Fähigkeit zur Selbstanalyse und damit zur Selbsterkenntnis; und er verfügt über die Willenskraft, die Seelenlähmung, die aus der reinen Anschauung der unberechenbaren Politik resultiert, zu überwinden. Das Heilmittel, mit dem er sich nach Auskunft des Ricordo selbst therapiert, aber ist ein Kernstück der politischen Klugheitslehre wie der historischen Methodik. Es besteht darin, durch die Vergegenwärtigung der Gegengründe die getroffenen Beschlüsse zu rechtfertigen, d.h. aus der klaren Erkenntnis der Kräfteverhältnisse Gegengewichte zu Reue und Furcht zu schaffen und so einen Gleichgewichtszustand herzustellen, der rationale Entscheidungsprozesse erlaubt – ein nicht nur auf die Psyche des Menschen, sondern gleichermaßen auf die praktische Verfassungskunde wie auch auf Diplomatie und Militärwesen anzuwendender Grundsatz. Die persönliche Ergriffenheit leitet sich also aus der Eingeweihtheit in die innersten Pläne und Befindlichkeiten der Regierenden, speziell des Papstes ab – und mündet in die schroffestmögliche Absage an deren Wesen und Ziele. Der hoch erregte Ton der gegen das Papsttum gerichteten Ricordi erklärt sich aus dieser eigentümlichen Gespaltenheit: dabei gewesen zu sein, doch nicht dazugehören zu wollen.

Quellenkritik in eigener Sache als Ausgangspunkt historischer Analyse: Dazu gehört auch die Aufdeckung des eigenen ideologischen Standortes. Dass die Republik die wünschbare, aufgrund der Beschaffenheit des Menschen jedoch kaum je in der idealen Verfugung realisierbare Staatsform ist – in diesem politischen Credo ist zugleich ein Bekenntnis des Historikers zu sehen, welches die Redlichkeit seines Metiers erfordert. Dass Herrschaft, wenn sie denn in die Hände eines vorsichtigen Tyrannen fällt, weitaus erträglicher, ja selbst unter einem bösen Despoten weniger schrecklich ausfällt als in ungezügelten Volksstaaten, dass sie aber, von einem machtgierigen Monarchen ausgeübt, ebenfalls grenzenlose Übel hervorbringt: Diese programmatischen Feststellungen runden die Confessio in Staatsdingen ab. Dieser minimalistische Rest-Republikanismus – wenn man ihn denn überhaupt noch so nennen mag – gilt demnach nur noch für die pure Theorie, der Guicciardini lebenslang wenig abgewinnen kann. Sympathien mit real existierenden Freistaaten zeichnen sich daher in der Storia d'Italia höchstens noch in Spurenelementen ab.

Nach dem vielen Lob, das der Staatsform der Republik

Venedig in den politischen Diskursen gezollt wird, überrascht diese Zurückhaltung. Zwar schleicht sich noch das eine oder andere bewundernde Beiwort ein, doch steht die Serenissima, was die Rücksichtslosigkeit ihres Machtstrebens und die Skrupellosigkeit von dessen Umsetzung angeht, den tyrannischen Systemen in nichts nach. Ja sie übertrifft sie sogar durch die Intensität ihres Expansionsdrangs.[245] Das mag mit der Hochschätzung der republikanischen Staatsform noch vereinbar sein, eingedenk der für alle Staaten bestehenden Notwendigkeit, ihre Herrschaftsräume unter Einsatz aller Mittel, auch der gewissenlosen, zu behaupten und der speziell für die Republiken geltenden rigorosen Unterscheidung zwischen »wir« und »den anderen«. Doch auch in puncto praktischer Herrschaftsklugheit sieht es an der Lagune nicht besser aus. 1508 hat die Markusrepublik so viele Feindschaften auf sich gezogen, dass sich alle führenden Monarchien Europas gegen sie verbünden. Guicciardini kommentiert diese Allianz von Cambrai nüchtern, ohne Parteinahme für Venedig, das dann in verblüffender Schnelligkeit den Kürzeren zieht und fast sein ganzes Staatsgebiet auf italienischem Boden für mehrere Jahre einbüßt.[246]

Ungeachtet dieser Abkühlung von Republikenthusiasmus ist die Storia d'Italia vor allem ein Paradigma ausufernder, degenerierter Einzelherrschaft, das vielleicht wirkungsvollste Modell europäischer Kritik an unbeschränkter Machtvollkommenheit in einer Person. Aber auch das Vorhandensein von Gegenkräften[247] hindert keineswegs immer die Entartung der Macht. So hat Kaiser Maximilian im Reich wahrlich genügend Antagonisten – und agiert dennoch in Europa, vor allem in Italien mit irritierender Unstetigkeit, andauernd von den phantastischen Ausgeburten seiner überhitzten Einbildungskraft und übersteigerten Selbstliebe angestachelt, haltlos, überstürzt und gerade deshalb nach Maßstäben der Ratio ganz und gar unberechenbar, dabei grausam und destruktiv.[248] Machtkritik in der Storia d'Italia ist also ganz überwiegend Fürstenkritik, ja geradezu ein negativer Fürstenspiegel, Untauglichkeitsnachweis einer Staatsform, der aus deren Wirkungen heraus geführt wird. Damit ist zugleich ein methodisches Problem angesprochen.

Was im Falle der Republiken – aufgrund der intimen Kenntnis des Autors, aber auch der größeren Transparenz der Entscheidungsfindung – durch sorgfältiges Studium von Verlautbarungen und Beratungen gewonnen werden kann, nämlich Kenntnis der Pläne und Absichten, das ist Einzelherrschaften weitaus schwieriger abzuringen.

> In Staatsangelegenheiten darf man sich nicht nach dem richten, was die Vernunft als Maxime eines Fürsten ausweist, sondern nach dem, was dessen Natur oder Gewohnheit als wahrscheinliche Handlungsweise nahe legt. Denn die Fürsten tun oft nicht das, was sie tun müssten, sondern was sie können oder einfach was ihnen gut dünkt.[249]

> Die Geheimnisse eines Fürsten sind zahllos wie die Dinge, die er in Rechnung zu stellen hat. Insofern ist es leichtfertig, mit einem Urteil über seine Handlungen schnell bei der Hand zu sein, geschieht doch häufig das, was man auf einen bestimmten Grund zurückführt, in Wirklichkeit aus einem ganz anderen und das, was aus Zufall oder Unvernunft zu entspringen scheint, in Wahrheit mit Absicht und sehr wohl bedacht.[250]

Und schließlich gilt auch hier das Gesetz des Widerspruchs, das Guicciardini nach langem intellektuellen Ringen schließlich in den Ricordi allgemein gültig zusammenfasst.

> In allen Entschlüssen des Menschen und deren Umsetzungen besteht immer das Hindernis der Gegengründe. Denn nichts ist so geordnet, dass es nicht zusammen mit Unordnung existiert, nichts ist so schlecht, dass es nicht auch Gutes hat, nichts Gutes ohne Böses. Daraus folgt, dass viele unentschlossen verharren, weil ihnen jede kleinste Schwierigkeit Unbehagen verursacht … Und doch sollte man so nicht vorgehen, sondern – nach Abwägung der Nachteile – sich zu der

> Seite hin ausrichten, wo diese geringer wiegen: in der richtigen Erkenntnis, dass man gar keinen in jeder Hinsicht reinen und vollendeten Beschluss fassen kann.[251]

Selbst hier, bei der Ewigkeitsweisheit der Doppelgesichtigkeit aller Dinge, tritt das negative Paradigma Clemens' VII. hervor: Wer den Absprung in das kleinere Übel nicht findet, ruiniert sich und die Welt.

Der Schatten des Historikers

Der Vorrang des Historikers vor dem Politiker liegt, wie konstatiert, in der Gewissheit der Retrospektive. Und doch wird auch diese Blickrichtung auf ihre Täuschungen hin ausgelotet.

> Man pflegt denen, die sich in unerwünschter Lage befinden, zum Trost die Maxime mitzugeben: Blickt zurück und nicht nach vorn. Das aber heißt konkret: Schaut darauf, wie vielen es schlechter als euch geht, wie wenigen besser. Ein sehr wahres Diktum, welches dazu führen müsste, dass sich die Menschen mit ihren Lebensbedingungen anfreunden, doch ist es schwierig umzusetzen. Die Natur nämlich hat uns die Blickrichtung so vorgegeben, dass wir ohne große Anstrengung nur nach vorne sehen können.[252]

Die Schwierigkeit des Blicks zurück ist hier lebenspraktisch gemeint – und lässt sich doch auf den Beruf des Historikers übertragen.

Und noch eine Parallele zwischen Alltag und Vergangenheitsdeutung, zwischen Politik und Geschichte stellt sich ein. So wie der Staatsmann nach Berücksichtigung aller erkennbaren Faktoren eine Entscheidung zu fällen hat, so der Historiker sein Urteil, nicht als Richtspruch, sondern als Votum für die plausibelste Ausdeutung eines komplexen Geflechts von Ursache und Wirkung. Dabei hat er den Vorteil, ohne Zeitdruck und ohne Rücksichtnahme auf andere, nur seinem Gewissen verpflichtet, abwägen zu können. Nimmt er diesen Beruf ernst, ist jedoch gerade diese Instanz des eigenen Bewusstseins am unerbittlichsten. Ein Publikum, siehe Guicciardinis Anklagerede gegen sich selbst, mag sich durch rhetorisch gestelztes Wortgetöse einfangen lassen, das Gewissen eines sich als unbestechlich verstehenden Historikers verlangt stichhaltigere Gründe. Das gilt umso mehr, wenn die Vergegenwärtigung der Vergangenheit wie im Falle der Storia d'Italia Ursachenforschung auf verschiedenen Ebenen voraussetzt: wie, durch wen und warum ein ganzes Land mit einer jahrhundertelang führenden Kultur in Abgründe der Fremdbestimmung und Verwüstung abstürzt, welche Rolle dabei die Mächte spielen, denen der Historiker selbst mehr als ein Jahrzehnt lang gedient hat, und wo er selbst, Protagonist zweiter Ordnung, in diesem Drama eigentlich zu verorten ist.

Im Prosaepos der Storia d'Italia entfalten sich auf diese Weise stumme Zwiegespräche der intensivsten Art, vor allem mit dem bemitleideten, gefürchteten und gehassten Clemens VII., über dessen Wirken der Historiker schließlich gar kein Urteil mehr zu fällen braucht – der Nachruf auf den toten Papst ist denkbar dürr –[253], weil sich seine Taten selbst verurteilen. Die Aufgabe des Historikers – auch das eine Entdeckung für immer – ist es nicht, moralische Werturteile zu fällen, sondern Ursachen und Wirkungen aufzudecken, zu zeigen, warum es so kam und nicht anders. Das schließt kommentierende Einschübe nicht aus, welche auf Bruchlinien verweisen und auf diese Weise geschichtsgeometrisch bestimmen, ab wann ein historisches Gefälle das Abgleiten in Untiefen oder gar den Absturz in Abgründe unausweichlich zur Folge hat.

Der Antrieb, die letzten fünf Lebensjahre, nach einem Schlaganfall im Sommer 1539 in einem regelrechten Wettlauf mit dem Tod, dazu zu nutzen, Ursachenforschung zum Niedergang Italiens zu betreiben, ist also in vieler Hinsicht außerwissenschaftlich, zumindest dann, wenn man »wissenschaftlich« als absolute affektive Distanz des Autors zu seinem Stoff definiert. Denn die Storia d'Italia ist ein Text der Indignation, der Empörung über ein veruntreutes Erbe. Dementsprechend beginnt sie mit der Klagerede über ein verlorenes säkulares Paradies.[254]

Italien im Jahre 1490 ist ein Land auf dem Glücksgipfel seiner Geschichte, ja der Geschichte überhaupt. Heraufgeführt wird dieser Zustand allseitigen Florierens – wie kann es anders sein – durch heilsame Furcht, welche die Mächtigen zur Mäßigung führt. Der beste der Tyrannen, Lorenzo de' Medici, agiert wie sein Vorgänger in dieser Rolle, Francesco Sforza, im Bewusstsein der Hinfälligkeit seiner Macht – und dementsprechend mit dem größten in dieser Zeit historisch nachweisbaren Quantum an prudenza. Mit seinem Tod im April 1492 aber stirbt dieses Reservoir an Selbstbeschränkung, und Italien fällt in einer jetzt anbrechenden Nachtzeit herrscherlicher Unverantwortlichkeit der Zerstörung aller Vertrauenspotentiale und der barbarischen Fremdbestimmung anheim. Gemessen am Unparteilichkeitspostulat des Historismus lässt sich kaum ein gefühlsdurchpulsterer, von Leidenschaften vibrierenderer und damit nüchterner Faktenaufnahme entgegengesetzterer Standpunkt und Einstieg in die Materie vorstellen.

Und es kommen noch weit mehr auktoriale Betroffenheiten ins Spiel. Schließlich ist Guicciardini nicht nur Florentiner mit ausgeprägten politischen Überzeugungen, sondern auch Italiener, von einem seit einem halben Jahrtausend gewachsenen Kulturnationalismus durchdrungen, für den der Rest Europas, ob Spanier, Franzosen, Deutsche oder Schweizer, hyperboräische Gewaltmenschen sind, von lateinisch-italienischer Zivilisation allenfalls dünn übertüncht und wahrscheinlich überhaupt nicht veredelbar; Letzteres gilt insbesondere für die rohen Germanen und ihre eher noch wilderen Sprachgenossen in Helvetien.

Diese Summe aller Vorurteile wird selbstverständlich in den Blick auf das Drama der italienischen Geschichte eingebracht, weil diese Prämissen nicht hinterfragungsbedürftig sind. Und dennoch rühren alle diese selbstverständlichen Vorannahmen kaum je an den analytischen Kern, steht die Storia d'Italia,[255] ungeachtet aller Standpunktgebundenheit ihres Autors, letztlich über den Parteien, bleiben alle affektiven Einfärbungen am Rande der Deutungshorizonte. Die Unbestechlichkeit der Bestandsaufnahme, die innerweltliche Heiligkeit der Faktizität, jenseits deren es keine transzendenten Trostspendungen mehr gibt, der in der rückblickenden Ausdeutung der Geschichte zu feiernde Triumph über die Verblendung der Mächtigen und das narrende Spiel des blinden Zufalls – alle diese Determinanten von Guicciardinis Geschichtskonzeption erzwingen die Zurückdrängung der Euphemismen, der Verdrängungen und Selbsttäuschungen. Maximal gehen die fest gefügten Klischees in die Motivsammlungen mit ein, welche, mit »oder« horizontal verknüpft, die Kausalität der Ereignisse und ihrer Folgen zu erfassen haben; doch sind sie in solchen Verkettungen von Ursachen und Wirkungen meistens die erkennbar schwächsten Glieder.

Was aber ist historische Wahrheit, und wie lässt sie sich ermitteln? Einblicke in die Gedankenwerkstatt des Historikers bietet die Storia d'Italia nur ganz am Ende, als dieser, wie erwähnt, abschnittsweise die Attitüde des allwissenden Erzählers aufgibt und in der Darstellung einen Schritt zurückgeht, gewissermaßen die Vorzeichnung unter dem Fresko aufdeckt, nämlich divergierende Versionen der Ereignisse unverbunden nebeneinander stehen lässt. Das erzeugt zugleich einen ganz besonderen quellenkritischen oder sogar quellensatirischen, parodistischen Effekt – der Anspruch auf Wahrheit kontrastiert mit der Vielzahl von Wahrheiten.

Wie aber kann man es besser machen? Noch eine Verneinung sticht ins Auge. Guicciardini, in jungen Jahren erfolgreicher Advokat,[256] ist, genauso wie der Jurist Montaigne zwei Generationen später, skeptisch hinsichtlich des Wahrheitsfindungspotentials seines Berufsstandes. Nach raschester Anschauung des Augenscheins spontan gefällte Urteilssprüche, so, wie sie laut Guicciardini in der Türkei vorherrschen, seien der labyrinthisch verschlungenen Rechtspraxis Europas im Grunde vorzuziehen; mit einer Trefferquote von etwa 50 % nämlich lägen sie günstiger als die Sentenzen der gelehrten Tribunale. So wie den Politikern hat der Historiker auch den schrecklichen Juristen seiner Zeit einen entscheidenden intellektuellen Redlichkeitsbonus voraus: Er kann das Ergebnis seiner Bemühungen um Erkenntnis als vorläufig, als Hypothese deklarieren.

Die Kunst des Forschens

Wie in solchen Fällen vorzugehen ist, macht der erste Teil der Cose fiorentine deutlich, die überwiegend Vorstudie und damit Ideenbaustelle geblieben sind, gerade dadurch aber tiefe Einblicke in die Methode des Historikers erlauben. Zur Debatte[257] steht ein zeitlich so ferner Gegenstand wie die Gründung von Florenz – und damit zugleich eine ideologisch hochgradig aufgeladene Frage.[258] Generationen von Humanisten hatten über einen historischen Akt gestritten, der aus der Distanz wie tote antiquarische Materie anmuten mag, in Wirklichkeit aber ein Erinnerungsort zwecks Selbstvergewisserung war: Wurde die Stadt von den letzten Republikanern Roms erbaut, dann war sie zur Freiheit berufen, war sie ein Produkt des herrscherlichen Willens, sei es des Oktavian allein, sei es zusammen mit den beiden übrigen Triumviren Antonius und Lepidus, dann war sie zur Monarchie vorherbestimmt. Dieser Prädestination gemäß wird die Problemstellung von den florentinischen Autoren denn auch erörtert: selbstgewiss, dogmatisch und polemisch zugleich. Zudem war mit der Frage, ob Florenz als ein Ableger der Pflanzstadt Fiesole oder direkt von Rom gegründet ins Licht der Geschichte trat, der lokale Stolz und damit wiederum kollektive Identität ins Spiel gebracht, und zwar so sehr, dass bei der Behandlung des heiklen Stoffs allenthalben Tabuzonen lauern, ja patriotische Sprengsätze versteckt sind.

Guicciardini aber geht seinem Methodenverständnis entsprechend vor. Zum einen sind die antiken Schriftsteller dem Ruf ihrer Zuverlässigkeit nach und – mindestens ebenso ausschlaggebend – gemäß ihrer Nähe zu den berichteten Ereignissen zu gewichten; das sind Einsichten der antiken Quellenkritik, die hier allenfalls durch die Tiefenschärfe ihrer qualitativen Unterscheidungen hervorstechen. Auch die Zurückweisung bzw. Relativierung der älteren lokalhistorischen Historiographie vom Typ eines Giovanni Villanis ist für sich nicht neu, sondern bereits von humanistischer Seite begründet, die dabei allerdings eher den ungefügen sprachlichen Zustand derartiger Chronikwerke als die Zweifelhaftigkeit der Aussagen monierte. Guicciardini hingegen macht gerade an dieser Unsicherheit sein Urteil fest: lokalpatriotische Fabeln, zumindest was die Frühzeit von Florenz betrifft. Um differenzierter zu gewichten, d.h. durch Vergleich die plausibleren von den unwahrscheinlichen Versionen zu trennen, schält sich darüber hinaus ein Kriterium heraus, das den Umgang mit den Quellen auch in der Storia d'Italia dominieren wird: interesse.[259] Interesse in diesem Wortsinn bedeutet, dass historische Zeugnisse hinter der Fassade des wertfreien Berichtens das Augenmerk des Lesers in eine ganz bestimmte Richtung zu lenken, ja seine Überzeugung und damit potentiell auch seine Loyalität zu manipulieren versuchen. Interesse ist also die durch Linsen brechende, das Urteil verzeichnende Kraft der Geschichte schlechthin.

Jeder Blick auf die Ereignisse ist bis zu einem gewissen Grade davon eingefärbt, doch zugleich nie vollständig dadurch getrübt. Aus den gemeinsamen Schnittmengen der verschiedenen Perspektiven zum einen, aus dem Verhältnis der berichteten Fakten zu dem an dieser Präsentation bestehenden Interesse der Autoren zum anderen sind die Abstufungen der Wahrscheinlichkeit vorzunehmen. Das heißt im letzteren Fall konkret: Der Plausibilitätsgrad steigt, wenn die Erzählung Fakten integriert, welche dem ideologischen Standpunkt des Verfassers zuwiderlaufen. Denn auch darin liegt die Widersprüchlichkeit des

Menschen und des Historikers speziell beschlossen: dass er trotz aller Einbindung in klienteläre Abhängigkeiten, trotz aller Tabus und trotz aller Parteilichkeit seiner Texte doch auch sperrige, widerständige Wahrheiten nicht völlig zu verdrängen vermag. Umgekehrt bildet Desinteresse, d.h. emotionale Distanz zu einem Faktum, am ehesten Gewähr für dessen Richtigkeit – wenn sie nicht durch die Nachlässigkeit der Bestandsaufnahme, das andere Extrem, in Frage gestellt ist.

Auf die Frühzeit von Florenz bezogen fällt eine solche Hierarchiebildung nicht schwer: Dante Alighieri, so Guicciardini zum Kultursymbol seiner Heimatstadt[260] etwas lieblos, habe nach seinem von Parteikämpfen verursachten Exil die Stadt am Arno überwiegend aus Rache verunglimpft, so wie sie der Lokalpatriot Villani notorisch verherrlicht. Zugleich reichen die Methoden der Quellenkritik über die Lektüre der Zeitzeugnisse und der historischen Literatur hinaus; sie umfasst Nachforschungen darüber, wie andere Autoren zu abweichenden Schlüssen gelangt sind.[261] Das kann auf Selbstbestätigung, gegebenenfalls aber auch auf Falsifizierung der eigenen Meinung hinauslaufen – und steckt unbearbeitete Forschungsfelder ab. Diese werden in den Cose fiorentine als regelrechte Suchaufträge in provisorischen Fußnoten formuliert; sie zeigen auf diese Weise die Grenzenlosigkeit des Nichtwissens und gerade dadurch eine bisher nie erreichte und auch danach in der Methode kaum übertroffene Seriosität im Umgang mit dem Material der Geschichte an.

Wenn z.B. behauptet bzw. bestritten wird, Florenz sei schon unter Sulla gegründet worden, dann gilt es abzuklären,[262] welche Kolonien unter diesem Diktator eingerichtet wurden und wie die Römer dabei grundsätzlich verfuhren: mit welchen rechtlichen Statuten sie solche Pflanzstädte ausstatteten, welche Abhängigkeiten unter diesen entstanden und an welchen Prinzipien sich die Namensgebung ausrichtete. Denn auch das ist ein kontroverser Erörterungsgegenstand: Hieß Florenz schon immer so oder früher anders? Ein Punkt der Stockung und Besinnung zugleich ist damit erreicht. Geschichte wie bisher zu schreiben, erweist sich als unmöglich: so viele Fragen, so wenig Antworten. Geschichte ist ein wissenschaftliches Problem geworden; allein schon der Anfang der florentinischen Historie zerfällt in zahlreiche Einzelthemen, die sämtlich für sich genommen eine umfassende Studie erfordern, und zwar allein durch das Forschen nach der wahrscheinlichsten Lösung, d.h. durch die Ausleuchtung aller relevanten Umfelder und Konditionen. Die Fußnoten in den Cose fiorentine beschreiben ein Forschungsprogramm, wie es in dieser präzisen Themenstellung erst im 20. Jh. wieder formuliert wurde. Um diese stille Methodenrevolution nochmals ins Auge zu fassen: Geschichte ist nicht mehr mit Antikenzitaten gespickter, rhetorisch funkelnder Prunkdiskurs, sondern kritische Wahrheits- bzw. meistens sogar nur Plausibilitätsfindung – und durch diese Hinterfragung von Interesse, Vorurteil und Propaganda zugleich nobelstes Exerzitium des menschlichen Geistes. Dabei auftretende Differenzen zu den älteren Humanisten um 1400 lassen sich nicht zuletzt aus Fortschritten der Edition, d.h. aus Erkenntnissen ableiten, welche aus neu erschlossenen Texten gewonnen wurden[26] – wiederum zum Vorteil der Gegenwart, für deren überlegenen Kenntnisstand der Nicht-Humanist Guicciardini auch sonst plädiert. Quellenkritik muss also zugleich Geschichte der Geschichtsschreibung, konkret: ihrer Wissenszugewinne sein.

Alle diese Gewichtungen der Zeugnisse untereinander schützen den Historiker jedoch nicht davor, in das Widerspiel von Wahrheit und Gegenwahrheit noch weit unmittelbarer verwickelt zu werden. Er ist aufgefordert, die sich allenthalben auftürmenden Widersprüche durch psychologische Urteile aufzulösen. Gordische Deutungsknoten zu durchschlagen: Dazu befähigt ihn allein sein aktiv erworbenes Weltwissen, die Erfahrung der Politik im eigenen Leben, die aus der Analyse von Politik und Vergangenheit gleichermaßen gewonnene Wahrnehmung der Konstanten im Wesen des Menschen und damit der Geschichte. Von ihnen ausgehend, ist die Umtaufung einer Kolonie binnen weniger Jahrzehnte wenig wahrscheinlich, zumal der Name Florentia blühende Landschaften in einer landwirtschaftlich eher kargen Gegend beschwor, also ein glückliches Schicksal verhieß und daher für die Bewohner geradezu magische Bedeutung gehabt haben dürfte. Demgegenüber ist ein anderer, von Plinius überlieferter Stadtname offenbar aus einer geographischen Beschaffenheit abgeleitet, welche auf die Lage der Stadt einst wie jetzt nicht zutrifft, dürfte also auf eine nahe gelegene, später verschwundene Siedlung gemünzt sein.[264] Solche Anpassungsschlüsse an Geographie und Mentalitäten ebenso wie Ableitungsschlüsse aus diesen stehen in den Cose fiorentine vielfältig zu Buche.

Und doch versteigt sich der Historiker auf dieser Methodengrundlage nicht zum Anspruch auf Deutungshegemonie, im Gegenteil. Zum einen bleiben die auf diese Weise gewonnenen Ergebnisse als das gekennzeichnet, was sie sind: wahrer, d.h. wahrscheinlicher als andere, aber deswegen nicht vollständig gesicherte Wahrheit. Zu deren Findung wird jetzt auch, zumindest ansatzweise, die Archäologie genutzt; Mauerreste können dort sprechen oder sogar entscheiden, wo Texte schweigen. Dementsprechend ist der Bericht vom Wachstum der Stadt von planquadratartiger Präzision.[265]

Und zum anderen führt diese differenzierte Methodik dazu, dass anstelle einer eingängig monokausalen Argumentation eine Vielzahl bedingender Faktoren Berücksichtigung findet. Das hat nichts mit aufzählender Beliebigkeit, viel hingegen mit der wohl bekannten Vermischung der Vorzeichen zu tun. Warum gründen Völker Kolonien, d.h., warum wandert ein Teil der Einwohnerschaft aus, um Tochterstädte zu errichten? Ein ausschlaggebendes Motiv kann im Bestreben liegen, ein durch Malaria entvölkertes oder durch andere Katastrophen abgesunkenes Gebiet wieder zu besiedeln – oder die zu stark angewachsene eigene Bevölkerung zu vermindern – oder diese von unnützen und unruhigen Elementen zu säubern – oder besiegte Städte und Gegenden dadurch in Schach zu halten – oder eigene Anhänger mit fremdem Besitz zu versorgen. Damit sind nur die wichtigsten Gründe gesammelt, welche durch die nicht minder leitmotivische »oder«-Syntax verknüpft werden.[266] Und dennoch bleibt ungeachtet aller Anstrengungen der Quellenkritik ein Mehr, ja fast schon ein Meer des Nicht-mehr-wissen-Könnens; immer wieder gelangen daher Formeln wie »in tanta oscurità di antichità«[267] zur Anwendung, die vom undurchdringlichen Dunkel der fernsten Geschichte künden.

Gerade daraus aber resultiert Staunen und Nachfragen. So konstatiert der Florentiner Patrizier, dass in der frühen Zeit der Stadtkommune die soziale Kategorie »Adel« unscharf, da nicht klar definiert ist, und formuliert auf diese Weise eine Forschungsfrage, die in der gegenwärtigen Geschichtswissenschaft rege diskutiert wird,[268] während sie mit ihrer Kombination sozial- und mentalitätshistorischer Raster lange Zeit die Methodik und das Erkenntnisinteresse der Historiker weit überstieg. Ähnliches gilt für die Erörterung, welche Personen und Familien am Ende des 13. Jh. der politischen Strafgesetzgebung des siegreichen popolo grasso anheim fielen und als Magnaten gebrandmarkt wurden; auch hier konstatiert die forschende Neugier widersprüchliche Tatbestände: dass nämlich auf diesen schwarzen Listen altaristokratische wie neuere Familien figurieren. Und er offeriert zugleich die Lösung: dass das Sozialverhalten, genauer: die Unfriedfertigkeit innerhalb der Stadtmauern für diesen Verlust der Ämterfähigkeit von zentraler Bedeutung war, auch das eine Fragestellung und eine Antwort, die erst vierhundert Jahre später von der inzwischen etablierten Wissenschaftsdisziplin Geschichte wieder aufgenommen werden.[269]

Am Ende seiner minutiösen Quellenprüfung zum Beginn der florentinischen Geschichte dünkt Guicciardini die Gründung der Stadt durch die Triumviren, und zwar direkt von Rom aus, am plausibelsten. Überzeugungskräftig vermittelt wird diese Hypothese nicht zuletzt dadurch, dass der Historiker den Leser an seiner Beweisführung Anteil nehmen lässt, ja diese offen legt. Das Resultat seiner Abwägungen vermischt wiederum die Vorzeichen. Dass es die Erwürger der römischen Freiheit gewesen sein sollen, welche Florenz das Leben gaben, ist für eingefleischte Republikaner schwer hinzunehmen. Halbwegs wettgemacht wird dieser Schlag dadurch, dass die stolze Metropole wenigstens nicht vom unbedeutenden Fiesole, sondern vom Mittelpunkt des Weltkreises direkt ins Dasein gerufen wurde. Doch auch diese Freude hält nicht lange an. Die Unbestechlichkeit des Blicks nämlich gebietet es, die Bedeutungslosigkeit der Stadt durch ein Jahrtausend hindurch zu konstatieren. Damit fallen die erbaulichen Legenden in sich zusammen, wonach Florenz von Karl dem Großen von Grund auf neu errichtet wurde; die Guelfenpartei des 13. und 14. Jh. möchte – zumindest liegt dieser Verdacht nahe – ihre enge politische Anlehnung an Frankreich durch solche Fabeln als der Stadt vorherbestimmtes Schicksal überhöhen.[270]

Trotz aller Virtuosität der Quellenkritik hat sich Guicciardini von diesem Thema abgewendet: zuviel Dunkelheit. Die jüngste Geschichte, fast noch Gegenwart, verlangte nach Antworten, eine Geschichte von Florenz allein reichte dazu nicht mehr aus, sie genügte dem Horizonte auslotenden Blick nicht mehr.

Der Niedergang Italiens

Denn die Geschichte von Florenz wird nicht mehr vorrangig in Florenz gemacht, so wie die Geschichte Italiens nicht mehr von den italienischen Staaten allein oder auch nur vorwiegend bestimmt wird. Je intensiver fremde Mächte zwischen Alpen und Ätna intervenieren – und das heißt im jetzt immer häufigeren Extremfall: mit eigenen Truppen einmarschieren –, desto endgültiger verschiebt sich der Entscheidungsschwerpunkt aus Italien heraus: in die Beratungen König Karls VIII. von Frankreich mit seinen Höflingen, in die Debatten Karls V. mit seinen Ratgebern, ja selbst in die Gemächer Heinrichs VIII. von England, der nach langer Abstinenz seines Landes von der großen diplomatischen Bühne wieder auf diese zurückkehren möchte – und damit auf die Schlachtfelder Europas drängt. Obwohl seine Truppenkontingente nicht wie die Karls VIII., Ludwigs XII. und Franz' I., Ferdinands von Aragon, Maximilians I. und Karls V. die Alpen überqueren und ihren Teil zur Verwüstung Italiens beitragen, spielt auch das ferne Britannien eine wesentliche Rolle in diesen immer verschlungeneren Kämpfen um europäischen Rang bzw., zwischen Franz I. und Karl V., um Hegemonie. Als Gegenspieler und damit als Gegengewicht des einen oder anderen Herrschers wird der englische König immer dann ins Spiel gebracht, wenn einer der übrigen übermächtig zu werden droht.

Durch die europäische Verknüpfung der italienischen Geschichte wird die Ursachenforschung zu einer immer diffizileren Aufgabe: So vielfältig verflochten, ja nicht selten verworren und damit selbst für die Hauptakteure undurchschaubar ist die Interessenlage, so viele Faktoren gehen in die immer schwerer kalkulierbare bzw. analysierbare Kräftediagramme ein. Selbst mit der ansehnlichen Summe der Großmächte, d.h. mit Spanien, Frankreich, England, dem Reich bzw. dem Haus Habsburg, den Osmanen sowie den fünf italienischen Hauptstaaten Venedig, Mailand, Florenz, Rom und Neapel bliebe die Analyse der Motive und Kraftströme noch einigermaßen übersichtlich. Damit aber ist es in einer Zeit, die noch keine klar abgegrenzte, geschweige denn hierarchisch abgestufte Staatlichkeit, sondern eine Vielzahl konkurrierender Kräfte auf demselben Territorium kennt, nicht getan. Mit anderen Worten: Große Politik wird nicht nur von den Großen gemacht. Aufsässige spanische comuneros, d.h. die Vertreter der lokalen Eliten wie des städtischen Mittelstandes, rebellische französische Adelige wie der von seinem König abgefallene Connétable de Bourbon sowie, speziell in Italien, zahlreiche mittlere, kleine und winzige Einzelherrscher bzw. Kommunen, dazu die mächtigen Barone des Kirchenstaats und des Königreichs Neapel, ja selbst außer Dienst gestellte Söldnerführer auf der Suche nach eigenen Herrschaftsräumen verunklaren die ohnehin schon komplizierten Fronten vollends. Dazu kommt – nur im Ruhezustand einigermaßen eingedämmt, in der Dauerkrise zwischen 1494 und 1530 jedoch kaum noch kontrollierbar – der Eigenwille der kleinen Leute in Stadt und Land. Dieses Volk erregt das Mitleid des Historikers, wenn es so leidet wie die Einwohner des ab 1500 ein Vierteljahrhundert lang immer wieder belagerten und geplünderten Mailand,[271] figuriert ansonsten jedoch keineswegs nur als Opfer, sondern mindestens ebenso sehr als Akteur der Geschichte, vor allem dann, wenn seine Lebensumstände unerträglich werden und es daher seine natürliche Freiheit zurückgekehrt glaubt – und durch diese Eigendynamik alles nur noch schlimmer macht.

Die Vielschichtigkeit der Antriebe und der Handlungsebenen meistert der Geschichtsdramatiker durch die Abwechslung der Perspektiven, durch Fokussierung auf Hauptschauplätze. Auf der Mikroebene tritt ab 1494 vierzehn Jahre lang der Sisyphoskampf von Florenz um die Rückgewinnung Pisas[272] ins Zentrum: eine nicht enden wollende Verschwendung von Menschenleben und Geld durch unfähige condottieri und unmotivierte Truppen, doch gerade dadurch mit nicht geringerer Beweiskraft als die aufgedeckten Geflechte der großen Politik. Dieses »Quod est demonstrandum« existiert gleichfalls in Abstufungen. Auf der obersten Erkenntnisebene ist es die aller vorausschauenden Planungen spottende Eigengesetzlichkeit der Geschichte.

Und doch stürzen sich die Mächtigen stets aufs Neue in Unternehmungen, deren Ausgang sie nicht abzuschätzen, deren Folgen sie nicht abzuwägen vermögen, verblendet von der Überschätzung des eigenen Ichs, der eigenen Ressourcen und nicht zuletzt der Haltbarkeit von Bündnissen, die sie selbst nur sehr bedingt – wenn ihnen nützlich – einzuhalten gesonnen sind. Dabei ist die Herrschaft den Fürsten verliehen, um das Gemeinwohl und das Glück ihrer Untertanen zu mehren[273] – eine längst vergessene, in den Augen der Regierenden und ihrer Berater gänzlich unzeitgemäße Maxime. Dass er es verstand, nahezu alle seine Begierden mit dem Eifer für die Religion zu verbrämen bzw. mit heiligmäßigen Absichten, dem gemeinen Nutzen zu dienen, zu verdecken – diese Meisterschaft des Betrugs bildet das höchste Lob im Nachruf auf König Ferdinand von Aragon.[274] Erfolg in der Politik – das letzte Wort in der Storia d'Italia ist noch um einiges düsterer eingefärbt als in den Ricordi – ist die Fähigkeit zum zweckgerichteten Betrug; positive Wirkungen aber zeitigt dieses Talent nur dann, wenn es mit Furcht in eigener Sache kombiniert wird; zwei negative Vorzeichen ergeben dann ein positives.

Dieser Hemmungslehre der Politik folgend, sind – auch das ein zentraler Beweisgegenstand der Storia d'Italia – die Herrscher am verhängnisvollsten, bei denen das Diagramm der Kräfte besonders unausgeglichen ausfällt. Das ist der Fall, wenn sich ein Mächtiger in die Enge getrieben sieht, durch moderates Vorgehen nichts mehr zu erreichen, ja im Grunde nichts mehr zu verlieren zu haben glaubt – und daher durch Vabanquepolitik alles gewinnen zu können meint. Die fatalste dieser Desperado-Gestalten ist Ludovico Sforza von Mailand.[275] In seinem Fall lautet die Diagnose: Verrat als Selbstzweck, Doppelzüngigkeit als zweite Natur bei gleichzeitiger exzessiver Selbstüberschätzung ergibt die Vernichtung sämtlichen sozialen und politischen Kapitals. Für sein Ende hat die Geschichte eine exquisite Pointe bereit. Ludovicos Schweizer Söldner liefern ihn ihren Landsleuten auf der Seite des französischen Königs aus – der zeitweise reichste Herrscher Italiens konnte sie nicht bezahlen, und Kredit wurde nicht gewährt.

Ludovico wirkt (selbst)zerstörerisch, weil er vom Schatten der Illegitimität verdunkelt wird; er regiert ohne Rechtstitel, im Namen seines anfangs noch minderjährigen, dann immer stärker zurückgedrängten Neffen Galeazzo Maria, der mit einer aragonesischen Prinzessin verheiratet ist und schließlich, als Ludovico durch die Ehe Bianca Maria Sforzas mit Kaiser Maximilian hinter dem Rücken des legitimen Herrschers den Herzogtitel für sich gesichert hat, im passenden Moment stirbt, natürlich unter verdächtigen Umständen. Die Ironie – nicht die Nemesis – der Geschichte aber besteht darin, dass die von Ludovico hauptsächlich zur Erreichung dieses Ziels in Gang gesetzten Manöver nicht mehr aufzuhalten sind und mit ihren Fernwirkungen, dem Italienzug Ludwigs XII. im Jahre 1499, den Einfädler so vieler Intrigen selbst vernichten.

Ebenso schädlich ist Schrankenlosigkeit aus dem irrigen Selbstverständnis heraus, unangreifbar zu sein; das ist die politische Todsünde des Papsttums. Dabei ist diese Überzeugung nicht einmal völlig falsch. Wie Guicciardini einzuflechten nicht müde wird, ist das Papsttum als Institution in der Tat unzerstörbar,[276] doch nicht der einzelne Pontifex und seine Familie, wie die historische Katastrophe schlechthin, der Sacco di Roma von 1527, erweist. Clemens VII. nämlich hatte mit der üblichen Mischung aus chronischer Entscheidungsschwäche, krasser Selbstüberschätzung und bedenkenlosem Verrat so viel politisches und soziales Kapital vernichtet, dass am Ende ein Exempel statuiert wurde, welches wie die vorangehende Politik Roms die Normen der Zeit verletzt. An dem Papst, der dieses Unglück verursacht, erweist sich in der Folgezeit am krassesten die Unvorhersehbarkeit und Unlenkbarkeit der Geschichte. Obwohl sich an der Art und Ausrichtung seiner Politik nicht das Geringste ändert, beschert ihm der Zufall am Ende reiche Erfolge; nach 1530 steht die Verschwägerung seiner Nepoten mit dem Kaiser und dem König von Frankreich zu Buche.

Diese Beweisführungen lassen einen Grundzug von Guicciardinis Politikverständnis hervortreten: seinen skeptischen Konservatismus zwecks Schadensbegrenzung. Die cose nuove, Umstürze aller Art, stehen für kommendes Unheil. Der ungehemmte Appetit der Parvenüs auf Reichtum und Macht fällt umgekehrt proportional aus zu ihrer Fähigkeit sich zu mäßigen, prudenza walten zu lassen. Das ist der einzige Unterschied zu den etablierten Regierenden, die ihnen moralisch mitnichten überlegen sind, doch ihre Staaten immerhin schon besitzen, diese also nur zu vergrößern bestrebt sind, darüber hinaus mehr zu verlieren haben und aus dieser Beharrungskraft heraus Risiken gelegentlich besser einzuschätzen vermögen.

Damit stellt sich in Guicciardinis eigener Weltsicht ein signifikanter Kontrast ein: die innovative Neukonzipierung der Geschichte als Linie, die ins Unbekannte führt, als Aufbruch in eine Zukunft, die notwendigerweise ganz anders als Gegenwart und Vergangenheit ist, wird aus tiefem Pessimismus, was die Einschätzung der Macht und der Mächtigen betrifft, heraus vorgenommen. Und doch liegt in dieser paradox anmutenden Genese eines neuartigen Geschichtsbildes und einer von traditioneller Moral freigesprochenen Staatsräson aus dem Unbehagen an der Gegenwart und aus der umfassenden Bestandsaufnahme des Niedergangs eine innere Logik. Eine neue, die alten Behaustheiten einreißende, den Planungssicherheiten bietenden Kreislaufcharakter der Historie wie deren Ausrichtung auf den finalen Tag des Gerichts widerlegende Konzeption der Zeit kann nur aus dem historisch bedingten Verlust feststehender Gewissheiten heraus erfolgen. Die Geburt des Historismus nach dem Ende der Umwälzungen der Französischen Revolution vollzieht sich mutatis mutandis unter im Großen vergleichbaren Konditionen.[277] Vielleicht ist in dieser Konstellation sogar eine der – nicht zahlreichen – anthropologischen Konstanten zu sehen, scheint der Ideologieverlust nach 1989 auf die Methodik der Geschichte doch ähnliche zugleich befreiende und entmutigende Auswirkungen zu zeitigen. Doch geht diese Gleichung im Falle des Florentiner Patriziers nicht völlig auf. Im Gegensatz zum liberalen Konservativen Ranke ist er auch in der Politik ein – im Wortsinn der Hinwendung zu den Wurzeln – radikaler Denker. Sein Votum ist zwar, was die Manöver der großen Politik betrifft, auf klug kalkulierte Vorsicht, im Innern des Staates jedoch auf entschiedene Erneuerung ausgerichtet: den Menschen durch eine in ihren Methoden milde, doch in ihren Zielen konsequente Staatsräson neu auszurichten.

Dass die Bereitschaft bzw. Fähigkeit der Mächtigen sich zu mäßigen so selten ist, lässt sich wie so vieles aus dem Spannungsfeld von Mensch und Wandel erklären. Der Mensch weist eine begrenzte, meist sogar sehr geringe Zahl von Wahrnehmungsperspektiven und Handlungsvarianten auf, er ist durch seine charakterliche Anlage auf einen winzigen Ausschnitt dieser nahezu unendlichen Bandbreite festgelegt und vermag sich der grenzenlosen Variabilität des Wandels dementsprechend nicht anzupassen. In die Ricordi,[278] die Considerazioni[279] und in die Storia d'Italia[280] mögen Sentenzen der Art, dass allein derjenige auf der sicheren Seite steht, welcher umfassenden Wandel zugrunde legt, leitmotivisch eingestreut sein – die Beschaffenheit des Menschen entspricht dieser Maxime nicht.

Und so wird das, was die Theologen der Reformation in ein für Guicciardini lachhaftes Dogma der Vorherbestimmung zum Heil oder zur Verdammnis zu fassen suchen, in Wirklichkeit aus dem Inneren des Menschen heraus prä-determiniert. So verrennt sich König Ludwig XII. durch seinen unüberwindlichen Geiz, der mit seinem alles beherrschenden Ziel, Mailand zu gewinnen bzw. zu behaupten, unvereinbar ist.[281] Er verweigert nämlich den eidgenössischen Honoratioren, welche für die Anwerbung von Söldnerkontingenten als unverzichtbare Mittler und Makler fungieren, die dringend gewünschte Aufstockung ihrer Pensionen, d.h. der Wohlverhalten sichernden Jahresgelder – und das, obwohl die Konsequenzen dieser von reiner Habgier verursachten Ablehnung rasch absehbar sind, ja regelrechte Kettenreaktionen verursachen. Die Schweizer nämlich verstehen diese – bei einem König mit so reichen Ressourcen für sie nicht anders erklärbare – Zurückweisung als Ausdruck der Verachtung, so wie sie reichliche Zahlungen als ihrer Ehre huldigende, wenn nicht gar geschuldete Anerkennung interpretieren. Durch die fortdauernde Obstruktion Ludwigs XII. steigern sie sich schließlich in eine absolute Blockadehaltung hinein: keine Soldaten mehr für diesen unköniglichen König, um so mehr Truppen stattdessen für seine Feinde. Eine einzige fatale Charaktereigenschaft des Monarchen führt auf diese Weise zur Vertreibung der Franzosen aus der Lombardei und letztlich auch zum Bündnis von Schweizern und Papst (das in Gestalt der Schweizergarde bis heute fortbesteht), bringt also summa summarum kolossale politische und militärische Umwälzungen hervor. Der König sieht das, seine Ratgeber wissen das – doch niemand vermag ihn zur Umkehr zu bewegen. Das Desiderat, dass ein Herrscher sich selbst umzustimmen, sich nach den stetig wechselnden Umständen der politischen Lage auszurichten in der Lage sein müsste, bleibt somit pure Theorie.

Alle diese Wesenszüge der Mächtigen und der Macht zusammengenommen erzeugen – darin kumuliert die Beweisführung der Storia d'Italia – ein Klima des alles beherrschenden Verdachts, in dem die Treibenden selbst zu Getriebenen ihrer Einbildungen sowie fremder Einflüsterungen werden und die Gespinste des Misstrauens, des Vorurteils, ja des Wahns nahezu undurchdringlich werden. Dafür ein angesichts der Verdichtung dieser Atmosphäre fast schon beliebiges Beispiel.[282] Im Herbst 1511 nach schwerer Krankheit wider Erwarten genesen, zieht der bis dahin Treibende der italienischen Politik, Papst Julius II., die unfreiwillig aus der Hand gegebenen Fäden der gefährlichen Umtriebe erneut an sich. Die Situation ist bedrohlich genug. Die gravierenden Differenzen des Papstes mit Ludwig XII. von Frankreich haben diesen veranlasst, zu einem extremen Mittel zu greifen: der Einberufung eines Gegenkonzils, welches das Damoklesschwert der Absetzung über dem Pontifex schweben lassen soll. Gegenmaßnahmen sind also dringend erforderlich. Julius verhandelt deshalb, in der üblichen Manier der Zeit, mit seinem französischen Hauptgegner sowie mit dessen Feinden, die potentiell seine Freunde sein müssten, gleichzeitig: mit Ferdinand von Aragon und den Venezianern. Dabei ist er selbst, obwohl alles andere als ein Zauderer, unentschlossen: Krieg gegen Frankreich oder ein Frieden, der Kompromisse mit sich bringt? Die geringe Neigung, solche einzugehen, wie der alte und glühende Hass gegen Frankreich lassen den schrecklichen Greis zum Krieg tendieren, umso mehr als Ferdinand von Aragon in dieselbe Kerbe schlägt; dieser nämlich hegt den Verdacht, von Frankreich im erst 1503 für Spanien eroberten Königreich Neapel überfallen zu werden, wenn Ludwig XII. seinen Zwist mit Rom beilegt. Zur Untermauerung dieser Argumente schickt Ferdinand denn auch Truppen nach Italien. Da dieses Eigeninteresse als Eingeständnis von Schwäche gewertet werden könnte, verbrämt er es mit der Sorge um die Kirche und die christliche Religion; die nach Neapel geschickten Kontingente sollen, so die offizielle Botschaft, so bald wie möglich nach Afrika zur Bekämpfung der Ungläubigen übersetzen, wofür natürlich ein Bündnis mit dem Papst und Venedig gegen Frankreich die Voraussetzung sei.

Mit solchen Vorwänden aber täuscht man einen Julius II., selbst unbestrittener Meister in der Erzeugung des schönen Scheins, nicht – umso weniger, als der Papst auf geheimem Wege davon Kenntnis hat, dass Ferdinand zur selben Zeit Ludwig XII. von Frankreich verlockende Anerbietungen macht (wie Julius ja im Übrigen auch). Der Papst aber hat ein – relativ – sicheres Faustpfand: Venedig, das nach der Niederlage von Agnadello 1509 auf Gedeih und Verderb von der Unterstützung Roms abhängt und zugleich, ungeachtet dieser quälenden Unterordnung, seine verlorenen Gebiete so schnell wie möglich zurückzugewinnen versucht. Darüber hinaus glaubt der Papst, auf die Schweizer und ihre Soldaufgebote zählen zu können, ohne jedoch diesen Faktor als sichere Größe in sein Kalkül einbeziehen zu können – zu sprunghaft ist das Wesen der Barbaren. Diese Unsicherheit gilt umso mehr, als wichtige Repräsentanten der helvetischen Oberschicht dem aufgekündigten Bündnis mit Frankreich der verlorenen Pensionen wegen nachtrauern und deshalb im Geheimen mit Ludwig verhandeln; damit sind sie schon die Dritten im Bunde der Doppelzüngigen.

In diese unsichere, von allseitigem Verdacht überlagerte Gemengelage tritt dann als zusätzlicher Störfaktor Kaiser Maximilian ein. Obwohl von Ferdinand von Aragon unablässig zum Bündnis mit diesem und dem Papst gedrängt, schenkt der Habsburger mit seinen ewigen Geldnöten auch den lockenden

Angeboten Ludwigs gebührende Aufmerksamkeit. Sollte diese Allianz zustande kommen – so die von Angst diktierte Kalkulation des Papstes –, müsste das Gegenkonzil eine furchterregende Autorität gewinnen. Bei so viel Besorgnis aber fehlt es dem Papst auch nicht an Trost. Denn da ist ja noch der unruhige König von England, den sein Schwiegervater Ferdinand und die Kurie unablässig dazu drängen, Krieg gegen Ludwig zu führen, um durch einen Angriff an dieser Flanke die italienische Front dauerhaft zu entlasten – im Namen der Kirche und Religion, versteht sich. Doch dieser Anstachelung bedarf es gar nicht: Der Erbhass gegen Frankreich, die Sehnsucht Heinrichs VIII. nach Ruhm und seine beneidenswerte Finanzlage entfachen die Kriegsbereitschaft quasi von selbst – umso mehr, als große Erinnerungen ins Spiel kommen: an englische Könige, die drei bis vier Generationen zuvor auch Könige von Frankreich waren (wie ein eingeschobener Exkurs zum Hundertjährigen Krieg[283] aufzeigt).

Perspektivenwechsel: Ludwig selbst droht zwar mit Konzil und Krieg gegen Rom, will aber zumindest Letzteren um keinen Preis, weil ihn dieser zum einen in der Christenheit brandmarkte und zum anderen zu sehr an den unberechenbaren Maximilian bände. Und auch das Konzil fallen zu lassen wäre er jederzeit bereit, vorausgesetzt, die daran beteiligten Kardinäle würden von Julius wieder in Gnaden aufgenommen; der Verrat an der Konzilsstadt Pisa, an Florenz und vielen anderen, die aufrichtig an die Reform der Kirche glauben, zählt dabei wenig. Ein weiteres von ihm gehaltenes Faustpfand, Bologna mit der von Julius erbittert bekämpften Familie Bentivoglio, auf- und Julius zurückzugeben, aber zögert Ludwig. Denn er hegt den – nach Maßgabe der Lage nicht unbegründeten – Verdacht, dass der Papst, ist das Konzil erst einmal abgesagt, den Krieg gegen ihn postwendend wiederaufnehmen wird, falls nicht weiterhin starke Druckmittel zur Sicherung des Friedens bereitstehen. Dementsprechend gibt Ludwig den Botschaftern Ferdinands und Julius' beruhigende Zusicherungen mit auf den Weg, um gleichzeitig Maximilian mit verlockenden Offerten auf eine harte Linie gegen beide festzulegen. Und während er sich mit Spanien und Rom in der Allianz gegen Ludwig nahezu einig ist, überschüttet auch Heinrich VIII. diesen mit Zusicherungen seiner Freundschaft. Am Ende sind diese Sirenengesänge zusammen mit denen Ferdinands verführerisch genug, um den König von Frankreich, ungeachtet aller bleibenden Schatten des Verdachts, in Sicherheit und zudem im Irrglauben zu wiegen, sich mit den Schweizern wieder versöhnen zu können. Das alles mündet schließlich in das blutige Gemetzel der Schlacht von Ravenna im Frühjahr 1512, in der das französische Heer siegt, jedoch seinen charismatischen jungen Feldherrn Gaston de Foix verliert – und kurz danach unspektakulär aus Italien verdrängt wird.

So und nicht anders ist der Stoff, aus dem Guicciardinis Geschichte ist. Dass Europa sich bis heute über das Wesen der Macht und seiner Regierenden wenig Illusionen macht, ist nicht zuletzt eine Fernwirkung der von ihm begründeten Methode der Freilegung von Motiven. Was den Niedergang Italiens betrifft, so sind diese vielfältig und zugleich auf analytische Grundmuster zurückzuführen: Verlust der prudenza, Einseitigkeit der Machtverteilung und die daraus resultierende Schwäche des Staates, Missbrauch der Religion als allzu durchsichtige Bemäntelung der wahren Antriebe und vor allem die Inkompatibilität der Mentalitäten von Volk und Eliten. Vor diesem Hintergrund kann auch die Mitte der 1530er Jahre so unangefochten erscheinende Hegemonie Karls V. nicht auf Dauer Bestand haben, denn sie verletzt zu viele Interessen und ist durch das Fehlen von Gegengewichten degenerationsgefährdet. Kolossale Konflikte sind also vorprogrammiert. Andere werden sie für eine spätere Nachwelt zu bewahren haben. Als beschriebene und auktoriale Zeit mit der Wahl Papst Pauls III. im Hebst 1534 nur noch gut fünf Jahre auseinander liegen, legt der Historiker die Feder aus der Hand.

6. Epilog: Guicciardini in seiner Zeit – Zeitgenosse Guicciardini?

Einzelne Ricordi entsprechen einem Stereotyp des Renaissancemenschen, wie es Jacob Burckhardt in seiner »Kultur der Renaissance« 1860 gezeichnet hat. Guicciardini, der Rationalist, der Säkularisierer, mehr noch: das vollendete Individuum. Als solcher ist der Florentiner Patrizier sogar einer der wesentlichen Zeugen Burckhardts, der den berühmten »Martin-Luther-Aphorismus« zu diesem Zweck in extenso zitiert: als Beleg für die »schreckliche(n) Gesamturteile«[284] damaliger Intellektueller über Kirche und Klerus, d.h. als Belegstellen von religiöser Entfremdung, wenn nicht Glaubensverlust. Als Indizien dafür werden, wie vorhersehbar, außerdem der Ricordo über die natürlichen Ursachen vermeintlicher Wunder und, Krönung des Ganzen, die schneidend kurze Sentenz über die Dunkelheit der übernatürlichen Dinge angeführt. Diese Kronzeugenschaft des Rationalisten – der allerdings, auch dieser Hinweis darf nicht fehlen, an Geister glaubt, ja mit ihnen Zwiesprache zu halten behauptet – verlockt zu einer Thesenbildung, die sich aus der zeitlichen Nähe zweier Publikationsdaten ableitet. Der erste Band von Opere inedite, u.a. mit den Ricordi in der Version von 1530, erscheint 1857, also gerade rechtzeitig, um das Bild des Basler Historikers von der Renaissance in Italien als zutiefst ambivalentes Laboratorium der europäischen Moderne zu prägen.[285] Verstandesmensch und Skeptiker, Analytiker der Macht und empirischer Menschenforscher, um objektive Erkenntnis bemüht und sich seiner subjektiven Anlagen höchst bewusst, scheint Guicciardini in der Tat einen neuen Menschentypus ganz rein zu verkörpern und damit den stürmischen Durchbruch zur Moderne zu markieren: Guicciardini, unser Zeitgenosse? Ganz in seinem Sinne heißt es hier, sorgfältig zu unterscheiden und das Umfeld der Ideen ganzheitlich auszuleuchten.

In seiner wirkungsvollen Klischeebildung nämlich erfasst Burckhardt nur die eine, die ins Auge springende Seite von Guicciardinis Weltsicht; wie immer in solchen Fällen ist der Idealtypus durch das Ausblenden der Kontraste erkauft. Um den kühl detachierten Empiriker und Verstandesmenschen aus den Ricordi herauszudestillieren, ist es unumgänglich, die entgegengesetzte Weltsichten entwerfenden Aphorismen mit Stillschweigen zu übergehen. Dadurch aber wird der vielleicht hervorstechendste Wesenszug Guicciardinis, sein umfassender Zweifel, der zugleich vieles für möglich und wenig genug für bewiesen hält, und damit seine durch und durch antidogmatische und in vielem konservative Grundhaltung verzeichnet. Nicht nur im Falle Burckhardts resultiert diese Einseitigkeit daraus, dass Texte isoliert gelesen werden und auf diese Weise die Ganzheitlichkeit, die Vernetzung der Ideen über Politik, Mensch, Religion und Geschichte aus dem Blickfeld gerät.

Dementsprechend sind auch die übrigen Belegstellen in der »Kultur der Renaissance« aus dem Zusammenhang herausgelöst. Die Instrumentalisierung des Scheins, die Funktion von Ehre und Rache – auch diese Passagen[286] sind wichtige Indizien, welche die kühne Voraussetzungslosigkeit im Denken, den Verlust von Werten und Bindungen und damit Größe und Gefährdung einer entschieden dämonisierten »Erstgeborenenepoche« zu belegen haben, die mit ihrer Ambivalenz von Aufbruch und Zerstörung bereits alle wesentlichen Merkmale der Gegenwart aufweist. Dabei taugt Guicciardini – so will es vom hier angelegten Blickwinkel aus scheinen – mit seinem Bestreben, die auseinander klaffenden Hälften von Moral und Politik zu einer praktikablen Staatsethik zusammenzufügen, zu einer solchen Stilisierung als »Renaissancemensch« zwischen Erhabenheit und Verruchtheit eigentlich recht wenig.

Von zentralen Punkten seiner Ideenwelt abgesehen, die selbst im engsten Umfeld der Zeitgenossen keine Entsprechung finden bzw. nur für einen sehr kleinen intellektuellen Kreis – gewissermaßen die »Kritische Florentiner Schule« – verbindlich sind, aber lässt sich Guicciardini in einem gegenüber Burckhardt entschieden modifizierten Verständnis sehr wohl als »Epochengestalt« zeichnen. Ein solcher Umriss soll im Folgenden versucht werden, im klaren Bewusstsein, dass auch fast anderthalb Jahrhunderte nach Burckhardt Gegenentwürfe zu seinen Topoi unvermeidlicherweise selbst mit Stereotypenbildung einhergehen. Dies gilt umso mehr, als potentiell emblematische Figuren wie Guicciardini und Machiavelli seit jeher als Projektionsflächen späterer Zeiten fungieren und Mythenbildungen dadurch geradezu herausfordern.

Diesem unendlichen Prozess der Mythenkonstruktion und -dekonstruktion dürfte also auch das hier vorgestellte Bild unterworfen sein. Es zeigt uns den Florentiner Patrizier als wertkonservativen Denk-Revolutionär wider Willen, der aufgrund seines unaufhaltsamen Bestrebens, an den kausalen Kern bestürzender Zeitereignisse zu gelangen, die vertrauten, mentale Geborgenheit verbürgenden Gefilde der Überlieferung und Offenbarung hinter sich lässt – und dafür eine Welt von Widersprüchen eintauscht. Dieser Aufbruch in neue Bereiche der Wahrnehmung und des Denkens aber geschieht nicht, ohne dass sich der Autor nach diesem verlorenen Paradies der gesicherten Werte zurücksehnt. Nicht zuletzt daraus erklärt sich sein Bemühen, in einer von Machtegoismus und zunehmender Unerkennbarkeit der causae remotae, der letzten Dinge im Himmel wie auf Erden, entgrenzt gewordenen Welt neue Umhegungen anzulegen, Eindämmungen gegen ein weiteres Ausufern des Menschen und der Macht vorzunehmen.

In diesem Sinne ist Guicciardini in der Tat, doch mit ganz anderen Umrissen, ein Paradigma des Wandels in der Frühen Neuzeit. Nicht das hochgemute Verlangen nach dem Neuen, sondern ein tiefer historischer Pessimismus und, damit untrennbar verbunden, eine skeptische bis negative Auffassung vom Wesen des Menschen nämlich verursachen die allmähliche Abkehr von den so lange gültigen Weltdeutungsmodellen der Antike bzw. des Christentums und den Übergang zu neuen

Grundformen der Politiktheorie im Zeichen der Staatsräson und der Nutzbarmachung des Scheins – in diesem Verständnis ist Guicciardini wahrhaft Sensorium und Vordenker der Moderne.

Das gilt ebenfalls in höchstem Maße für seine Konzeption der Religion als Mittel politischer Stabilisierung. Dass der Staat Glaubenssätze vorgibt, welche für die Untertanen auch in sehr irdischer Konsequenz heilsverbindlich zu sein haben – dieser Leitsatz wird nachgerade zur Grundformel des Konfessionellen Zeitalters, dessen Beginn nach den üblichen Datierungen ungefähr mit dem Ende von Guicciardinis Lebenszeit zusammenfällt.[287] Diese Verschmelzung von Staatsräson und christlicher Konfession, wie sie sich in den drei konkurrierenden Hauptrichtungen Katholizismus, Luthertum und Calvinismus ab der Mitte des 16. Jh. vollzieht, hätte der Florentiner vermutlich in der für ihn so bezeichnenden Dialektik von pro und contra zugleich abgelehnt und begrüßt. Unannehmbar wäre für ihn – hier stehen wir auf sicherem argumentativen Grund – die sich durch das Konfessionelle Zeitalter Europas ziehende theokratische Tendenz, d.h. das (selten genug erfolgreiche) Bestreben kirchlicher Autoritäten, eine erneute Oberhoheit bzw. zumindest eine rigorose Kontrolle über die Politik durchzusetzen. Auf kritisches Verständnis von seiner Seite dürfte stattdessen – um diese Überlegungen zunehmend spekulativ weiterzuführen – das von der Geschichtswissenschaft der 1990er Jahre als Epochenmerkmal hervorgehobene Bemühen der Mächtigen zählen dürfen, die Glaubenswelten der Untertanen zur Stärkung des Staates zu nutzen. Und die Festschreibung verbindlicher Orthodoxiekataloge zur Ruhigstellung des potentiell stets rebellischen Volkes schließlich dürfte seine unbeschränkte Billigung gefunden haben.

Damit verortet sich der erste Historiker Europas, der die Omnipotenz und Totalität des Wandels und damit die absolute Offenheit der Geschichte entdeckt und deutet, selbst im Strom des historischen Wandels. Er steht an einer Schwelle des Umbruchs, der durch den Vorrang der Konfession, d.h. rigoros fixierter Rechtgläubigkeitskataloge, bezeichnet ist. Um den Sachverhalt in eine polemische Frage im Stile Voltaires einzukleiden: Warum musste Europa anderthalb Jahrhunderte des religiösen Fanatismus durchlaufen und vor allem durchleiden, wenn doch die Positionen der empirisch gestützten Vernunft schon so unverrückbar festlagen? Warum beginnt die Aufklärung nicht schon 1540?

Solche Fragen sind nahe liegend und irreführend zugleich. Denn abgesehen von der sich abzeichnenden Agnostik in religiösen Dingen stechen tiefe Differenzen zwischen Guicciardinis Ideen und der Gedankenwelt der europäischen Aufklärung ins Auge. So ist ihm die Denkfigur des historischen Fortschritts, wie sie im Hauptstrom der Historiographie im 18. Jh. so beherrschend hervortritt,[288] völlig fremd. Aufbruch ins Unbekannte ist nicht mit automatischem Aufstieg zu höheren zivilisatorischen Daseinsformen zu verwechseln – durchaus im Gegenteil, wie die Storia d'Italia belegt. Und auch die mit Descartes und Bacon ihren Siegeszug antretende Vorstellung einer unaufhaltsamen Entzifferung der verborgenen Naturgesetze ist in den Ricordi alles andere als angelegt, von der positiv besetzten Konzeption der Natur und der immer stärker aufgehellten Anthropologie der Aufklärung ganz zu schweigen – und von deren Geschichtsdeutung im Geiste der historia magistra vitae.

Guicciardinis Verabschiedung der Geschichte als Lehrmeisterin des Lebens, seine Widerlegung der Geschichte als Wiederkehr des immer Gleichen, sein Mut, die tröstenden Gewissheiten einer umfassenden Berechenbarkeit der Historie abzustoßen – alle diese intellektuellen Merkmale übersteigen nicht nur das mentale wie intellektuelle Fassungsvermögen seiner eigenen Zeit und seiner unmittelbaren Nachfolger, sondern kontrastieren zugleich aufs schärfste mit dem Anspruch und der Methode der Aufklärung, Geschichte als langsamen Aufstiegsprozess zu ihrem eigenen zivilisatorischen Höchststand nachzuzeichnen.[289] Ja es ist kaum übertrieben anzumerken, dass sich Guicciardinis Methodenrevolution sowie die dahinter stehende geistige Haltung bis heute in der etablierten Geschichtswissenschaft nicht durchgesetzt haben, dass im Gegenteil unaufhörliche Rückfälle hinter seine Methodenpostulate wie auch hinter die Differenziertheit seiner Quellenkritik zu konstatieren sind. Diese Aussagen verstehen sich bewusst polemisch und zugleich als nüchterne, beweisbare Feststellung.

In dieser Hinsicht ist Guicciardini wie sein älterer Zeitgenosse Machiavelli – der Konstrukteur kolossaler Mythen und einer der letzten republikanischen Idealisten seiner Zeit – keine Epochengestalt, sondern eine absolute Ausnahmefigur in einer im Kern ganz andersartigen, viel stärker an Traditionen angebundenen Zeit, deren vorherrschende Merkmale er in der anderen Seite seines Denkens, dem praktischen Konservatismus, zugleich widerspiegelt. Dieser Kontrast kann nicht stark genug betont werden und damit eine paradox anmutende Feststellung: Gerade das, was den »Renaissancemenschen« Guicciardini auszumachen scheint, isoliert ihn von seiner Zeit. So wie er über den Menschen und die Geschichte denkt, raisonniert ansatzweise ein halbes Dutzend Intellektueller, und auch dieses nur mit manchen Zurücknahmen.

Und auch die Rezeption seiner historischen Methode ist schon in den nächsten Generationen eines Benedetto Varchi und Paolo Sarpi durch Zuspitzung und Verengung zugleich charakterisiert.[290] Das bei Guicciardini fraglos ausgeprägte Element der Demaskierung propagandistischer Motive verhärtet sich bei seinen Nachfolgern zu einer regelrechten Axiomatik der Dekuvrierung, speziell in religiösen Dingen, und gewinnt so Züge einer reflexhaften Entlarvung von Verschwörungen als Grundform der Geschichte. In den Händen der Mächtigen ist Glaube nichts als ein Mittel der Manipulation, ein Herrschaftsinstrument, dessen genauen Verwendungszweck zu bestimmen das Metier des Historikers ausmacht – von dieser Sarpi'schen Dogmatik ex negativo unterscheidet sich Guicciardinis Auffassung der Geschichte durch ihre größere Differenzierung der

Antriebe, Motive und Konstellationen: Der Mächtige wird selbst vom Zeitgeist bestimmt und ergriffen, so nützlich ihm die Lancierung von Vorurteilen und fest gefügten Meinungen auch sein mag.

Berücksichtigt man alle diese Faktoren, so kann vielleicht gerade Leben und Denken Guicciardinis am klarsten aufzeigen, was »Individualität« in ihrer höchst möglichen Potenzierung in der ersten Hälfte des 16. Jh. bedeutet – und, wiederum in Abgrenzung zu den Burckhard'tschen Thesen, was sie nicht ist. So nahe sich Guicciardini und der ein halbes Jahrhundert später geborene Montaigne in vieler Hinsicht auch stehen mögen, was seine persönlichen Vorlieben und Gewohnheiten angeht, so ist der Florentiner doch unvergleichlich weniger mitteilsam, selbst in den doch für die nachfolgenden Generationen seiner Familie bestimmten Texten wie den Ricordi. Gerade hier dominieren die überpersönlichen Themen und Ratschläge, die nicht zuletzt die Taktik des erfolgreichen Umgangs mit Menschen lehren sollen. »Privat« oder, im Burckhard'tschen Sinne, individuell ist an ihnen (wie auch den anderen, sehr behelfsmäßig unter der Rubrik »autobiographisch« zusammengefassten Texten) nicht viel. Was den »Menschen Guicciardini« betrifft, so tritt alles beherrschend die Ausleuchtung der Rolle in den Mittelpunkt, die er im öffentlichen Leben gespielt hat – sowie die daraus zu gewinnenden allgemeinen Maximen für Staat und Geschichte. Dieses Ringen um Integrität aber ist davon bestimmt, angesichts der Untauglichkeit traditioneller Wertnormen neue Maßstäbe der Ich-Treue zu setzen; auch sie werden nicht zufälligerweise in einem alten, jetzt mit neuer Bedeutung gefüllten Ideal verortet: dem der Unbestechlichkeit. Und auch das hervorstechendste Ego-Merkmal überhaupt – die Leiden des Verstandes beim Fällen von Entscheidungen – ist politisch besetzt, ebenso wie die spannungsreiche Beziehung zu Clemens VII.

Nur ganz selten blitzt in Guicciardinis Texten unverwechselbare Emotionalität auf. Etwa dann, wenn er notiert,[291] dass sein Vater wegen seiner hervorragend qualifizierten Söhne allgemein glücklich geschätzt wurde, während ihm diese in Wahrheit wohl mehr Kummer als Stolz verursacht haben dürften. Der Vater Piero Guicciardini ist seiner moralischen Lauterkeit, seines Dienstes am Gemeinwohl und seiner Fürsorge für die Söhne wegen bewundertes Vorbild – ohne dass auch hier nur eine einzige Bemerkung die Trennlinie zwischen dieser Außenwahrnehmung und der intimen Innenansicht überschreitet. Guicciardinis Töchter geraten ins Visier der Reflexion nur durch die Schwierigkeit, im verwüsteten Florenz eine angemessene Heiratspartie für sie zu arrangieren.[292] Ganz ähnlich die Wahrnehmung der Ehefrau, Maria Salviati; sie wird als Tochter eines führenden florentinischen Politikers beschrieben, wodurch die Heirat mit ihr für den aufstrebenden Juristen günstige klientelare Vernetzung verheißt – sonst auch hier kein Wort. Wenn Individualität also den Drang, die unverwechselbare Eigenheit des eigenen Ichs sowie der Angehörigen auszudrücken bedeutet, so wird man bei Guicciardini wie bei seinen Zeitgenossen aus derselben Schicht nicht fündig.

Und in seiner Geschichtsschreibung? Individualität in einem ganz besonderen Sinne verhieß der Ricordo, der die Vergegenwärtigung der Gegenwart einforderte – mit allen ihren Facetten. Ist der Historiker seinem eigenen Postulat nachgekommen? Nach erstem Augenschein lautet die Antwort: wohl kaum. Die Storia d'Italia erzählt politische Entwicklungen und deutet sie von ihren Kausalitäten her; die Totalität des Wandels jenseits der wild wogenden Ereignisse und Machtverhältnisse dringt nur in Spurenelementen ein, etwa in einem Diskurs über das Auftreten der Syphilis nach dem Italienzug Karls VIII.,[293] zu den Veränderungen der Krigstechnik[294] oder zur Verfassungsdiskussion in Florenz Ende 1494.[295] Die Schilderung von Mentalitäten bleibt strikt an die Erklärung politischer Geschehnisse angebunden, Alltag in seinen diversen Ausformungen gerät nicht ins Blickfeld des Historikers.

Man kann darin ein Fortbestehen älterer Würdigkeitsmaßstäbe erkennen wollen, welche die Priorität der großen Politik vor solchen »Mikroaspekten« begründet. Auf der anderen Seite ist Guicciardinis Konzeption der Geschichte so anti-humanistisch wie nur irgend möglich: kein Silberstreif am Horizont, keinerlei Erziehbarkeit der Mächtigen, kein pädagogischer Ewigkeitswert guter Beispiele, kein Modellcharakter der Antike mehr. Von den scheinbar humanistischen Elementen in der Storia d'Italia sollte man sich also nicht blenden lassen. Die großen Pro-und-contra-Reden sind keine rhetorischen Prunkexerzitien zum höheren Ruhm der Herrschenden, sondern illustrieren ganz im Gegenteil, wie alles beherrschend das Wunschdenken und die Verblendung der Mächtigen sind, wie sich auch die Klügsten nicht von ihren Vorurteilen lösen können.[296] Und wenn schließlich eine so durch und durch irrationale, mit einer Spur der Verwüstung durch Italien geisternde Gestalt wie Kaiser Maximilian I. durchgehend als »Cesare« bezeichnet wird, so ist darin nicht humanistischer Altertumskult, sondern allenfalls eine formelle Reminiszenz zu sehen. Vielleicht liegt in der antikisierenden Bezeichnung sogar ein satirischer Effekt beschlossen, so wie bei besonders jämmerlichen Condottiere- und Politikergestalten das berühmte »veni, vidi, vici« Cäsars in das höhnische »veni, vidi, fugi«[297] umgewandelt wird – statt »ich kam, sah und siegte« also »ich kam, sah und floh«.

Auf der anderen Seite sollte man nicht übersehen, dass Guicciardini wichtige Forderungen, die er selbst an den Beruf des Historikers stellt, sehr wohl erfüllt hat, weniger in der Storia d'Italia, dafür umso mehr in den der inneren Politik zugewandten Schriften zur florentinischen Geschichte. Hier wird in der Tat das Räderwerk von Ämtern und Einrichtungen, wie sie in der Republik nach 1494 bestehen, für die Nachwelt festgehalten. Diese Analyse institutioneller Gefüge und der daraus resultierenden Machtverhältnisse hat in der Storia d'Italia nur insoweit ihren Platz, als damit die wechselseitige Abhängigkeit von innerem und äußerem politischen Handeln aufgezeigt werden; wie im Falle Genuas nach der Umgestaltung durch Andrea

Doria im Jahre 1528 sind sie von unübertrefflicher Prägnanz.[298] Welche Schlussfolgerungen sind aus dieser Auffassung von Mensch und Geschichte also zu ziehen?

Individualität im Italien der Renaissance zeichnet sich – auch das bezeugt Guicciardini – in der veränderten Fixierung von Loyalität ab; diese gilt jetzt nur noch der Kleinfamilie, den nächsten Verwandten, Verschwägerten und Verbündeten. Bindungen an soziale Kontexte werden nicht aufgelöst, dafür aber neu und in der Regel enger definiert. Vor allem aber ist Individualität kritisches Erfassen der eigenen Wirksamkeit, Rechenschaftsablegung in einem komplexer, ja oft undurchsichtig gewordenen Spannungsfeld von Politik und Moral. Individualität ist des Weiteren die Ablösung von den verbrieften Wertesystemen der Vergangenheit bei selbstverständlicher Zugehörigkeit zu einer sozialen Gruppierung und Akzeptanz ihrer Interessen, in diesem Falle des florentinischen Patriziats. Individualität ist die Annahme von Rollen bei gleichzeitiger intensiver Reflektierung dieses übernommenen Parts; mit anderen Worten: Individualität ist Ich-Auslebung und korporative Einbindung zugleich, die Annahme gruppenverbindlicher Maßstäbe bei gleichzeitiger Ausfüllung der von diesen geschaffenen Freiräume. Und schließlich findet Individualität ihren höchsten Ausdruck in einem Nachdenken über Mensch und Staat, das in die Forderung mündet, den Selbstbetrug des Menschen zum Wohle des Staates zu nutzen. Hier ragt Guicciardini mit seinen Ideen weit in unser Zeitalter hinein, das individualistisch sein möchte und Individualität zugleich durch den geballten Einsatz der Medien allenthalben ausgetrieben sieht. Ist die heutige Demokratie, die dem Individuum durch sein Wahlrecht Einfluss auf die Politik suggeriert, etwas anderes als solche wohltätig kanalisierte Selbsttäuschung?

Anmerkungen

1 Die Schriften Guicciardinis liegen in verschiedenen Ausgaben vor, von denen keine das Epithet »kritisch« im strengsten Wortsinn verdient, einige gleichwohl unter dieser Bezeichnung geführt werden. Nach der ersten Veröffentlichung der so genannten »kleineren Schriften« – d.h. ohne die Storia d'Italia – von 1857 bis 1867 in zehn Bänden durch Giuseppe Canestrini wurden diese sowie weitere, zwischenzeitlich entdeckte Texte von Roberto Palmarocchi zwischen 1931 und 1936 in der Reihe »Scrittori d'Italia« in fünf Bänden herausgebracht; von den wichtigeren Schriften fehlen darin – neben Notizen zur familiären Überlieferung der Guicciardini – die so genannten Cose fiorentine (der Titel ist, wie oft auch die Unterteilung in Abschnitte etc., Erfindung von Bearbeitern und Herausgebern), die von Guicciardinis Biographen Roberto Ridolfi erstmals 1945 veröffentlicht wurden. Sechs Jahre danach ging unter der Herausgeberschaft von Raffaele Spongano eine gegenüber Palmarocchis Ausgabe überarbeitete Fassung der Ricordi aus der Drukkerpresse hervor, die gleichfalls gemeinhin als »kritische« Edition angesprochen wird, ohne diesem Anspruch wirklich zu genügen. Ähnliches gilt – in etwas abgeschwächter Form – für die Storia d'Italia in der von Silvana Seidel Menchi publizierten Version; sie ist zwar mit einem ansehnlichen Appendix von Erläuterungen zu Personen und Ereignissen versehen, reproduziert jedoch im Wesentlichen den Text der Ausgabe von Costantino Panigada, die 1929 ebenfalls bei Laterza erschienen ist eine Fassung, die in einigen Details von der 1919/20 edierten Fassung Alessandro Gherardis abweicht. Vergleichbar die Situation bei der Edition der Korrespondenz. Erstmals 1938 in Angriff genommen, war das Ergebnis nicht wirklich befriedigend, so dass ab 1986 eine zweite Ausgabe initiiert wurde. Die aus dem hier skizzierten Sachverhalt gezogene pragmatische Konsequenz besteht darin, dass die Texte Guicciardinis in der Regel nach der dreibändigen, von Emanuella Lugnani Scarano (ab dem zweiten Band: Emanuella Scarano) in der bei UTET verlegten Reihe der Classici italiani zitiert werden. Diese Ausgabe gibt die Schriften in der jeweils zuverlässigsten (allerdings orthographisch geglätteten und, im Falle der Storie fiorentine wie der Cose

fiorentine, etwas gekürzten) Fassung wider, bietet zugleich übersichtliche und relativ zuverlässige Erläuterungen zum Wortschatz sowie zu Personen und Fakten und zudem gleichermaßen in der Regel brauchbare Informationen zur Entstehung der Texte innerhalb der Vita. Zudem liegt der Hauptvorteil dieser Ausgabe in ihrer Verbreitung, so dass der Leser auf diese Weise die Ausführungen und Interpretationen durch eigene begleitende Lektüre kritisch überprüfen kann. Um zugleich die Benutzbarkeit anderer Ausgaben zu erleichtern, wird bei den Ricordi die Nummerierung und bei der Storia d'Italia die Buch- bzw. Kapitelangabe hinzugefügt. Sämtliche Übersetzungen von Quellentexten stammen vom Autor. Zur wissenschaftlichen Literatur über Guicciardini nach 1945 nützliche Orientierung bei Celli 1992. Als solche Meilensteine der Auseinandersetzung mit Leben und Ideen dürfen vor allem die Arbeiten von Gilbert 1965 und 1971 gelten, die den politischen Denker und Historiker erstmals in ein angemessen spannungsreiches Verhältnis zu seinem Umfeld Florenz und den Mentalitäten seiner Zeitgenossen setzen. Hinweise zur Literatur im Einzelnen in den auf die verschiedenen Texte bzw. Themenbereiche bezogenen Anmerkungen.

2 Als positive Ausnahmen von dieser dessen ungeachtet im Allgemeinen gültigen Kritik sind anzuführen: De Caprariis 1950; Cantimori 1966; Burke 1986; Phillips 1986; Barbuto 2002.

3 Zum allgemeinsten Rahmen einer solchen Standortbestimmung vgl. Münkler 1987; Reinhard 2001.

4 Zu diesen Aspekten vgl. Nencioni 1984; Guicciardini 1985; Palumbo 1988.

5 Dieser Vergleich steht bei allen Guicciardini-Deutungen seit jeher konkurrenzlos an der Spitze, seit der meisterlichen Interpretation Gilberts (1965) zudem mit präzisierten Fragestellungen; vgl. Perini 1997; Sasso 1997; Jacobelli 1998.

6 Orientierung bei Devonshire Jones 1972; Betti 1982; Najemy 1993.

7 Überblick bei Burke 1974 und 1990; Reinhardt 2002 a.

8 Ausführlichste Lebensbeschreibung – in den Angaben zum Zeithintergrund allerdings mit Vorsicht aufzunehmen – immer noch bei Ridolfi 1960; über diesen als Biographen Guicciardinis wie Machiavellis von Interesse Sasso 1997. Zu Guicciardini als »civil servant« der Päpste: Flemer 1989.

9 Überblick über siebenhundert Jahre Familiengeschichte bei Ihlefeld 1992.

10 Grundlegend zur älteren Geschichte von Florenz die Arbeiten von Brucker, z.B. 1969, sowie, als deren Ausgangspunkt, Davidsohn 1896-1927.

11 Zum politischen System von Florenz vgl. Rubinstein 1997; Hale 1977; Reinhardt 2001. Zu typischen Formen des Klientelismus im Florenz des 15. Jh., mit genaueren Hinweisen zur Rolle der Guicciardini 1433/34, vgl. Kent 1978, dazu Clarke 1991.

12 Außer der in Anmerkung 11 genannten Literatur, speziell auf die Person Lorenzos bezogen: Garfagnini 1992a, 1992b und 1994; Toscani 1993; eine breit angelegte Lebensgeschichte bei Walter 2003. Zur Abspiegelung von Lorenzos Diplomatie im Werk Guicciardinis vgl. Fubini 1995.

13 Vgl. dazu ausführlich Reinhardt 1990.

14 Zur Geschichte der Orsini im Überblick vgl. Vendittelli 1992; Carocci 1993; Thumser 1995.

15 Vgl. Reinhardt 1992, S. 51-57.

16 Überblick zum Jahr 1494 in Florenz bzw. zum governo largo bei Rubinstein 1968; Stephens 1983; Butters 1985.

17 Vgl. zu den Ereignissen dieses Symboljahres in Italien die verschiedenen Beiträge in Abulafia 1995.

18 Grundlegend immer noch Weinstein 1970; zu Einfluss und Fortleben Savonarolas in der Mittelschicht Polizzotto 1995. Zur Theologie Weinhardt 2003.

19 Das Ende der zählebigen Mythen von der »Platonischen Akademie« bei Field 1988.

20 Überblick bei Reinhardt 2002 a, S. 16-43.

21 Dieser Ehrgeiz gebrochen wahrgenommen in der Oratio accusatoria, S. 534 ff.

22 Volksfreundliche Urteile dieser Art vor allem im Discorso di Logrogno, S. 257 ff.

23 Storia d'Italia (X, 9), S. 987.

24 Zu den Entstehungsbedingungen der Storie fiorentine vgl. Phillips 1977, S. 18 ff.

25 Am ausführlichsten dazu Moulakis 1998.

26 Indirekt in der Oratio accusatoria, S. 541.

27 Oratio defensoria, S. 586.

28 Oratio defensoria, S. 587-589.

29 Lettere Bd. 2 (für die Jahre 1514 bis 1517); vgl. dazu Jodogne 1987.

30 Oratio defensoria, S. 588.

31 Oratio consolatoria, S. 487 f.

32 Mit aller Schärfe ausgedrückt in den Ricordi, z.B. C 35, S. 738.

33 Vgl. Kristeller 1992.

34 Der berühmte, in anderem Zusammenhang näher zu erörternde Ricordo C 110, S. 759 f.

35 Ricordi C 17, S. 732.

36 Phillips 1977, S. 32; die Überarbeitung dieses vor der Storia d'Italia längsten und anspruchsvollsten Texts muss sich länger als dort angegeben hingezogen haben, eine Schlussdatierung auf 1526 erweist sich nicht zuletzt aufgrund der Erwähnung Papst Clemens' VII. im zweiten Proemio (Dialogo, S. 478-483) als sinnvoll. Vgl. Cadoni 1983 und 1989.

37 Oratio consolatoria, S. 496.

38 Oratio consolatoria, S. 492 f.

39 Storia d'Italia (XIV, 1), S. 1333-1336.

40 Storia d'Italia (XIV, 10), S. 1393-1397.

41 Storia d'Italia (XV, 14), S. 1514.

42 Die nachfolgenden Ereignisse, soweit sie aus der Perspektive Guicciardinis wahrgenommen werden, nach Storia d'Italia (XVI, 6-XVIII, 8), S. 1556-1760. Eine multiperspektivische Darstellung des Sacco di Roma und seiner Ursachen ist ein Desiderat; der ältere Forschungsstand bei Chastel 1984. Vgl. auch Reinhardt 1992, S. 127-136.

43 Zur venezianischen Herrschaft über die Terraferma, vor und nach der Liga von Cambrai, vgl. Viggiano 1993.

44 Oratio consolatoria, S. 499.

45 Vgl. Opere (Hg. Palmarocchi) Bd. 3; dort allerdings auch Texte, welche die Vorteile des gegenteiligen Entschlusses ausleuchten; außerdem: Scritti inediti 1940.

46 Vgl. Scribner 1981 und 1987. In welchem Maße während des Sacco di Roma derartige Szenen »nachgespielt« wurden, verdient eine eigene Untersuchung.

47 Oratio consolatoria, S. 500.

48 Knapp zusammengefasst in Ricordi C 64, S. 746.

49 Zu den florentinischen Ereignissen des Frühjahrs 1527 Guicciardi-

nis Version in Oratio accusatoria, S. 546 f.; Oratio defensoria, S. 603 f. (abbrechend).

50 Reinhardt 1994.

51 Reinhardt 2002 a.

52 Phillips 1977, S. 81-92.

53 Zu den verschiedenen Niederschriften, auf deren Entstehung hier nicht einzugehen ist, vgl. Spongano 1951; Fournel 1985. Hier wird überwiegend aus der »C-Serie«, der letzten vom Autor selbst vorgenommenen Bearbeitung, zitiert.

54 Zu den Cose fiorentine vgl. Garfagnini 1988.

55 Vgl. Burr Litchfield 1986.

56 Vgl. De Sanctis 1912.

57 Zu den Storie fiorentine, die im Mittelpunkt dieses Kapitels stehen, vgl. Phillips 1977, S. 18-31, der auf die Einbindung in gesicherte Überlieferungsstränge abhebt und die inneren Bruchlinien übersieht. Zur Wahrnehmung der Medici vgl. Zhang 1993. Allgemein zu den politischen Ideen Guicciardinis Cadoni 1999.

58 Vgl. Baron 1966, mit allen Abstrichen an den unhistorischen Thesen zum »Bürgerhumanismus« und an den damit verbundenen apologetischen Aspekten für die republikanische Ideologie als solche und ihre Umrisse weiterhin wertvoll; vgl. Bruni 1990.

59 Die Kernpassagen zur Tyrannis Lorenzos in Storie fiorentine, S. 84 f. und S. 98-108 (der eigentliche »Nekrolog«).

60 Storie fiorentine, S. 89-92.

61 »La città di Firenze ... era governata per le mani di Lorenzo de' Medici, e lui era capo dello stato ...« (Storie fiorentine, S. 89).

62 »... visse insino alla morte governandosi e disponendosi la città tanto interamente a arbitrio suo, quanto se ne fussi stato signore a bacchetta.« (Storie fiorentine, S. 99).

63 Storie fiorentine, S. 96.

64 Das deprimierende Endergebnis wird bereits im später für Guicciardini so typischen sentenzenhaft allgemein gültigen Sinne zusammengefasst: »E questo è el fine delle divisione e discordie civile: lo esterminio di una parte; el capo dell'altra diventa signore della città; e' fautori e aderenti sua, di compagni quasi sudditi; el popolo e lo universale ne rimane schiavo ...« (Storie fiorentine, S. 97).

65 Z.B. Storie fiorentine, S. 100.

66 Vgl. Phillips 1987.

67 Und er kommt 1527 denn auch zu dem Ergebnis, zwei Komödien gut gespielt zu haben. Die eine Rolle wird vom blinden Glück übertragen und besteht in den öffentlichen Funktionen; die andere betrifft die erzwungene Muße und damit weit mehr den inneren Menschen, der sich mit seinem Part abfindet, besser noch: identifiziert. Oratio consolatoria, S. 508.

68 »E insomma bisogna conchiudere che sotto lui la città non fussi in libertà, nondimeno che sarebbe impossibile avessi avuto un tiranno migliore e più piacevole … (Storie fiorentine, S. 106).

69 Zum Konzept der Tyrannis im Abendland grundlegend Turchetti 2001.

70 Storie fiorentine, S. 101.

71 Z.B. Storie fiorentine, S. 229.

72 Ein besonders eindrucksvolles Beispiel ist die Erforschung der Motive, die Leo X. 1521 zur Truppenanwerbung gegen Frankreich bewegen; Storia d'Italia (XIV, 1) S. 1335 f.

73 Storie fiorentine, S. 184-188.

74 Storie fiorentine, S. 100

75 Storie fiorentine, S. 63 f.

76 Zu den nachfolgenden Aspekten der Tyrannis: Storie fiorentine, S. 100-106.

77 Hellsichtige Bestandsaufnahme der inneren Schwäche der Sforza-Herzöge: Storie fiorentine, S. 76.

78 »… fu constretto accattare dal signore Ludovico ducati quattromila …«: Storie fiorentine, S. 103.

79 »… dal quale (= aus dem besten der Tyrannen, V.R.) uscirono per inclinazione e bontà naturale infiniti beni, per necessità della tirannide alcuni mali ma moderati e limitati tanto quanto la necessità sforzava …«: Storie fiorentine, S. 106.

80 Storie fiorentine, S. 182 f.

81 Zu Religion und Staat bei Guicciardini vgl. Barbuto 2000.

82 Das äußerst distanzierte Urteil über den selbst ernannten Propheten in der Storia d'Italia (III, 15), S. 384-388.

83 Storie fiorentine, S. 133 f.

84 Storie fiorentine, S. 169: das Lob des gerechten Volkes; S. 177: die ungerechten Gerichtsurteile des ignoranten Volkes.

85 Zu equalità, Gleichheit, als Schlüsselbegriff vgl. Cadoni 1989.

86 Storie fiorentine, S. 209 f.

87 Die berühmten Sätze vom Papsttum als Religion vernichtende Kraft und damit Ruin Italiens in Machiavellis Discorsi sopra la prima deca di Tito Livio, Buch I, Kapitel 12.

88 Die analytischen Passagen zu den Strukturschwächen des governo largo in Storie fiorentine, S. 184-188.

89 Zur perfekt gespielten Rolle Giovannis, der ein Gegen-Florenz am Tiber aufbaut, vgl. Storie fiorentine, S. 230-233. Auch hier lohnt ein Blick über ein knappes halbes Jahrtausend hinweg, d.h. von der hellsichtigen Bestandsaufnahme Guicciardinis zur neuesten Forschung, die seine wesentlichen Aussagen bestätigt; vgl. Fosi 2003.

90 Zum allgemeinen Rahmen vgl. Jones 1997.

91 Vgl. Stephens 1983; Butters 1985.

92 Zum Konzept der uomini da bene: Storie fiorentine, S. 62, 216; vgl. dazu Silvano 1990 (am Beispiel des Dialogo del reggimento di Firenze); analog ist von den cittadini savi e di qualità die Rede (Storie fiorentine, S. 188). Dieser elitäre Standpunkt, dass die Republik immer von den herausragenden Wenigen gestützt wird, noch klarer im Discorso di Logrogno, S. 273.

93 Storie fiorentine, S. 187.

94 Storie fiorentine, S. 169: erste Ansätze dieses Bildes.

95 Z.B. Discorso di Logrogno, S. 250.

96 Vgl. dazu die grundlegenden Ausführungen bei Riklin 1997, vor allem S. 46-54.

97 Zum »Reformprozess«, der mit der Wahl Soderinis initiiert wird, vgl. Storie fiorentine, S. 184 ff.

98 Zur Kritik an Soderini (die Machiavelli in den Discorsi von ganz anderer Warte, nämlich an der Zaghaftigkeit des gonfaloniere anbringt) vgl. Storie fiorentine, S. 216 f.

99 Discorso di Logrogno, S. 286; Dialogo del reggimento di Firenze, S. 426, 438, 455.

100 Storia d'Italia (IX, 12), S. 471 f. als Matrix dieser Topoi.

101 Storia d'Italia (XIX, 8), S. 1874 f.

102 Zur Kritik der Klientel bei Machiavelli vgl. Reinhardt 1995.

103 Vgl. Moulakis 1998.

104 Vgl. die in Anmerkung 36 genannte Literatur.

105 Dialogo del reggimento di Firenze, S. 300 f.

106 »... per essere spogliati di parenti e credito ...«: Storie fiorentine, S. 84.

107 Vgl. Dialogo del reggimento di Firenze, S. 301, 306 ff.
108 Dialogo del reggimento di Firenze, S. 314.
109 »Ma io sono di ferma opinione, e così sempre mostrerrà la esperienza, che a Firenze sia necessario o che el governo sia in mano di uno solo o che venga totalmente in mano del popolo; e ogni modo di mezzo sarà pieno di confusione e ogni dì tumultuerà.« Dialogo del reggimento di Firenze, S. 317 f.
110 Dialogo del reggimento di Firenze, S. 309-312.
111 Dialogo del reggimento di Firenze, S. 437 f.; zum höchsten Wert der benevolenza: Oratio accusatoria, S. 539; vgl. Reinhardt 2000.
112 Hulliung 1983; Reinhardt 1994.
113 Sasso 1984.
114 Z.B. Considerazioni sui Discorsi del Machiavelli, S. 648.
115 Vgl. Jacobelli 1998.
116 Storia d'Italia (XV, 15), S. 1518-1527.
117 Besonders eindrucksvoll der erwähnte Abschnitt zu den Antrieben Leos X. 1521; vgl. Storia d'Italia (XIV, 1) S. 1335 f.
118 Dialogo del reggimento di Firenze, S. 301 f.
119 Dialogo del reggimento di Firenze, S. 324 ff.
120 Dialogo del reggimento di Firenze, S. 336 ff.
121 Dialogo del reggimento di Firenze, S. 324.
122 Zur Kriminaljustiz als Herrschaftsmittel im Florenz des 15. und 16. Jahrhunderts vgl. Cohn 1978, Brackett 1992; die wiederum hellsichtigen Ausführungen zum Zusammenhang von Judikative und Politik in: Dialogo del reggimento di Firenze, S. 325.
123 Dialogo del reggimento di Firenze, S. 331.
124 Dialogo del reggimento di Firenze, ab S. 335, thematisch dominierend bis zum Ende des ersten Buches (S. 384).
125 Dialogo del reggimento di Firenze, S. 354; im selben Sinne Ricordi C 134, C 135, S. 766.
126 »E però non abbiamo a cercare di nuovo un governo immaginato e che sia più facile a apparire in su' libri che in pratica, come fu forse la repubblica di Platone; ma considerato la natura, la qualità, le condizioni, la inclinazione, e per strignere tutte queste cose in una parola, gli umori della città e de' cittadini, cercare di uno governo che non siamo sanza speranza che pure si possa persuadere e introducere … : Dialogo del reggimento di Firenze, S. 399.
127 Dialogo del reggimento di Firenze, S. 442 ff.

128 Guicciardinis Modelle der Verfugung durch Gegenkräfte haben ihren ausführlichsten Niederschlag im Discorso di Logrogno, vor allem S. 255-292, sowie im zweiten Teil des Dialogo del reggimento di Firenze, vor allem S. 400-432, gefunden. Die entsprechenden Ausführungen stützen sich also, wenn keine weiteren Hinweise gegeben werden, auf diese Abschnitte; demgegenüber sind die entsprechenden Passagen in den Considerazioni sui Discorsi del Machiavelli, vor allem S. 609 ff., eher ein Nachhall dieser Thesen.

129 Discorso di Logrogno, S. 277-286; Dialogo del reggimento di Firenze, S. 408-438.

130 Storia d'Italia (IV, 12), S. 471 f.

131 Berühmtester Niederschlag dieses Widerspruchs der Widersprüche, auf den noch näher einzugehen sein wird, in Ricordi C 28, S. 735 f.

132 Dialogo del reggimento di Firenze, S. 437 ff.

133 »... perchè la natura degli uomini è insaziabile ...«: Dialogo del reggimento di Firenze, S. 434.

134 Vgl. Gilbert 1968.

135 Die Diskussion über das Modell Venedig in: Dialogo del reggimento di Firenze, S. 431 ff.

136 »... in una città fluttuosa e inquieta come la nostra ...«: Dialogo del reggimento di Firenze, S. 322.

137 Discorso di Logrogno, S. 257 f.

138 Discorso di Logrogno, S. 269.

139 Dialogo del reggimento di Firenze, S. 464.

140 Discorso di Logrogno, S. 254.

141 Oratio defensoria, S. 591.

142 Dialogo del reggimento di Firenze, S. 377, 466. Zu den Dimensionen der Propaganda, wie sie sich der heutigen Forschung darstellen, vgl. Cox-Rearick 1984.

143 Considerazioni sui Discorsi del Machiavelli, S. 669 und öfter.

144 Dialogo del reggimento di Firenze, S. 449 f.

145 Discorso di Logrogno, S. 260; Dialogo del reggimento di Firenze, S. 408-412.

146 Discorso di Logrogno, S. 264 ff.

147 Dialogo del reggimento di Firenze, S. 421 ff.

148 Dialogo del reggimento di Firenze, S. 421 f.

149 Vgl. Ricordi C 1, S. 725 f. sowie durchgehend die Considerazioni sui Discorsi del Machiavelli.
150 Considerazioni sui Discorsi del Machiavelli, S. 620 f., 634 und öfter.
151 Oratio consolatoria, S. 491.
152 Oratio consolatoria, S. 502.
153 Oratio accusatoria, vor allem S. 534-541.
154 Oratio accusatoria, S. 557 f.
155 Oratio accusatoria, S. 522 ff.
156 Diese Schlussfolgerung, dass die Willkürherrschaft des entfesselten Volkes schlimmer ist als die entartetste Tyrannis eines Einzelnen, wird denn auch bald danach explizit gezogen: Considerazioni sui Discorsi del Machiavelli, S. 657.
157 Oratio accusatoria, S. 559.
158 Oratio accusatoria, S. 534.
159 Oratio accusatoria, S. 538.
160 Oratio accusatoria, S. 540 f.
161 Z.B. Ricordi C 103, S. 757.
162 Die Konstruktion dieser Ausnahme in eigener Sache in Oratio consolatoria, S. 494.
163 Ricordi C 26, S. 735.
164 Oratio consolatoria, S. 488.
165 Oratio consolatoria, S. 493.
166 Das ganze komplexe Geflecht der Kausalitäten in Storia d'Italia (XVI, 1 – XVIII, 18), S. 1530-1819.
167 Oratio consolatoria, S. 499.
168 Considerazioni sui Discorsi di Machiavelli, S. 657.
169 Oratio consolatoria, S. 503.
170 Ricordi C 28, S. 735 f.
171 Storia d'Italia (XIII, 15), S. 1324-1328.
172 »... che è vocabulo troppo resoluto ...«, »Sono partiti che non si possono pigliare con una regola ferma ...«: Considerazioni sui Discorsi del Machiavelli, S. 665, 652, 663.
173 Considerazioni sui Discorsi del Machiavelli, S. 629 f.; die Thesen Machiavellis in Discorsi I, 12.
174 Considerazioni sui Discorsi del Machiavelli, S. 652, 660, 666.
175 Considerazioni sui Discorsi del Machiavelli, S. 625-628.
176 Considerazioni sui Discorsi del Machiavelli, S. 631.

177 Considerazioni sui Discorsi del Machiavelli, S. 661-665.

178 »... al quale sempre piacquono sopra modo e' rimedi estraordinari e violenti.«: Considerazioni sui Discorsi del Machiavelli, S. 642.

179 Considerazioni sui Discorsi del Machiavelli, S. 620 f.

180 Considerazioni sui Discorsi del Machiavelli, S. 644.

18 »... è assomigliata la moltitudine alle onde del mare ...«; ... una arca di ignoranza e di confusione ...«: Considerazioni sui Discorsi del Machiavelli, S. 656.

182 Zur Infragestellung des Exemplums im historischen Denken der Zeit vgl. Rigolot 1998.

183 Considerazioni sui Discorsi del Machiavelli, S. 646 f.; die betreffende Stelle in Machiavelli, Discorsi I, 29.

184 Storia d'Italia (VII, 8), S. 692-700.

185 »... procedendo con distinzione ...«, »... bisogna distinguere ...«: Considerazioni sui Discorsi del Machiavelli, S. 663, 666.

186 Considerazioni sui Discorsi del Machiavelli, S. 662-665.

187 Considerazioni sui Discorsi del Machiavelli, S. 641 f.; die berühmte Gegenposition Machiavellis in Discorsi I, 26.

188 Considerazioni sui Diacorsi del Machiavelli, S. 661; zur oft ausschlaggebenden Bedeutung des Geldes im Krieg zahlreiche Belege in der Storia d'Italia, z.B. III, 6, S. 331 ff.

189 Considerazioni sui Discorsi del Machiavelli, S. 674.

190 Considerazioni sui Discorsi del Machiavelli, S. 639 f.; vgl. Machiavelli, Discorsi I, 24.

191 Considerazioni sui Discorsi del Machiavelli, S. 635.

192 Considerazioni sui Discorsi del Machiavelli, S. 614.

193 Considerazioni sui Discorsi del Machiavelli, S. 660; vgl. Struever 1970.

194 Dislogo del reggimento di Firenze, S. 306; dort auch die negative Bewertung der römischen Verfassung (S. 367 f.).

195 Vgl. Zu Machiavelli die Thesen von Godman 1998.

196 Ricordi C 44, S. 741.

197 Ricordi C 110, S. 759 f.

198 »... come se lo Spirito Santo, amatore precipuamente de' cuori e degli animi mondissimi, non si sdegnasse di entrare negli animi pieni di ambizione e di incredibile cupidità, e sottoposti quasi tutti a delicatissimi, per non dire inonestissimi piaceri.« Storia d'Italia (XIV, 12), S. 1404 zum Konklave nach dem Tod Leos X.

199 Storia d'Italia (VI, 4), S. 582 ff.
200 Najemy 1993.
201 Betti 1982.
202 Storia d'Italia (IV, 12), S. 461-472.
203 Bäumer 1987.
204 Vgl. Barbuto 2000.
205 Ricordi B 32, S. 803 f.
206 Vgl. Jacobelli 1998.
207 Ricordi B 135, S. 832.
208 Cose fiorentine, S. 689.
209 Cose fiorentine, S. 706 f.
210 Storia d'Italia (IV, 12), S. 463.
211 Ricordi C 211, S. 790.
212 Ricordi C 125, S. 764.
213 Ricordi C 141, S. 768.
214 Ricordi C 123, S. 763.
215 Ricordi C 1, S. 725.
216 Ricordi C 136, S. 767.
217 Ricordi C 33, S. 737 f.
218 Ricordi C 147, S. 770.
219 Ricordi C 48, S. 742; zum Fall Pisas, dessen Abhängigkeit von Florenz für Guicciardini Unrecht und Notwendigkeit zugleich ist, vgl. Cavallar 1993.
220 Ricordi C 2, S. 726 f.
221 Ricordi C 3, S. 727 ff.
222 Ricordi C 60, C 156, S. 745, 773.
223 Ricordi C 103, S. 757.
224 Ricordi C 44, S. 741.
225 Ricordi C 104, S. 757 f.
226 Ricordi C 133, S. 766.
227 Ricordi C 126, S. 764.
228 Ricordi C 157 – C 159, S. 774.
229 Ricordi C 126, S. 764.
230 Ricordi C 63, S. 746.
231 Ricordi C 160, S. 774.
232 Ricordi C 92, S. 754.
233 Ricordi C 151, S. 771.
234 Ricordi C 76, S. 750.

235 Ricordi C 23, C 57, C 58, C 207, S. 734, 744 f., 789. Vgl. dazu Castagnola 1990.
236 Ricordi C 69, S. 748.
237 Ricordi C 117, S. 762.
238 Ricordi C 110, S. 759 f.
239 Ricordi C 114, S. 761.
240 Ricordi C 82, S. 751 f.
241 Ricordi C 96, S. 755.
242 Ricordi C 143, S. 769.
243 Ricordi C 156, S. 773.
244 Storia d'Italia (XVI, 12), S. 1592 f.
245 Storia d'Italia (I, 1) S. 91 und öfter.
246 Storia d'Italia (VII, 10 – VIII, 1), S. 704-743.
247 Der Nachruf auf Ferdinand in Storia d'Italia (XII, 19), S. 1231 f.
248 Der Nekrolog auf den toten Kaiser in Storia d'Italia (XIII, 11), S. 1309 f. fällt im Verhältnis zu den Urteilen, die im Zusamenhang mit dem Krieg gegen Venedig ab 1508 gefällt werden, moderat aus.
249 Ricordi C 128, S. 764 f.
250 Ricordi C 154, S. 772.
251 Ricordi C 213, S. 791.
252 Ricordi C 190, S. 783.
253 Storia d'Italia (XX, 7), S. 1941.
254 Storia d'Italia (I, 1), S. 88 f.
255 Zu den hier vorgetragenen globalen Bewertungen vgl. Marcucci 1985; Burke 1986.
256 Vgl. dazu Cavallar 1991.
257 Die Abschnitte zur Gründungsgeschichte von Florenz in Cose fiorentine, S. 681-692; zur Methode in den Cose fiorentine insgesamt vgl. Garfagnini 1988.
258 Vgl. Rubinstein 1967.
259 Cose fiorentine, S. 686 ff.
260 Cose fiorentine, S. 683 f.
261 Cose fiorentine, S. 682 und öfter.
262 Cose fiorentine, S. 684 ff.
263 Cose fiorentine, S. 685.
264 Cose fiorentine, S. 684 f.
265 Cose fiorentine, S. 687 ff.

266 Cose fiorentine, S. 686.
267 Cose fiorentine, S. 685.
268 Cose fiorentine, S. 717 f.; als Ausgangs- und Orientierungspunkt zur neueren Forschung Keller 1995.
269 Vgl. Brucker 1962.
270 Cose fiorentine, S. 693 f.
271 Vgl. die von auktorialen Emotionen durchaus mit eingefärbte Klagerede in Storia d'Italia (XVII, 8), S. 1665-1668.
272 Vgl. Cavallar 1993.
273 Ricordi C 172, S. 778.
274 Storia d'Italia (XII, 19), S. 1232.
275 Das Porträt des brutalen Usurpators und abgefeimten Verräters setzt schon mit Storia d'Italia (I, 2), S. 94 f. ein und bildet ein Leitmotiv der ersten Bücher. Die Schuldzuweisungen an Ludovico sind so stark, dass Guicciardini noch in den Ricordi (C 91, S. 754) an der göttlichen Nemesis zweifelt, weil dessen Söhne in Mailand regieren …
276 Diese Erkenntnis ist Guicciardini einen Ricordo wert: C 29, S. 736.
277 Vgl. zur Orientierung Mommsen 1988.
278 Ricordi C 31, S. 737.
279 Considerazioni sui Discorsi del Machiavelli, S. 660 ff.
280 Storia d'Italia (VII, 10), S. 711: nicht zufälligerweise aus dem Munde Andrea Grittis, des klügsten der Venezianer.
281 Storia d'Italia (IX, 1), S. 826-828.
282 Storia d'Italia (X, 4), S. 951-954.
283 Storia d'Italia (X, 4), S. 953.
284 Burckhardt 1985, S. 325.
285 Vgl. Reinhardt 2002 b.
286 Burckhardt 1985, S. 306, 431.
287 Zur grundlegenden Orientierung über die Begriffsbildung und Begründung: Reinhard 1997.
288 Überblick vgl. Im Hof 1995.
289 Vgl. Vierhaus 1985 und 1995.
290 Vgl. Wootton 1983.
291 Ricordi C 39, S. 740.
292 Ricordi C 106, S. 758 f.
293 Storia d'Italia (II, 13), S. 292 f.

294 Storia d'Italia (I, 11), S. 161-164.
295 Storia d'Italia (II, 2), S. 210-219.
296 Vgl. Storia d'Italia (VII, 10), S. 705-714.
297 Storia d'Italia (XIX, 6), S. 1858.
298 Storia d'Italia (XIX, 6), S. 1859 f.

Literatur

Ausgaben der Texte Francesco Guicciardinis

Vgl. den Kommentar zu den verschiedenen Editionen in Anm. 1

Opere inedite, illustrate da Giuseppe Canestrini e pubblicate per cura dei conti Piero e Luigi Guicciardini, 10 Bde., Firenze 1857-1867

Opere, hg. von Roberto Palmarocchi, 5 Bde., Bari 1931-1936

Opere di Francesco Guicciardini, hg. von Emanuella Lugnani Scarano, Classici Italiani UTET, Bd. 1: Storie fiorentine, Dialogo del reggimento di Firenze, Ricordi et altri scritti, Torino 1970; Bd. 2 und 3: Storia d'Italia, Torino 1981

Ricordanze inedite, hg. von Paolo Guicciardini, Firenze 1930

Scritti inediti sopra la politica di Clemente VII dopo la battaglia di Pavia, hg. von Paolo Guicciardini, Firenze 1940

Ricordi, hg. von Raffaele Spongano, Firenze 1951.

Storia d'Italia, hg. von Silvana Seidel Menchi, Torino 1971

Lettere, hg. von Pierre Jodogne, 2 Bde., Roma 1986-1987

Sekundärliteratur

Abulafia, David (Hg.) (1995), The French Descent into Renaissance Italy 1494-95. Antecedents and Effects, Aldershot

Barbuto, Gennaro Maria (2000), Religione e politica in Guicciardini, Pensiero Politico, 33, S. 385-413.

Barbuto, Gennaro Maria (2002), La politica dopo la tempesta: ordine e crisi nel pensiero di Francesco Guicciardini, Napoli

Baron, Hans (1966), The Crisis of the Early Italian Renaissance, Princeton

Bäumer, Remigius (1987), Martin Luther und der Papst, Münster

Betti, Giovanni Luigi (1982), La ragione negata. Il Sommario

della Istoria d'Italia di Francesco Vettori, Studi senesi, 31, 1982, S. 401-409.
Brackett, J. K. (1992), Criminal Justice and Crime in Late Renaissance Florence, 1537-1609, Cambridge
Brucker, Gene A. (1962), Florentine Politics and Society 1343-1378, Princeton
Brucker, Gene A. (1969), Renaissance Florence, New York
Bruni, Leonardo (1990), Cancelliere della Repubblica di Firenze. Convegno di studi, Firenze
Burckhardt, Jacob (1985), Die Kultur der Renaissance in Italien, Stuttgart
Burke, Peter (1974), Tradition and Innovation in Renaissance Italy. A Sociological Approach, London
Burke, Peter (1986), Structural History in the Sixteenth and Seventeenth Centuries, Storia della storiografia, 10, S. 71-76.
Burke, Peter (1990), Die Renaissance, Berlin
Burr Litchfield, Richard (1986), Emergence of a Bureaucracy. The Florentine Patricians 1530-1790, Princeton
Butters, H. C. (1985), Governors and Government in Early Sixteenth Century Florence 1502-1519, Oxford
Cadoni, Giorgio (1983), Per l'interpretazione del Dialogo del Reggimento di Firenze di Francesco Guicciardini, Storia e Politica 22, S. 625-673
Cadoni, Giorgio, L'»equalità« nel Dialogo del reggimento di Firenze di Francesco Guicciardini, Pensiero Politico, 22, S. 95-101
Cadoni, Giorgio (1999), Un governo immaginato: l'universo politico di Francesco Guicciardini, Roma
Cantimori, Delio (1966), Francesco Guicciardini (Storia delle letteratura italiana, IV), Milano
Castagnola, Raffaella (Hg.) (1990), I Guicciardini e le scienze occulte: l'oroscopo di Francesco Guicciardini. Lettere di alchimia, astrologia e cabala a Luigi Guicciardini, Firenze
Cavallar, Osvaldo (1991), Francesco Guicciardini, giurista: i ricordi degli onorari, Milano

Cavallar, Osvaldo (1993), Francesco Guicciardini and the »Pisan Crisis«: Logic and Discourses, Journal of Modern History, 65, S. 245-285
Celli, Carlo J. (1992), Francesco Guicciardini post-1945, Los Angeles
Chastel, André (1984), Le Sac de Rome, 1527. Du premier maniérisme à la contre-réforme, Paris
Clarke, Paula C. (1991), The Soderini and the Medici. Power and Patronage in Fifteenth Century Florence, Oxford
Carocci, Sandro (1993), Baroni di Roma, Roma
Cohn, S. K. (1978), The Laboring Classes in Renaissance Florence, Cambridge/Mass.
Cox-Rearick, Janet (1984), Dynasty and destiny in Medici Art. Pontormo, Leo X. and the two Cosimos, Princeton
Davidsohn, Robert (1896-1927), Geschichte von Florenz, 4 Bde., Berlin
De Caprariis, Vittorio (1950), Francesco Guicciardini: dalla politica alla storia, Bari
De Sanctis, Francesco (1912), Storia della letteratura italiana, Bd. 1, Firenze
Devonshire Jones, R. (1972), Francesco Vettori. Florentine Citizen and Medici Servant, London
Field, Arthur (1988), The Origins of the Platonic Academy of Florence, Princeton
Flemer, Paul A. (1989), Popes, Officials and Feudatories: Francesco Guicciardini and Papal Government, 1516-1534, Berkeley
Fosi, Irene (2003), La presenza fiorentina a Roma tra Cinque e Seicento, in: Büchel, Daniel / Reinhardt, Volker (Hg.), Modell Rom. Der Kirchenstaat und Italien in der Frühen Neuzeit, Köln, S. 43-62.
Fournel, Jean-Louis (1985), I Ricordi de François Guichardin: de l'écriture à la politique, Mélanges de l'Ecole française de Rome. Moyen Age-Temps modernes, 97, S. 887-898
Fubini, Riccardo (1995), The Italian League and the Policy of

the Balance of Power at the Accession of Lorenzo de' Medici, Journal of Modern History, 67 Supplement, S. 166-199.
Garfagnini, Gian Carlo (Hg.) (1992a), Lorenzo il Magnifico e il suo tempo, Città di Castello
Garfagnini, Gian Carlo (1992b), Lorenzo il Magnifico. Studi. Firenze
Garfagnini, Gian Carlo (Hg.) (1994), Lorenzo il Magnifico e il suo mondo, Firenze
Garfagnini, Manuela (1988), Metodo storico e riflessione politica nelle »Cose Fiorentine« di Francesco Guicciardini, Rinascimento, 28, S. 3-40
Gilbert, Felix (1965), Machiavelli and Guicciardini: Politics and History in Sixteenth-Century Florence, Princeton
Gilbert, Felix (1968), The Venetian Constitution in Florentine Political Thought, in: Rubinstein, Nicolai (Hg.), Florentine Studies, London, S. 463-500
Gilbert, Felix (1971), Guicciardini, in: Guicciardini, Francesco, Storia d'Italia (hg. von Seidel Menchi, Silvana), S. LVII-LXXIX, Torino
Godman, Peter (1998), From Poliziano to Machiavelli. Florentine Humanism in the High Renaissance, Princeton
Guicciardini, Francesco (1985). Giornata lincea indetta in occasione del V. centenario della nascita, Roma
Hale, John R. (1977), Florence and the Medici. The Pattern of Control, London
Hulliung, Mark (1983), Citizen Machiavelli, Princeton
Ihlefeld, Claudia (1992), Guicciardini, in: Reinhardt, Volker (Hg.), Die großen Familien Italiens, Stuttgart, S. 311-317.
Im Hof, Ulrich (1995), Das Europa der Aufklärung, München
Jacobelli, Jader (1998), Machiavelli e/o Guicciardini: alle radici del realismo politico, Milano
Jodogne, Pierre (1987), La correspondance de Francesco Guicciardini: entre l'action politique et le travail historique, Académie Royale de Belgique – Bulletin de la Classe des Lettres et des Sciences Morales et Politiques, 73, S. 621-640.

Jones, Philip (1997), The Italian City State. From Comune to Signoria, Oxford
Keller, Hagen (1995), Signori e vassalli nell'Italia delle città (secoli IX-XII), Torino
Kent, Dale (1978), The Rise of the Medici. Power and Faction in Florence 1426-1434, 1978
Kristeller, Paul Oskar (1992), Medieval Aspects of Renaissance Learning, New York
Marcucci, Marcello (1985), Storia e salvezza. Tucidide, Guicciardini e la ragione laica, Critica Storica, 22, S. 421-438
Mommsen, Wolfgang J. (Hg.) (1988), Leopold von Ranke und die moderne Geschichtswissenschaft, Berlin
Moulakis, Athanasios (1998), Republican Realism in Renaissance Florence: Francesco Guicciardini's »Discorso di Logrogno«, Lanham
Münkler, Herfried (1987), Im Namen des Staates. Die Begründung der Staatsräson in der Frühen Neuzeit, Frankfurt a. M.
Najemy, John M. (1993), Between Friends. Discourses of Power and Desire. The Machiavelli-Vettori Letters of 1513-1515, Princeton
Nencioni, Giovanni (1984), La lingua del Guicciardini, in: Francesco Guicciardini 1483-1983, Firenze, S. 215-270.
Palumbo, Matteo (1988), Francesco Guicciardini, Napoli
Perini, Leandro (1997), Machiavelli e Guicciardini diplomatici, Archivio storico italiano, 155, S. 649-678.
Phillips, Mark (1977), Francesco Guicciardini: The Historian's Craft, Toronto/Buffalo
Phillips, Mark (1986), Representation and Argument in Florentine Historiography, Storia della storiografia, 10, S. 48-63.
Phillips, Mark (1987), The Memoir of Marco Parenti. A Life in Medici Florence, Princeton
Polizzotto, Lorenzo (1995), The Elect Nation. The Savonarolan Movement in Florence 1494-1545, New York
Reinhard, Wolfgang (1997), Abschied von der »Gegenreformation« und neue Perspektiven der Forschung, Zeitsprünge. Forschungen zur Frühen Neuzeit, 1, S. 440-451

Reinhard, Wolfgang (2001), Geschichte der Staatsgewalt. Eine vergleichende Verfassungsgeschichte Europas von den Anfängen bis zur Gegenwart, München

Reinhardt, Volker (1990), Florenz zur Zeit der Renaissance. Die Kunst der Macht und die Botschaft der Bilder, Freiburg/Würzburg

Reinhardt, Volker (1992), Rom. Kunst und Geschichte 1480-1650, Freiburg / Würzburg

Reinhardt, Volker (1994), Florenz 1527/30 – Münster 1534/35. Überlegungen zur Genese radikaler Reformation und zur Vergleichbarkeit des scheinbar Inkomparablen, in: Universalgeschichte und Nationalgeschichte. Festschrift für Ernst Schulin, Freiburg, S. 117-136.

Reinhardt, Volker (1995), Machiavellis helvetische Projektion. Neue Überlegungen zu einem alten Thema, Schweizerische Zeitschrift für Geschichte, 45, S. 301-329

Reinhardt, Volker (2000), Die Tribunen im senesischen Feuerofen: republikanische Kunst und Ideologie im Italien der Renaissance, in: Kley, Ronald / Möckli, Silvano (Hg.), Geisteswissenschaftliche Dimensionen der Politik. Festschrift für Alois Riklin zum 65. Geburtstag, Bern u.a., S. 455-482.

Reinhardt, Volker (2001), Die Medici. Florenz im Zeitalter der Renaissance, München 2001.

Reinhardt, Volker (2002a), Die Renaissance in Italien. Geschichte und Kultur, München

Reinhardt, Volker (2002b), Jacob Burckhardt und die Erfindung der Renaissance. Ein Mythos und seine Geschichte, Bern

Ridolfi, Roberto (1960), Vita di Francesco Guicciardini, Roma

Rigolot, François (1998), The Renaissance Crisis of Examplarity, Journal of the History of Ideas, 59, S. 557-563

Riklin, Alois (1997), Donato Giannotti – ein verkannter Staatsdenker der Florentiner Renaissance, in: Donato Giannotti, Die Republik Florenz (1534), hg. und eingeleitet von Alois Riklin, übersetzt und kommentiert von Daniel Höchli, München, S. 17-75

Rubinstein, Nicolai (1967), Vasari's Painting of the Foundation of Florence in the Palazzo Vecchio, in: Essays in the History of Architecture Presented to Rudolf Wittkower, Bd. 1, New York, S. 64-73.

Rubinstein, Nicolai (1968) (Hg.), Florentine Studies, London

Rubinstein, Nicolai (1997), The Government of Florence under the Medici (1434 to 1494), Oxford 1997

Sasso, Gennaro (1984), Per Francesco Guicciardini. Quattro studi, Roma

Sasso, Gennaro (1997), Roberto Ridolfi su Machiavelli e Guicciardini, Pensiero politico, 30, S. 18-25.

Scribner, Robert W. (1981), For the Sake of Simple Folk: Popular Propaganda for the German Reformation, Cambridge

Scribner, Robert W. (1987), Popular Culture and Popular Movements in Reformation Germany, London

Silvano, Giovanni (1990), Gli »uomini da bene« di Francesco Guicciardini: coscienza aristocratica e repubblica a Firenze nel primo '500, Archivio Storico Italiano, 148, S. 845-892

Stephens, J. N. (1983), The Fall of the Florentine Republic 1512-1530, Oxford

Struever, Nancy S. (1970), The Language of History in the Renaissance. Rhetoric and Historical Consciousness in Florentine Humanism, Princeton

Thumser, Matthias (1995), Rom und der römische Adel in der späten Stauferzeit, Tübingen

Toscani, B. (Hg.) (1993), Lorenzo de' Medici. New Perspectives, New York

Turchetti, Mario (2001), Tyrannie et tyrannicide de l'Antiquité à nos jours, Paris

Vendittelli, Marco (1992), Orsini, in: Reinhardt, Volker (Hg.), Die großen Familien Italiens, Stuttgart, S. 389-402.

Vierhaus, Richard (Hg.) (1985), Wissenschaften im Zeitalter der Aufklärung, Göttingen

Vierhaus, Richard (1995), Was war Aufklärung, Göttingen

Viggiano, Alfredo (1993), Governanti e governati. Legittimità del potere ed esercizio dell'autorità sovrana nello Stato veneto della prima età moderna, Treviso

Walter, Ingeborg (2003), Der Prächtige. Lorenzo de' Medici und seine Zeit, München

Weinhardt, Joachim (2003), Savonarola als Apologet. Der Versuch einer empirischen Begründung des christlichen Glaubens in der Zeit der Renaissance, Berlin/New York

Weinstein, Donald (1970), Savonarola and Florence. Prophecy and Patriotism in the Renaissance, Princeton

Wootton, David (1983), Paolo Sarpi between Renaissance and Enlightenment, London

Zhang, Zhizhong (1993), From Cosimo the Pater Patriae to Cosimo the Grand Duke: the Images of the Medici as seen by Machiavelli, Guicciardini and Vettori, Baltimore